Droit des collectivités locales

THÉMIS

COLLECTION FONDÉE ET DIRIGÉE PAR MAURICE DUVERGER

THÉMIS DROIT PUBLIC

SOUS LA DIRECTION DE DIDIER TRUCHET
Professeur à l'Université de Paris II

JEAN-BERNARD AUBY
Professeur à l'Université de Paris II (Panthéon-Assas)

JEAN-FRANÇOIS AUBY
Ancien élève de l'École nationale d'Administration
Professeur associé à l'Institut d'Études publiques de Bordeaux

Droit des collectivités locales

PRESSES UNIVERSITAIRES DE FRANCE

A notre père

ISBN 2 13 049575 3

Dépôt légal — 1re édition : 1990, septembre
2e édition mise à jour : 1998, octobre

108, boulevard Saint-Germain, 75006 Paris

Sommaire

Deuxième Partie

LE POUVOIR LOCAL

TROISIÈME PARTIE

LES FONCTIONS DES COLLECTIVITÉS LOCALES

Introduction générale

L'objet de cette introduction n'est pas de définir la matière étudiée, ni d'en faire l'historique : des développements ultérieurs s'y efforceront.

Il s'agit seulement ici de proposer au lecteur quelques idées de mise en train, tournant autour de deux questions : celle du développement actuel du droit des collectivités locales, et celle de la place que le droit occupe dans la connaissance et dans la gestion des collectivités locales.

1 | L'ÉRUPTION DU DROIT DES COLLECTIVITÉS LOCALES

Le droit des collectivités locales n'était jusqu'à il y a quelques années guère individualisé au sein du droit public, et guère étudié isolément. Son statut n'était pas plus que celui d'un groupe d'orientations particulières d'un droit plus général, le droit administratif.

Aujourd'hui, il attire au contraire un intérêt croissant, et les études le concernant spécifiquement se multiplient.

Quelques indications aideront, dès l'introduction du présent ouvrage, à comprendre les raisons de cet état de choses. La métaphore de l'éruption semble susceptible de rendre assez bien compte d'un phénomène que l'on doit à la fois aux réformes de décentralisation et à un certain nombre d'évolutions d'ensemble de la gestion publique et de son droit.

A / *Par l'effet des réformes de décentralisation*

Nous aurons, dans le corps de l'ouvrage, à évoquer par différents biais et sur différents points (voir en particulier Ire partie, chap. I), l'apport considérable des réformes de décentralisation qui ont été engagées sur la lancée de la loi du 2 mars 1982 relative aux droits et libertés des régions, des départements et des communes.

Il nous suffira ici d'avancer l'idée selon laquelle ces réformes ont d'une certaine manière, pour le droit des collectivités locales, un caractère fondateur. Bien entendu, ce droit ne les a pas attendues pour exister. Mais c'est d'elles qu'il tient, comme on le verra, une bonne part de ses principes actuels : non pas les solutions particulières données à tel ou tel problème de détail, qui sont le plus souvent éphémères, mais ses principes de base, concernant par exemple les rapports entre les collectivités locales et l'État, ou les rapports entre les collectivités locales.

Ces principes de base ne sont au demeurant pas tout à fait stabilisés, et même parfois pas tout à fait explicités : mais il n'y a là qu'un symptôme d'inachèvement d'un travail bien commencé.

B / *Par l'effet d'évolutions générales de la gestion publique et de son droit*

On ne prend pas assez couramment garde au fait que, si le bain juridique dans lequel sont plongées les collectivités locales évolue fortement, ce n'est pas seulement pour cause de réformes de décentralisation, mais parce qu'aussi la gestion publique et son droit évoluent de manière générale, et que les collectivités locales en sont affectées comme les autres administrations.

Contentons-nous d'en indiquer deux témoignages.

a) Quiconque observe les pratiques de la gestion locale sait bien que ces dernières années, même si aucune réforme législative n'en a fait l'enjeu d'un débat politique national comme cela a été le cas en ce qui concerne l'État, les collectivités locales ont connu, comme celui-ci, leur vague de privatisations. De nombreuses collectivités se sont persuadées de ce qu'elles accomplissaient certaines tâches plutôt plus mal, plutôt à plus fort coût, que des entreprises privées. Les privatisations locales se sont traduites, non pas, comme au plan national, par la cession d'actifs publics au secteur privé, mais par une multiplication des cas de délégation, par des biais juridiques divers, de services locaux à des entreprises privées. L'explosion actuelle des problèmes relatifs à la délégation de service public ne fait que traduire cet état de choses.

b) Comme les administrations de l'État, les collectivités locales découvrent aujourd'hui, à un rythme un peu accéléré, qu'elles sont des sujets de droit communautaire, et que cela comporte pour elles un nombre croissant d'obligations.

C'est ainsi que le régime des marchés publics locaux se trouve de façon croissante encadré par des bornes communautaires, notamment venues des six directives que la Communauté a consacrées au sujet. C'est ainsi, également, que la fonction publique territoriale, depuis la loi du 26 juillet 1991, ouvre progressivement ses cadres d'emploi aux ressortissants communautaires.

C'est ainsi encore que le régime des services publics locaux se trouve progressivement passé au crible des règles communautaires relatives aux ententes et aux abus de position dominante (comme cela a été fait, à propos du monopole des pompes funèbres, dans un arrêt de la Cour de justice des Communautés du 4 mai 1988)...

(Voir Jacques Biancarelli, La Communauté et les collectivités locales, *Rev. fr. adm. publ.*, n° 48, octobre-décembre 1988, p. 557 ; Jean-Bernard Auby, L'Europe et la décentralisation, *Revue française de la décentralisation,* n° 1, 1995, p. 16.)

Privatisations, diffusion du droit communautaire... l'analyse pourrait être étendue aux progrès de la citoyenneté administrative (notamment des droits d'accès aux informations administratives) dans le régime administratif local, à la densification de la zone constitutionnelle du droit des collectivités locales (la jurisprudence du Conseil constitutionnel l'explorant progressivement, et par là enrichissant son contenu, quoi qu'on puisse penser par ailleurs des limites des pouvoirs d'un juge), etc. Comme la gestion de l'État, et le droit qui l'encadre, la gestion administrative locale et le droit administratif local sont aujourd'hui en plein mouvement, à la recherche des nouveaux équilibres qu'imposent de nouveaux phénomènes, dont celui que l'on qualifie souvent de crise de l'État-providence.

Il est tout à fait compréhensible que tout cela, mêlé au grand mouvement de décentralisation, produise quelque chose comme une éruption.

2 | A QUOI SER(VEN)T LE DROIT DES COLLECTIVITÉS LOCALES (ET L'ÉTUDE DU DROIT DES COLLECTIVITÉS LOCALES) ?

La préoccupation juridique a certainement conquis de l'importance ces derniers temps dans le monde local : la mise en cause pénale de certains élus y contribue fortement.

Pourtant, au fond des choses, beaucoup d'analystes, et beaucoup de responsables locaux ont le sentiment que l'approche juridique ne constitue pas un angle d'attaque bien intéressant, ni pour la connaissance des collectivités locales, ni pour leur gestion.

Il nous paraît important de leur apporter quelques réponses ici.

A / *Le droit et la connaissance des collectivités locales*

Au cours de ces vingt dernières années, on a couramment lu et entendu dire que le droit, l'approche juridique donneraient une vision largement faussée du fonctionnement de l'administration locale, et que, par conséquent, toute vision réaliste de celle-ci devrait d'abord s'affranchir des analyses juridiques.

Certains sociologues ont expliqué notamment que le fonctionnement de l'administration locale reposait largement sur les arrangements que les acteurs locaux peuvent conclure autour des adaptations des règles juridiques, voire des dérogations aux règles juridiques. Qu'en d'autres termes, plus importante que la connaissance des règles juridiques était celle des rapports stratégiques et de pouvoir entre les acteurs locaux, pour qui le droit n'est qu'un instrument dont on se sert ou que l'on écarte alternativement.

Ils ont également défendu l'idée selon laquelle la conception juridique de la notion de décentralisation était éloignée de la réalité en ce qu'elle présentait le couple formé par l'État et les collectivités locales, comme un couple purement antagoniste, jouant un jeu à somme nulle, dans lequel tout ce qui était perdu par l'un – en termes de pouvoir – était nécessairement gagné par l'autre. Alors qu'en réalité, le fonctionnement de l'administration locale comporte une large part de complicité, et même de « régulation croisée », entre l'État et les collectivités locales.

Nous n'étonnerons pas le lecteur en disant que, selon nous, ce type de constatation théorique n'est nullement de nature à établir que la connaissance du droit qui les régit ne serait pas essentielle à la connaissance des collectivités locales.

Les critiques que l'on vient de rappeler ont le défaut de déformer un peu la cible sur laquelle elles tirent. Les sociologues ont tort de penser qu'il y aurait une seule notion juridique de la décentralisation : cette notion comporte en fait à peu près autant de définitions doctrinales que d'auteurs qui se sont attachés à en donner (cependant qu'elle ne possède aucune définition textuelle ou jurisprudentielle).

Or, parmi les analyses juridiques de la notion de décentralisation, il en est qui insistent fortement sur le fait que le statut des collectivités locales n'a jamais été un statut d'autonomie, et que les affaires locales ont toujours été cogérées par les autorités locales décentralisées et l'État. Charles Eisenmann, notamment, a fourni des explications essentielles sur cet aspect du problème.

Quant au fait que les pratiques de l'administration locale, ses jeux de pouvoir, ignoreraient le droit, ou le malmèneraient, le déformeraient, il y a une erreur logique à considérer qu'il rend sans intérêt la connaissance des règles juridiques qui régissent l'administration locale.

Il faut comprendre qu'il n'y aurait pas beaucoup de droit si les règles de droit étaient toujours parfaitement appliquées. Car une bonne moitié des règles de droit est bel et bien destinée à faire en sorte que l'autre moitié soit appliquée.

Il faut comprendre aussi que beaucoup de règles de droit ne sont pas essentiellement faites pour être appliquées. Elles sont faites pour sensibiliser leurs destinataires et éventuellement à les forcer à se concerter pour prévenir les conflits qui pourraient survenir entre eux.

Il faut, enfin et surtout, admettre que le droit imprègne à ce point le fonctionnement des collectivités locales – comme de toutes les administrations – que les arrangements avec les règles, les adaptations de toutes sortes, sont généralement faits dans le droit, en forme juridique, et non hors du droit comme on tend à le faire penser.

Il n'est pas question de prétendre que la connaissance du droit nous garantit celle du fonctionnement tout entier des collectivités locales. Mais il faut accepter l'idée qu'elle nous donne la clef de l'un des niveaux essentiels de ce fonctionnement.

(Sur ce débat, voir surtout deux articles de Jacques Caillosse, La décentralisation, mode d'emploi, *RDP,* n° 6, 1988, p. 1229, et Le savoir juridique à l'épreuve de la décentralisation (juristes et sociologues face à la décentralisation), *Annuaire des collectivités locales,* 1988, p. 5.)

B / *Le droit et la gestion locale*

Cette question, qui n'est évidemment pas sans lien avec la précédente, peut être ainsi résumée.

Il est clair, pour quiconque peut observer la manière dont sont dirigées les collectivités locales, que le savoir juridique, l'approche juridique des problèmes ne sont plus le point de vue dominant des administrateurs locaux. En un mot, le droit a cédé le pas au management, et le point de vue juridique tend parfois à être considéré comme une vision trop formelle des choses pour que celui qui a en charge l'efficacité et la stratégie y attache une importance première.

En un sens, il s'agit d'une évolution parfaitement naturelle. Qui s'est produite aussi dans la gestion de l'État, et qui correspond à un phénomène historique de régression de la culture juridique au profit d'une culture économique et plus exactement managériale. Nous le savons depuis Auguste Comte : l'époque moderne, qui est positive, réaliste, ne peut pas confier à une science qui est normative, qui se situe dans le registre du devoir-être, des prescriptions non nécessairement exécutées, le soin de fixer des orientations qui doivent s'inspirer exclusivement des réalités et de la manière dont on peut vraisemblablement agir sur elles. Il est parfaitement naturel que l'administrateur local se préoccupe d'abord de stratégie, ensuite seulement de légalité.

Cependant, l'idée est en train d'émerger que cette évolution ne devrait pas être poussée jusqu'au point où l'administrateur local éliminerait la dimension juridique des problèmes de sa réflexion sur l'action.

Il y a à cela, naturellement, des raisons de principe. La notion d'État de droit est certainement une valeur sur laquelle la société française réunit le plus large consensus. Elle impose aux collectivités locales aussi bien qu'à l'État le respect du droit, et par exemple, comme l'ont rappelé deux circulaires du Premier ministre du 13 octobre 1988 et du 16 octobre 1989, l'exécution correcte des décisions de justice.

Si ces arguments de principe ne suffisaient pas à convaincre que la gestion locale doit prendre en compte la dimension juridique, on peut en ajouter qui relèvent des considérations d'efficacité.

Les gestionnaires locaux ne peuvent pas nier que le droit constitue une contrainte, dont on ne peut s'affranchir que malaisément. Parfois, cette contrainte se rappelle à eux désagréablement : comme dans le cas, qui est de plus en plus fréquent, de condamnation pécuniaire de la collectivité ou dans celui, qui se développe aussi, de leur mise en cause personnelle devant le juge financier ou le juge pénal.

Il est probable qu'après une période dans laquelle la dimension juridique aura été à l'excès négligée, un équilibre se trouvera dans une sorte d'effort de professionnalisme dans ce qu'on peut appeler la gestion de la contrainte juridique. Cette évolution suppose, cela dit, une amélioration de l'information des collectivités locales en matière juridique, un développement de leur potentiel interne de traitement des questions juridiques ainsi que des réseaux et formes de conseil dont elles peuvent disposer : en somme une maturation de la fonction juridique locale.

3 | QUESTIONS TERMINOLOGIQUES

Parce que la Constitution parle à un endroit des collectivités locales (art. 34), et à un autre de collectivités territoriales (art. 72), un débat s'est instauré sur le point de savoir s'il ne faudrait pas distinguer les deux notions. Certaines collectivités territoriales ne seraient pas des collectivités locales : ce serait le cas des départements d'outre-mer, peut-être de la région.

Le débat est confus et d'un intérêt assez faible.

Disons simplement que l'utilisation de l'expression collectivités locales nous paraît préférable dans la mesure où, traditionnellement, on considère que l'État est une, est la première des collectivités territoriales. L'usage de l'expression collectivités territoriales est dès lors source de malentendus.

INDICATIONS BIBLIOGRAPHIQUES GÉNÉRALES

Francis-Paul Benoit (sous la dir. de), *Collectivités locales,* Dalloz, mise à jour permanente.

Xavier Bezançon et Olivier Van Ruymbeke, *Le guide des collectivités locales,* Éd. du Moniteur, 1989.

Bruno Rémond et Jacques Blanc, *Les collectivités locales,* Presses de la Fondation nationale des Sciences politiques et Dalloz, 1989.
Jacques Bourdon, Jean-Marie Pontier, Jean-Claude Ricci, *Droit des collectivités territoriales,* PUF, coll. « Thémis », 1987.
Juris-classeur collectivités locales, sous la direction de Jacques Moreau.
François Luchaire et Yves Luchaire, *Le droit de la décentralisation,* PUF, coll. « Thémis », 1983.
Jacques Moreau, *Administration régionale, départementale et municipale,* Dalloz, 11ᵉ éd., 1995.
Jacques Rouvière, *Les collectivités locales,* Masson, 1988.
Voir également l'*Annuaire des collectivités locales,* édité par Litec.

PREMIÈRE PARTIE

Les bases du droit des collectivités locales

L'objet de cette première partie est de fournir certaines données fondamentales sans la compréhension desquelles la description du droit des collectivités locales ne peut pas être entreprise. Il s'agit de données historiques concernant la formation du droit des collectivités locales (chap. I), de données théoriques concernant les polarités du statut de collectivité locale (chap. II), et de données fonctionnelles concernant le découpage administratif du territoire (chap. III).

PREMIÈRE PARTIE

Chapitre Premier

LA FORMATION HISTORIQUE DU DROIT DES COLLECTIVITÉS LOCALES

S'il ne peut être question dans le cadre de cet ouvrage de présenter exhaustivement l'histoire du droit des collectivités locales, il convient, pour la compréhension du système juridique contemporain, de rappeler les principales étapes qui ont abouti à sa constitution. Pour cela, en se référant à la notion de centralisation, on peut distinguer deux périodes majeures :

— *la première,* qui est celle de la construction d'un État centralisé, va jusqu'au début du XIXe siècle, et plus précisément jusqu'à la période impériale qui constitua la période la plus centraliste de l'histoire des institutions administratives françaises ;
— *la seconde,* que l'on qualifiera de marche vers la décentralisation, est celle qui conduit à la période contemporaine.

1 / La construction d'un État centralisé

La construction d'un État centralisé fut une préoccupation essentielle de l'Ancien Régime. Cette préoccupation ne disparut pas de la période révolutionnaire, riche en projets et initiatives. Elle s'épanouit dans la période du Consulat et du Premier Empire, ère du centralisme exacerbé.

1 | L'ANCIEN RÉGIME

On ne peut analyser le régime du droit local sous l'Ancien Régime selon les critères utilisés pour l'étude des systèmes contemporains. L'Ancien Régime est avant tout période de diversité, diversité des statuts, diversité des modes de fonctionnement, diversité des rapports de force entre les différentes composantes du système politico-administratif.

La notion de collectivité locale, au sens où elle est aujourd'hui entendue, n'y est guère transposable. Les collectivités sont avant tout des groupes d'habitants qui cherchent à se voir reconnaître un certain nombre de droits par les seigneurs.

Dans l'histoire de la décentralisation sous l'Ancien Régime, on peut distinguer deux périodes majeures.

La première fut celle où se développèrent des institutions locales tendant à s'affirmer vis-à-vis du pouvoir féodal. Cette période prit naissance au XIIe siècle. Elle se traduisit par l'apparition d'institutions qui furent les ancêtres des institutions locales d'aujourd'hui. Il s'agissait, d'une part, des communes, formées de groupes d'habitants, qui obtenaient de leurs féodaux une concession dans le cadre d'une charte : cette charte reconnaissait à la commune un certain nombre de droits et privilèges en contrepartie du versement d'une somme et de la reconnaissance des obligations de la vassalité.

Il s'agissait, d'autre part, de formes d'organisation voisine mais dotées d'une autonomie plus réduite : les villes franches et les communautés villageoises. A des niveaux intermédiaires apparurent également les États provinciaux. Ces États provinciaux auront joué à côté des pouvoirs féodaux et du pouvoir royal représenté à leur niveau par des baillis et des sénéchaux, un rôle très variable selon les cas. Cette période d'affirmation d'institutions locales s'achèvera vite du fait de la volonté croissante du pouvoir royal d'affirmer sa place dans l'organisation politique et administrative.

Dès les XIIIe et XIVe siècles, le pouvoir royal tentera de s'affirmer au détriment des pouvoirs locaux, qu'ils soient pouvoir féodal ou pouvoir d'institutions locales. S'agissant de ces dernières, cette volonté sera favorisée par l'inefficacité de la gestion financière des institutions locales. Au plan administratif, l'affirmation de cette volonté se traduira par la réduction progressive des pouvoirs des institutions locales et l'affirmation du rôle des représentants du pouvoir royal.

L'institution des intendants, apparue à la suite de la Fronde, en constituera la matérialisation la plus forte. Les intendants, qui furent les véritables ancêtres des préfets, disposaient de nombreux pouvoirs en matière administrative, judiciaire et fiscale. Leurs compétences iront en se développant, particulièrement au cours des XVIIe et XVIIIe siècles, au détriment tant des pouvoirs féodaux que des pouvoirs locaux.

Il fallut attendre la fin du XVIIe siècle pour que des tentatives de réorganisation de l'administration locale se manifestent. Deux édits : l'un de 1764, édit de Compiègne, l'autre de 1765, édit de Marly, organisèrent un régime juridique uniforme pour toutes les communes. Mais ces tentatives de réorganisation, outre qu'elles eurent un effet réduit, ne se traduisirent pas par une restauration du pouvoir local. C'est donc dans le contexte d'une affirmation forte du pouvoir royal et d'une limitation stricte des compétences locales qu'intervint la période révolutionnaire.

Un exemple de charte de franchise : la charte concédée à Lorris en Gâtinais par Louis VI en 1155

Louis... savoir faisons à tous présents et à venir...

1. Quiconque aura une maison dans la paroisse de Lorris, payera seulement six deniers de cens pour sa maison et pour chaque arpent de terre qu'il tiendra dans cette paroisse ; s'il achète de tels biens, il les tiendra au même cens.

2. Aucun habitant de la paroisse de Lorris ne payera ni le tonlieu ni aucune autre coutume sur les choses nécessaires à sa nourriture, ni le minage sur les récoltes qu'il aura obtenues par son travail, celui des siens et celui de ses animaux, ni le forage sur le vin qu'il aura de ses vignes.

3. Aucun n'ira à la chevauchée ni à une expédition militaire quelconque s'il ne peut revenir chez lui à sa volonté chaque jour.

4. Aucun ne payera le péage jusqu'à Étampes, Orléans, Milly en Gâtinais et Melun.

5. Quiconque possède des biens dans la paroisse de Lorris ne pourra se les voir confisquer, sauf à la suite d'un méfait commis contre nous ou un de nos hôtes.

6. Aucun ne sera arrêté ni inquiété lorsqu'il ira à la foire ou au marché de Lorris ou qu'il en reviendra, sauf s'il a commis un forfait le jour même.

Aucun ne prendra des gages de son plège (= caution) le jour du marché ou de la foire de Lorris, sauf si le plègement a été fait un jour semblable.

7. Pour un méfait de 60 sous, on payera une amende de 5 sous et, pour un méfait de 5 sous, 12 deniers ; on payera aussi 4 deniers pour la plainte au prévôt.

8. Aucun ne sera contraint de sortir de Lorris pour plaider contre le roi.

9. Personne, ni nous, ni quelque autre, ne lèvera sur les hommes de Lorris ni taille, ni oblation, ni quête.

10. Personne ne vendra à Lorris son vin par ban, sauf le roi pour la vente de son propre vin dans son cellier.

11. Nous aurons le droit de percevoir à Lorris les vivres nécessaires à nous et à la reine pendant quinze jours entiers ; si quelqu'un détient un gage du roi ou d'un autre, il n'a pas à le garder plus de huit jours, sauf de son plein gré.

12. Si quelqu'un de Lorris a encouru la vengeance d'un autre, sans bris (de la paix) du château ou du bourg, et s'il s'accorde avec lui avant que le prévôt ait été saisi d'une plainte, il ne sera tenu d'aucune amende pour ce fait ni envers nous ni envers notre prévôt ; si la plainte a été déjà portée, il leur est permis de s'accorder, sauf à payer l'amende ; si chacun s'est plaint de l'autre et si aucun n'a été condamné à une amende envers l'autre, aucun ne doit payer d'amende à nous ni à notre prévôt.

13. Si quelqu'un s'est engagé à prêter un serment envers un autre, il lui est permis de le faire.

14. Si des habitants de Lorris ont donné des gages de duel de façon téméraire et s'accordent avec la permission du prévôt, avant la remise des cautions, chacun devra payer deux sous et demi ; si les cautions ont été fournies, chacun payera sept sous et demi ; si un duel a été fait par des hommes habiles à faire cette preuve, les cautions du vaincu payeront 112 sous.

15. Personne ne nous devra de corvée, sauf une fois par an pour amener notre vin à Orléans ; seuls en seront tenus ceux qui, ayant chevaux et charrettes, en seront requis et aucun n'aura de nous ses dépens ; mais les ruraux nous amèneront le bois pour notre cuisine.

16. Personne ne sera retenu prisonnier s'il peut donner caution d'ester à droit.

17. Chacun peut vendre ses biens, s'il le veut, et ensuite, à sa volonté, quitter la ville, libre et quitte, après avoir payé les lods et ventes pourvu qu'il n'ait pas commis de méfait dans la ville.

18. Quiconque a fixé sa demeure pendant an et jour dans la paroisse de Lorris sans qu'on l'assigne ni qu'il ait refusé d'ester à droit devant nous ou notre prévôt, sera désormais libre et quitte.

19. Aucun habitant ne plaidera contre un autre, sauf pour recevoir et exécuter ce qui est conforme au droit.

20. Lorsque les habitants de Lorris iront à Orléans avec leur marchandise, ils ne payeront qu'un denier par charrette à la sortie de la ville ; lorsqu'ils n'iront pas à l'occasion de la foire ; lorsqu'ils iront au mois de mars à l'occasion de la foire, ils payeront quatre deniers par charrette à la sortie d'Orléans et deux deniers à l'entrée.

21. A l'occasion des mariages qui seront célébrés à Lorris, ni le crieur public ni le gardien n'auront droit à quelque chose d'après la coutume.

22. Aucun cultivateur de la paroisse de Lorris, travaillant la terre avec une charrue, ne doit en coutume donner plus d'une mine de seigle à tous les sergents de Lorris au temps de la moisson.

23. Si un chevalier ou un sergent trouve dans nos bois des chevaux ou d'autres animaux appartenant à des hommes de Lorris, il ne doit les conduire qu'au prévôt de Lorris. Si un animal de la paroisse de Lorris entre dans notre forêt ou notre bois parce qu'il a été mis en fuite par des taureaux ou excité par des mouches, son propriétaire ne devra payer aucune amende aux prévôts, s'il peut prouver que l'animal y est entré malgré son gardien ; si, au contraire, il est entré au su du gardien, le propriétaire payera douze deniers, et, s'il s'agit de plusieurs bêtes, le propriétaire payera autant pour chacune.

24. Dans les fours de Lorris, il n'y aura pas de porteurs d'après la coutume.

25. Il n'y aura pas de guet à Lorris d'après la coutume.

26. Quiconque de Lorris porte du sel ou son vin à Orléans, ne payera qu'un dernier par charrette.

27. Aucun homme de Lorris ne devra de taxe au prévôt d'Étampes, ni au prévôt de Pithiviers, ni dans le Gâtinais.

28. Aucun ne devra le tonlieu ni à Ferrières, ni à Château-Landon, ni à Puiseaux, ni à Nibelle.

29. Les habitants de Lorris pourront prendre du bois mort pour leur usage en dehors de notre forêt.

30. Quiconque achète ou vend quelque chose au marché de Lorris et s'abstient par oubli de payer le tonlieu, peut encore le payer dans un délai de huitaine sans être inquiété, s'il jure qu'il ne l'a pas fait sciemment.

31. Aucun habitant de Lorris, tenant une vigne, un pré, un champ ou un édifice quelconque dans la terre de Saint-Benoît, ne sera tenu d'ester à droit devant l'abbé de Saint-Benoît ou son sergent, sauf s'il ne lui a pas livré sa part de récolte ou son cens ; encore ne sortira-t-il pas de Lorris pour être jugé.

32. Si un habitant de Lorris est accusé d'un délit et ne peut se disculper par témoignages, il se purgera par son seul serment de l'imputation présentée contre lui.

33. Aucun habitant de cette paroisse ne devra de coutumes pour tout ce qu'il vendra ou achètera en semaine et pour tout ce qu'il achètera au marché du mercredi pour son propre usage.

34. Ces coutumes, ainsi concédées aux habitants de Lorris, leur sont communes avec les hommes qui habitent Coupalais, Chanteloup et la baillie Harpart (= La Hapardière).

35. Nous déciderons, en conséquence, que, chaque fois que le prévôt de la ville sera changé, il devra jurer à son tour d'observer fermement ces coutumes ; de même, les nouveaux sergents, quand ils seront changés.

Pour que cet acte soit invariable dans l'avenir, nous avons prescrit de le renforcer par l'autorité de notre sceau.

Fait à Orléans l'an du Seigneur 1155.

---

2 | LA PÉRIODE RÉVOLUTIONNAIRE

La période révolutionnaire constitue du point de vue de l'histoire du droit local, une période particulièrement intéressante.

C'est en effet durant cette période que vont naître nombre de projets et de réalisations dans le domaine de l'organisation et du fonctionnement des institutions locales, qui déterminent encore largement le statut des collectivités locales d'aujourd'hui. Force est cependant de constater que les réformes introduites durant cette période trouveront, en raison du contexte national et international troublé, peu l'occasion de s'appliquer.

Il reste que la période révolutionnaire se caractérisa par une volonté de réformer profondément l'administration locale française. On prête à la Révolution française un caractère décentralisateur. En fait, ce caractère ne s'attache qu'à la période de la Constituante de 1789 à 1792. La période conventionnelle et la période du directoire furent déjà des périodes de frein à la décentralisation voulue par la Constituante.

C'est dès le début de la période de la Constituante qu'apparaît le projet d'organisation uniforme des structures locales françaises. Ce projet qui se concrétise par un certain nombre de textes, et notamment les décrets des 14 décembre et 22 décembre 1789, conduit à organiser l'administration locale française selon une structure locale uniforme constituée de communes et de départements. Les communes sont constituées dans chaque bourg ou paroisse existant ; les départements sont constitués sur la base d'anciennes divisions du territoire, et de façon à ce que leur dimension se révèle à peu près homogène après qu'eut été abandonné le projet de les organiser de façon géométrique.

Les communes et les départements se voient reconnaître des compétences propres, déduites de la nature du pouvoir local, et non plus seulement des compétences déléguées par l'État.

Le principe électif est généralisé, tous les administrateurs des communes et départements procédant de l'élection. Les communes et les départements sont dirigés par trois catégories d'organes :

— *un organe délibérant :* le conseil général de la commune pour les communes, le conseil général pour le département ;
— *un organe exécutif :* pour les communes le corps municipal qui est dirigé par un maire, pour les départements le directoire de département qui est présidé par le président du conseil général ;
— enfin *un représentant* du roi également élu, le procureur de la commune et le procureur général, syndic pour le département.

Cette organisation administrative aura une application limitée dans le temps. Elle est cependant particulièrement intéressante, car la configuration à laquelle elle aboutit n'est pas sans rappeler dans ses principes sinon dans ses résultats, celle de l'administration locale française contemporaine.

La suite de la période révolutionnaire vit refluer le mouvement de décentralisation engagé par la Constituante. La Convention, dans un environnement troublé, limita l'autonomie prise par les collectivités locales, et principalement les départements. C'est ainsi que la Convention supprima en 1793 les conseils généraux et institua les représentants en mission, représentants du pouvoir central disposant de très larges pouvoirs.

La période du Directoire, sans accentuer le mouvement de reconcentration, porta un certain nombre de projets de réorganisation administrative dont la plus notable fut la volonté de constituer des municipalités de canton dans les communes de plus de 5 000 habitants. Mais les diverses tentatives du Directoire demeurèrent à l'état de projets.

3 | LE CENTRALISME EXACERBÉ

C'est la période du Consulat, et plus encore celle du Premier Empire, qui forment l'époque la plus centralisée de nos institutions publiques. On peut dater le début de cette période de la loi du 28 Pluviôse an VIII (17 février 1800), qui institua la fonction préfectorale.

Dès le Consulat, et avant que n'apparaisse le Premier Empire, le préfet apparaissait comme le seul maître des départements et des communes. Personnage à recrutement et à vocation politiques, il affirmait l'autorité consulaire puis impériale, sur des structures locales le plus souvent réduites à des fonctions d'enregistrement.

La période impériale prolongera ce centralisme exacerbé, les quelques rares transferts d'attribution opérés au bénéfice des institutions locales l'étant en fait au bénéfice de l'autorité préfectorale. De cette période date l'édification du modèle préfectoral d'administration dont les éléments majeurs resteront en vigueur jusqu'en 1982. A ce point extrême du centralisme territorial ne pouvait succéder qu'une marche vers la décentralisation. Celle-ci fut lente.

2 / La marche vers la décentralisation

Dès la fin du Second Empire, les libertés locales vont tendre à renaître. Cette renaissance fut longue, parfois marquée de coups d'arrêt. Elle est cependant une constante de la période de plus de cent cinquante ans, qui conduit au régime institutionnel contemporain. On peut y distinguer trois phases :

— la lente renaissance des libertés locales jusqu'à la deuxième guerre mondiale ;
— l'aspiration à la décentralisation qui se fait de plus en plus nette à partir de la Libération ;
— le mouvement de décentralisation lancé en 1982.

1 | LA LENTE RENAISSANCE DES LIBERTÉS LOCALES

La période qui conduit de la Restauration à la deuxième guerre mondiale est une période qui ne se traduisit par aucun mouvement décentralisateur majeur. Il s'y déroula un mouvement continu lié au développement du principe démocratique et à la renaissance, sous l'effet de différents facteurs, des forces locales, qui conduisit à une évolution progressive du régime juridique des institutions locales.

On peut cependant y distinguer trois phases.

La *première* est celle du centralisme allégé. Dès la Restauration, des propositions apparurent pour rétablir une certaine autonomie des départements et des communes. Par ailleurs, l'institution préfectorale, symbole de la centralisation, mais également symbole du pouvoir impérial, se trouva fréquemment remise en cause.

Cependant, aucun régime n'osera s'en priver. Les contraintes de la gestion publique et un certain confort lié au maintien de l'institution conduisirent la Restauration à maintenir l'institution préfectorale.

La IIe République quant à elle fut trop troublée et trop brève pour que l'institution soit remise en cause, même si les préfets prirent le titre de commissaire de la République.

Le Second Empire, quant à lui, trouva naturellement dans la fonction préfectorale un cadre adéquat d'expression de son mode de gouvernement. Pourtant cette période, sous la pression du courant monarchiste puis du courant libéral, se traduisit par un certain nombre de textes qui allégèrent le poids de la tutelle sur les collectivités locales et tendirent à renforcer l'autonomie de ces dernières. Ainsi des lois suivantes :

— la loi du 21 mars 1831 qui rétablit l'élection des conseils municipaux ;
— la loi du 22 juin 1833 qui rétablit l'élection des conseils généraux ;
— la loi du 18 juillet 1837 qui élargit les attributions des communes ;

— la loi du 18 mai 1838 qui élargit les attributions des conseils des départements et d'arrondissements et qui sera suivie d'une loi du 18 juillet 1866 sur les attributions du conseil général.

L'ensemble de ces textes affermit les compétences des communes et départements, sans remettre en cause pour autant, de façon essentielle, la prééminence préfectorale. Même si, à la fin du Second Empire et sur la base du mouvement libéral qui l'affecte, un certain nombre de projets de décentralisation, auxquels on peut attacher les noms d'Odilon Barrot et de Prévost-Paradol, apparurent, aucune réforme d'envergure ne concrétisa ces velléités.

La *deuxième phase* est celle de la reconnaissance de la personnalité locale. C'est ainsi que l'on peut résumer l'objet des deux lois fondamentales sur le département et les communes qui caractérisent la période du gouvernement provisoire et des débuts de la IIIe République, et qui constituent les deux textes fondamentaux qui vont organiser les deux institutions de base du système local jusqu'à la période contemporaine.

La première de ces lois est la loi départementale du 10 août 1871. Cette loi organisait l'institution départementale selon un modèle qui demeurera en vigueur jusqu'à la loi du 2 mars 1982 : un conseil général, composé de conseillers généraux, élus dans le cadre cantonal au scrutin majoritaire à deux tours pour une durée de six ans, et renouvelables par moitié tous les trois ans ; une commission départementale, émanation du conseil général disposant d'attributions propres et d'attributions qui lui étaient déléguées par le conseil général ; un préfet qui prépare les affaires soumises au conseil général et qui les exécute.

La deuxième loi est la loi du 5 avril 1884 sur les communes. Cette loi uniformisait le régime juridique des communes. Elle dota ces dernières d'une assemblée délibérante, le conseil municipal élu pour six ans, et d'un exécutif, le maire, élu par le conseil municipal.

La commune, au même titre que les départements, était soumise à une tutelle étroite des préfets et des sous-préfets. En vérité, ces deux lois fondamentales de 1871 et 1884 furent d'abord, et avant tout, des lois d'uniformisation du régime juridique applicable aux deux institutions. Elles furent beaucoup moins des lois de renforcement des libertés locales.

La période qui conduit de ces deux lois fondamentales à la deuxième guerre mondiale, ne se traduisit pas par des bouleversements importants du régime juridique applicable aux collectivités locales. Les textes que l'on peut citer n'ont pas un caractère fondamental et ont porté plus sur la capacité d'agir des collectivités locales dans un certain nombre de domaines, que sur l'allégement du pouvoir tutélaire de l'État.

On peut ainsi évoquer la loi du 22 mars 1890 relative à l'institution de syndicats de communes. On peut également citer les lois de 1899 et 1907 relatives au régime financier des communes. Par ailleurs, les décrets-lois de 1926 allégèrent les conditions d'intervention économique des collectivités territoriales, pour tenir compte des effets du mouvement d'urbanisation. Ces différents textes qui renforcèrent la capacité d'agir des collectivités locales ne rencontrèrent guère de développement ultérieur jusqu'à la deuxième guerre mondiale, la pensée et la conception des systèmes étant alors plus orientées vers la recherche d'une efficacité liée à la centralisation dans l'esprit de ce que l'on a appelé l'ère des organisateurs.

La première guerre mondiale par nécessité jouera ainsi comme un frein au développement des libertés locales. La seconde guerre mondiale fit encore plus, le régime de Vichy se caractérisant par une centralisation à la fois voulue et rendue nécessaire par les circonstances.

Cependant, il faut rappeler que la première moitié du XXe siècle se traduisit, dans les courants de pensée et dans quelques ébauches d'institutions comme les régions économiques à la suite de la première guerre mondiale, par l'amorce du mouvement régionaliste qui prendra son essor après la deuxième guerre mondiale.

2 | L'ASPIRATION A LA DÉCENTRALISATION

Dès la fin du régime de Vichy, le système politique manifesta des velléités décentralisatrices. Celles-ci se traduiront par un ensemble de textes parus entre 1946 et 1979 qui, pour procéder d'aspiration et de volontés différentes, tendront tous à renforcer le poids des collectivités locales dans le système institutionnel national. On peut distinguer de façon schématique, trois phases majeures :

a) La *première* phase est celle de l'immédiat après-guerre. Les différents courants issus de la résistance véhiculaient une idéologie décentralisatrice. Ceci était dû à la réflexion qu'un certain nombre des partis qui la composaient avait mené quant aux méthodes de gestion des nations modernes. Cela était également dû au contre-exemple donné par le régime de Vichy.

L'immédiat après-guerre, en raison des contraintes de la reconstruction du pays, n'aura guère l'occasion de traduire dans les faits ces velléités décentralisatrices. On doit néanmoins rappeler que la Constitution du 27 octobre 1946 prévoyait que l'exécutif du conseil général serait son président. Cette disposition ne fut, il est vrai, jamais mise en œuvre par le législateur.

La période de l'après-guerre se contentera de renforcer l'aspiration au développement de l'échelon régional par la création d'institutions étatiques spécifiques en la matière.

b) La deuxième phase, qui correspond grossièrement au début de la Ve République, est celle de la rationalisation du système local. L'organisation locale française, et spécialement l'organisation communale, se trouvèrent alors confrontées aux problèmes posés par les effets d'un exode rural massif, l'apparition des besoins de caractère urbain et par les effets du développement économique et social, facteur d'une croissance des besoins manifestés par la population.

Dans ce contexte, ni les structures, ni le découpage, ni le régime juridique des collectivités locales n'apparaissaient comme réellement satisfaisant. L'État prenant conscience de ces difficultés, tenta d'y apporter des réponses qui furent également autant de moyens de retarder un affranchissement des libertés locales, que des courants de pensée réclamaient de plus en plus.

Cette volonté de rationaliser le système local revêtit plusieurs formes. La première de ces formes fut le développement de la coopération intercommunale, rendu de plus en plus nécessaire par le besoin de satisfaire la population en équipements collectifs. Ainsi, l'ordonnance du 5 janvier 1959 créa les syndicats de communes à vocation multiple, et les districts urbains. Ainsi également, la loi du 31 décembre 1966 institua les communautés urbaines. Ce mouvement de coopération intercommunale rencontrera un succès certain, comme on le verra dans la partie de l'ouvrage consacrée à ce sujet (voir Ve partie, chap. II). Cependant, l'échec relatif des formules destinées à assurer l'intégration la plus forte entre les communes membres atténuera la portée de ce succès.

Le deuxième mouvement tendant à la rationalisation du système local, sera celui de la recherche de fusions de communes. La loi du 16 juillet 1971 cherchera, à travers des plans départementaux de regroupement de communes, à imposer de façon coercitive le regroupement des plus petites d'entre elles. Cette loi rencontrera un succès très limité, et ses réalisations seront progressivement annihilées par le mouvement de division qui interviendra plus tard.

La troisième traduction de cette volonté de rationalisation de la gestion locale sera constituée par des tentatives d'élargissement de l'autonomie locale, à travers différents mécanismes d'allégement de la tutelle administrative, du fait notamment de la loi du 31 décembre 1970. Les pratiques administratives renforceront d'ailleurs cet assouplissement des tutelles au-delà des intentions voulues par les textes.

La quatrième tendance liée à cette volonté de rationalisation locale sera marquée par les aspirations au développement des structures régionales. En effet, dès cette époque, la structure départementale parut inadaptée à la résolution d'un certain nombre de problèmes, notamment de caractère économique. C'est la raison pour laquelle l'État mit alors en place des structures de caractère régional, qui n'étaient pas encore des structures décentralisées, mais visaient à coordonner l'action de l'État au plan régional.

C'est ainsi que le décret du 2 juin 1960 mit en place 21 circonscriptions d'actions régionales regroupant les départements. Plus tard, le décret du 14 mars 1964 institutionnalisa cette structure en mettant en place un préfet de région et en créant des structures régionales d'État. Cette institution de structures régionales de l'administration de l'État apparut alors, pour ce dernier, comme un moyen de satisfaire la revendication régionale qui commençait à se renforcer, sans créer une collectivité régionale.

c) C'est à partir des années 1967 et 1968 que, dans une *troisième* phase, les projets de réforme des institutions locales françaises commencèrent à se formaliser de façon significative. Certes, il y eut toujours au cours de l'histoire institutionnelle des projets de réforme administrative concernant les collectivités locales. L'après-guerre fut lui-même fertile en la matière comme en témoigne, pour ne citer que lui, le projet de Michel Debré qui était de réformer la carte départementale française, pour créer une quarantaine de départements.

C'est cependant à partir des années 1967-1968, une fois mises en place les réformes tendant à la rationalisation de la gestion locale, qu'apparurent des projets plus ambitieux tenant aux structures mêmes des collectivités locales.

Deux tendances se manifestèrent à cette époque.

La première avait trait à l'idée régionale qui, dans un contexte idéologique de plus en plus marqué, commençait à se manifester fortement. Ceci explique que le général de Gaulle ait imaginé de répondre à la crise de 1968 en organisant un référendum sur la création d'une région décentralisée.

Ce référendum, qui fut rejeté le 27 avril 1969, prévoyait la constitution d'une collectivité régionale, dotée d'une autonomie significative. Après son échec, le projet fut repris de façon beaucoup moins ambitieuse par la loi du 5 juillet 1972 qui fit de la région un établissement public territorial, tout en permettant à la structure régionale de s'affirmer, ce qui lui permit aisément de devenir une véritable collectivité locale après 1982.

La volonté de modifier les structures locales s'appliqua, d'autre part, à l'organisation communale. A cette époque, les réalisations liées au développement de la coopération intercommunale apparurent, aux yeux d'une vision technocratique qui tendait à se développer, comme insatisfaisantes. La loi du 16 juillet 1971, pour sa part, qui organisait le regroupement des communes, avait été un échec patent. C'est la raison pour laquelle le gouvernement tenta de promouvoir une réforme fondamentale de l'organisation communale : celle proposée par le rapport Guichard en 1975. Ce rapport proposait la généralisation de structures supracommunales, les communautés urbaines en milieu urbain, les communautés de communes en milieu rural. Les nombreuses réactions suscitées par ce projet conduisirent les pouvoirs publics à engager une vaste consultation des élus locaux, laquelle aboutit en 1977 au rapport Aubert, qui marqua en fait la fin des grandes ambitions réformatrices. A la suite de ce qui fut regardé comme un échec, les gouvernements hésitèrent à se lancer dans de vastes réformes des collectivités locales. C'est ainsi que le projet de loi pour le développement des responsabilités des collectivités locales déposé en 1978 (projet « Bonnet »), aux ambitions limitées et le plus souvent techniques, cheminera lentement jusqu'au changement de gouvernement lié aux élections présidentielles de 1981 et ne sera jamais adopté.

3 | LA DÉCENTRALISATION DE 1982

L'année 1982 constitue, à n'en pas douter, une année extrêmement importante dans l'histoire de nos institutions locales. Ce fut en effet l'année de lancement, au plan législatif, d'un vaste mouvement de décentralisation qui a modifié de façon substantielle les modalités de fonctionnement, les compétences et les libertés des collectivités locales.

Le changement de président de la République en mai 1981 et le changement de gouvernement qui s'ensuivit, conduisirent à la venue au pouvoir d'une gauche qui, après avoir été longtemps de tradition centralisatrice, était devenue décentralisatrice depuis la fin de la première moitié du siècle. C'est ce pouvoir de gauche qui, dans un contexte facilité par l'obtention d'une majorité absolue à l'Assemblée nationale par le Parti socialiste, engagea un vigoureux mouvement de décentralisation. Ce mouvement de décentralisation fut engagé par la loi symbole du 2 mars 1982, suivie des deux lois importantes de répartition des compétences du 7 janvier et du 22 juillet 1983. D'autres textes sur la fonction publique locale, sur les finances, etc., viendront les compléter.

Les principes essentiels du nouveau système local furent posés par la loi fondatrice du 2 mars 1982, intitulée de façon significative loi « relative aux droits et libertés des régions, des départements et des communes ».

Ce texte de base fut complété par un grand nombre d'autres, qu'il serait sans intérêt de chercher à citer exhaustivement. Les plus remarquables sont les lois qui ont eu pour objet de transférer une série de compétences de l'État à l'un ou l'autre des échelons de collectivités locales : *loi du 7 janvier 1983, loi du 22 juillet 1983,* également, dans le domaine de l'urbanisme et du patrimoine, *loi du 18 juillet 1985.*

Les deux *lois du 10 juillet 1982* créant les chambres régionales des comptes et la *loi du 22 juillet 1982* sont venues préciser les nouvelles modalités de contrôle des collectivités locales. La *loi du 26 janvier 1984* et la *loi du 12 juillet 1984* sont venues fixer le nouveau statut de la fonction publique territoriale. Les deux *lois du 30 décembre 1985* relatives au cumul des mandats ont établi des règles importantes pour l'exercice des mandats locaux.

Après les élections législatives de 1986, on pourra noter certains retours en arrière, en matière de fonction publique territoriale avec la *loi du 13 juillet 1987,* et, en matière d'intervention économique locale ainsi qu'en matière de contrôle financier, avec la *loi du 5 janvier 1988* « d'amélioration de la décentralisation ». Mais ces retours en arrière n'ont pas affecté des aspects majeurs du dispositif de décentralisation.

Par la suite, la loi du 6 février 1992, relative à l'administration territoriale de la République s'est efforcée de développer les instruments de la démocratie locale (référendums, information des citoyens et des élus) sans modifier les équilibres d'ensemble.

La décentralisation voulue en 1982 se caractérise d'une triple façon :

- — elle a été tout d'abord une décentralisation brutale, les initiateurs du projet de loi ayant considéré qu'il fallait parvenir à un point de non-retour dans la modification des rapports mutuels entre l'État et les collectivités locales ;
- — elle a été également animée d'un esprit de système, ce qui est d'ailleurs une caractéristique habituelle des réformes institutionnelles françaises ;

— elle a été enfin une décentralisation fondée sur la prééminence de la démocratie représentative, et, de ce fait, une décentralisation par et pour l'élu, au détriment de la représentation locale d'État et, parfois du citoyen. Cette lacune sera, il est vrai, corrigée en partie par la loi du 6 février 1992.

Le mouvement de décentralisation connaîtra son apogée dans les années 1983 et 1984, au cours desquelles les institutions locales, communes, départements et régions, imposèrent leur place dans le système local, et cherchèrent même à aller au-delà de l'organisation voulue par les textes législatifs. Plus tard, cette application du mouvement de décentralisation trouvera son équilibre dans une restauration des compétences de l'État qui, sans revenir en arrière sur les intentions du législateur, marquera la mise en place d'un nouveau rapport stabilisé entre collectivités locales et l'État.

Ce mouvement de rééquilibrage lié à l'édiction d'un certain nombre d'adaptations aux textes, au mouvement naturel de réajustement des pouvoirs locaux et du pouvoir d'État, et aux aspirations manifestées par les citoyens, fera que, dès 1986, on pourra considérer le système local comme étant à peu près stabilisé.

Il reste que, de 1982 à 1986, le chemin parcouru aura été considérable, la France passant d'un centralisme marqué à un régime qui, pour n'être pas le plus audacieux des pays comparables en matière d'autonomie locale, s'appuie tout de même sur une décentralisation très accentuée.

BIBLIOGRAPHIE

Paul Bernard, *Le grand tournant des communes de France,* Armand Colin, 1969.

Pierre Bodineau et Michel Verpeaux, *Histoire de la décentralisation,* PUF, coll. « Que sais-je ? », 1993.

François Burdeau, *Libertés, libertés locales chéries,* Cujas, 1983.

Maurice Bourjol, *Les institutions régionales de 1789 à nos jours,* Berger-Levrault, 1969.

Jean-Marc Ohnet, *Histoire de la décentralisation française,* LGF, 1996.

Charles Pelit-Dutaillis, *Les communes françaises,* Albin Michel, 1947 et 1970.

Chapitre II

LE STATUT DE COLLECTIVITÉ LOCALE

Compte tenu de l'évolution qui a été précédemment décrite, il convient maintenant d'indiquer quels sont les axes essentiels du statut de collectivité locale. C'est-à-dire de déceler quels sont les éléments d'ordre juridique qui, fondamentalement, distinguent les collectivités locales des autres personnes publiques, et qui les distinguent les unes des autres.

En d'autres termes, il s'agit de savoir ce que c'est, juridiquement, que d'être une collectivité locale. Question à laquelle on ne peut donner réponse qu'en évoquant l'identité locale (sect. 1), l'autonomie locale (sect. 2) et le régime administratif local (sect. 3).

1 / L'identité locale

Si l'on voulait établir une carte d'identité des collectivités locales, il faudrait, comme d'ailleurs pour un État, qui est l'espèce la plus importante de collectivité territoriale, y faire figurer trois éléments : un nom, un territoire, une population. Ces éléments distinguent chaque collectivité locale de ses voisines et congénères.

1 | LE NOM

a) Les noms des collectivités territoriales se nourrissent de l'histoire et de la géographie.

Les noms des communes sont souvent très anciens, et repris de celui des paroisses d'Ancien Régime. Il est fréquent aussi qu'ils célèbrent des événements historiques (une bataille, par ex.), ou un personnage célèbre ayant eu des attaches locales. Les noms des communes issues de fusions sont souvent ceux des communes fusionnées mis bout à bout.

Les noms des départements procèdent généralement de considérations géographiques : comme on le sait, il s'agit fréquemment de l'indication d'une rivière ou d'un fleuve important qui les traverse.

Les noms des régions ont été choisis en 1972 en fonction d'éléments historiques et géographiques auxquels les départements regroupés acceptaient de se référer de façon commune.

b) Les collectivités locales peuvent changer de nom, pour éliminer des connotations qu'elles jugent indésirables, ou au contraire, par exemple, tirer un bénéfice d'image d'un nom illustre. Certains départements ont changé de nom en supprimant les termes « bas » ou « inférieur » (ainsi les Basses-Pyrénées sont-elles devenues Pyrénées-Atlantiques, et la Loire-Inférieure, Loire-Atlantique). En 1990, le département des Côtes-du-Nord est devenu département des Côtes-d'Armor. Une région a changé de nom depuis 1972 (la région Provence - Alpes - Côte d'Azur, initialement Provence - Côte d'Azur).

Les changements de nom des communes sont régis par les dispositions des articles L. 2111-1 du Code général des collectivités territoriales et R. 111-1 du Code des communes. Ils sont en principe subordonnés à un décret, pris sur la demande de la commune concernée, et après avis du conseil général.

Toutefois, lorsqu'ils sont simplement la conséquence d'une modification des limites territoriales de la commune, ils sont décidés par l'autorité compétente pour arrêter cette modification.

Les changements de nom des départements sont, en vertu de l'article L. 3111-1 du Code général des collectivités territoriales, décidés par décret en Conseil d'État, pris sur la demande du conseil général.

Les décrets de changement de nom des communes et des départements peuvent faire l'objet d'un recours pour excès de pouvoir (Cons. d'État, 22 avr. 1955, Commune de Saint-Martin-en-Vercors, *Lebon,* p. 203 ; 30 oct. 1970, Perret, *Lebon,* p. 1046).

Le changement du nom des régions exige, conformément aux dispositions de l'article L. 4121-1 du Code général des collectivités territoriales, une loi, précédée d'une consultation du conseil régional et des conseils généraux intéressés.

2 | LE TERRITOIRE

Le territoire est l'élément essentiel de l'identification des collectivités locales. Ce qui définit celles-ci de manière prépondérante, c'est le fait qu'elles gèrent les problèmes administratifs propres à une circonscription administrative dont elles ont la responsabilité.

Additionnés, les territoires de toutes les collectivités locales couvrent (plus d'une fois évidemment) l'ensemble du territoire national, y compris d'ailleurs dans ses prolongements maritimes : le Conseil d'État a admis que le territoire d'une commune littorale comprenait le domaine public maritime et la mer territoriale (CE, 20 févr. 1981, Commune de Saint-Quay-Portrieux, *Dr. adm.,* 1981, n° 112).

a) La détermination des limites des collectivités locales s'est fondée à l'origine sur des considérations diverses. La loi du 14 décembre 1789 a établi les limites territoriales des communes en s'appuyant sur les découpages préexistants : paroisses, villes, bourgs, communautés de campagne. La loi des 26 février - 4 mars 1790 a fixé les limites des départements en s'inspirant à la fois de ce qui existait (limites territoriales des communes), et de diverses considérations géographiques, historiques, d'ordre public (la possibilité d'aller du chef-lieu à tout autre point du département en moins d'une journée de cheval) : on avait un instant envisagé une simplification radicale des problèmes de délimitation qui aurait consisté à donner aux départements la forme de carrés. Lors de la création des régions, en 1972, on a repris la délimitation des circonscriptions d'action régionale qui avait été opérée par un décret du 2 juin 1960 sur la base de considérations géographiques et historiques.

Des litiges peuvent survenir en ce qui concerne le tracé exact de la frontière entre deux collectivités locales. Étant entendu que c'est le tracé des limites communales qui commande les autres : en effet, il est exclu qu'une commune soit à cheval sur deux départements, et qu'un département soit à cheval sur deux régions.

L'article R. 112-2 du Code des communes prévoit que les contestations portant sur la délimitation des communes sont tranchées par un arrêté préfectoral, ou un décret dans le cas où elles opposent des communes de départements différents. Le juge administratif peut être saisi de recours contre l'arrêté ou le décret (il exerce un contrôle minimum, mais assorti de la vérification de l'erreur manifeste d'appréciation : Cons. d'État, 18 janvier 1985, Commune de Melesse, *Lebon,* p. 12).

b) Les textes organisent la modification éventuelle de limites territoriales des collectivités locales. La modification des territoires communaux, qui peut résulter soit de la réunion d'une partie d'une commune à une autre commune, soit de l'érection d'une portion ou section de commune en commune distincte, soit de la fusion de communes, soit du rachat ou de l'expropriation d'une partie d'un territoire communal, est régie pour l'essentiel par les dispositions des articles L. 2112-2 et suivants du Code général des collectivités territoriales et R. 112-17 et suivants du Code des communes. La décision, qui doit être précédée d'une enquête publique, est prise par arrêté préfectoral, ou par décret lorsque des limites cantonales sont affectées.

La modification des limites des départements est prévue par l'article L. 3112-1 du Code général des collectivités territoriales. Elle suppose un décret en Conseil d'État lorsque tous les conseils généraux intéressés sont d'accord : une loi, dans le cas contraire.

La modification des limites territoriales des régions suppose, selon l'article L. 4122 du Code général des collectivités territoriales, une loi (sauf lorsqu'elle résulte d'un décret modifiant des limites départementales selon la procédure qui vient d'être indiquée). Elle peut être demandée par les conseils régionaux et les conseils généraux intéressés (mais le gouvernement a pouvoir discrétionnaire pour la décider : CE, 9 nov. 1984, Association Bretagne-Europe, *Rec.,* p. 354).

c) Le territoire des collectivités locales comporte un centre de gravité juridique, qui est le chef-lieu, où va se trouver le siège principal des autorités et services de la collectivité. Le chef-lieu de la commune n'est pas défini par les textes : il coïncide, selon la jurisprudence, avec l'emplacement de la mairie (et c'est là que doit se réunir le conseil municipal : Cons. d'État, sect., 19 déc. 1930, Rossi, *Lebon,* p. 1080).

L'article L. 3112-2 du Code général des collectivités territoriales précise que le chef-lieu du département peut être transféré par décret en Conseil d'État, après consultation du conseil général et des conseils municipaux intéressés (la consultation du conseil régional n'est en revanche pas obligatoire : voir, à propos du transfert du chef-lieu du département du Var de Draguignan à Toulon, Cons. d'État, Ass., 26 nov. 1976, Soldani, *Lebon,* p. 507, *AJDA,* 1977-33, concl. Mme Latournerie).

Le chef-lieu des régions peut être déplacé par un décret en Conseil d'État pris après avis du conseil régional, des conseils généraux et des conseils municipaux intéressés (loi du 5 juill. 1972, art. 2).

3 | LA POPULATION

Toutes les collectivités locales ont en principe une population. Les disparités de population, qui sont parfois assez importantes, sont examinées dans le chapitre suivant.

a) Il existe cependant des territoires sans population permanente, dont l'organisation est la suivante.

Certains, bien que non dotés de population permanente, ont le statut de collectivité locale. C'est le cas de quatre communes du département de la Meuse qui, bien qu'ayant perdu leur population, ont conservé leur statut : elles ont été conservées en raison des souvenirs, liés à la guerre de 1914-1918, que leur nom évoque. Elles sont administrées par un délégué spécial.

Certains relèvent de l'administration d'une collectivité locale : c'est le cas de nombreuses îles inhabitées, en particulier dans le Pacifique.

D'autres sont placés sous l'autorité directe de l'État : c'est le cas de Clipperton et des îles éparses de l'océan Indien.

b) Les articles R. 114-1 et suivants du Code des communes posent un certain nombre de règles en ce qui concerne le chiffre de la population à prendre en compte pour l'évaluation des bases des impôts locaux et pour l'application des textes relatifs à l'organisation communale.

Les décrets et arrêtés authentifiant les chiffres de population établis dans le cadre des recensements peuvent faire l'objet de recours pour excès de pouvoir (v. par ex. Cons. d'État, 18 juin 1971, Commune d'Étienville, *Lebon,* p. 455).

2 / L'autonomie locale

Ce qu'il convient d'évaluer ici, c'est l'étendue de la *décentralisation territoriale* dans notre système administratif.

On sait que la décentralisation est, du moins dans la définition minimale que l'on en peut donner, cette dimension de l'organisation administrative qui s'attache au fait que des personnes publiques autres que l'État sont dépositaires d'attributions et de pouvoirs administratifs, en un mot de compétences administratives.

On distingue habituellement deux registres dans la décentralisation. La décentralisation territoriale se définit – toujours dans une acception minimale – comme la situation dans laquelle des pouvoirs administratifs sont dévolus à des autorités locales représentant des personnes publiques locales (et non l'État : l'exercice des compétences de l'État par ses représentants locaux correspond à la déconcentration).

Certains considèrent qu'il n'existe de décentralisation que territoriale, mais il est courant d'admettre qu'elle comporte un second type, que l'on dénomme décentralisation technique ou par services, et qui réside dans le fait que des tâches appartenant à des collectivités territoriales (État ou autres) sont confiées à des établissements publics dépendant d'elles.

L'autonomie locale, en tant qu'elle définit la situation des collectivités locales, se mesure à l'aune de la décentralisation territoriale.

Or, l'étendue de la décentralisation territoriale, et donc de l'autonomie locale, dans notre système administratif, est à la fois garantie et bornée par des seuils constitutionnels qu'il convient d'étudier avant d'indiquer où la situent les lois régissant actuellement l'administration locale.

1 | LES SEUILS CONSTITUTIONNELS DE LA DÉCENTRALISATION TERRITORIALE

Bien qu'elle ne soit pas extrêmement loquace sur le statut des collectivités locales, la Constitution du 4 octobre 1958 consacre tout de même à celles-ci son titre XI, intitulé « Les collectivités territoriales », ainsi que des dispositions figurant à l'article 24 et à l'article 34.

La Constitution proclame un principe, qui est le fondement de la décentralisation territoriale et de l'autonomie locale : le *principe de libre administration.* Selon l'article 72, les collectivités locales « s'administrent librement par des conseils élus et dans les conditions prévues par la loi » ; l'article 34 évoque, lui aussi, la « libre administration des collectivités locales ».

Les implications du principe constitutionnel de libre administration sont aujourd'hui largement précisées par la jurisprudence, et notamment celle du Conseil constitutionnel. Celui-ci a rendu sa première décision au sujet de la libre administration en 1979 (23 mai 1979, Territoire de la Nouvelle-Calédonie, *Rec.,* p. 27), mais ce sont surtout les réformes conduites à partir de 1982 qui l'ont amené à préciser le tir.

a) On peut dire en premier lieu que le principe de libre administration a des implications quant aux sources du statut des collectivités locales. D'une part, l'existence de certaines catégories de collectivités locales est constitutionnellement garantie : c'est le cas des communes, des départements et des territoires d'outre-mer (art. 72 de la Constitution : « Les collectivités territoriales de la République sont les communes, les départements et les territoires d'outre-mer. Toute autre collectivité territoriale est créée par la loi »).

D'autre part, la libre administration des collectivités locales est placée sous la sauvegarde du législateur : interprétant la disposition de l'article 34 de la Constitution qui confie au législateur le soin de déterminer « les principes fondamentaux... de la libre administration des collectivités locales, de leurs compétences et de leurs ressources ». La jurisprudence a précisé que relevaient du législateur aussi bien la délimitation des compétences locales et les transferts de compétence des collectivités locales à l'État ou de l'État aux collectivités locales (CC, 12 déc. 1967, *Rec.*, p. 39 ; 9 juill. 1970, *Rec.*, p. 41 ; 1er avril 1971, *Rec.*, p. 37), que la création d'obligations financières à la charge des collectivités locales (CC, 23 avr. 1971, *Rec.*, p. 39, à la condition toutefois de ne pas entraver leur libre administration : CC, 26 janv. 1995), ou le régime de contrôle de l'État sur les collectivités locales (CC, 6 oct. 1976, *Rec.*, p. 63), ou encore les éléments essentiels du statut des personnels des collectivités locales (CC, 20 janv. 1984, *Rec.*, p. 38).

Le principe de libre administration a en second lieu des implications quant au statut des organes locaux. Il exige en effet que les pouvoirs essentiels, au sein des collectivités locales, soient confiés à des assemblées élues. Cela résulte de la lettre même de l'article 72 de la Constitution, cité ci-dessus, cela est rappelé par le Conseil constitutionnel (CC, 8 juill. 1985), et cela implique à la fois que les autorités locales ne soient pas nommées par l'État, et que le référendum local reste consultatif.

Le principe de libre administration exige certainement en troisième lieu qu'un minimum de compétences propres soit consenti aux collectivités locales. Sur ce troisième aspect, il est vrai, la jurisprudence n'a pas donné beaucoup de précisions. Une approche de la question a cependant été faite par la décision précitée du 20 janvier 1984 relative au statut de la fonction publique territoriale, qui a considéré que, bien que les pouvoirs des autorités locales en matière de gestion des personnels soient limités par la création des centres de gestion (voir *infra,* IVe partie, chap. II), la libre administration était respectée dans la mesure où ces autorités conservaient le pouvoir de se prononcer sur la création et la suppression des emplois, celui de procéder à la nomination aux grades et emplois, celui de décider des positions statutaires, des notations, des avancements d'échelon, celui de proposer les avancements de grade, le pouvoir disciplinaire, celui de licencier, et celui de recruter les personnels de direction et de cabinet.

Ce que l'on peut admettre en tous les cas, c'est que, dans les domaines d'attributions qui leur sont reconnus par la loi (et non par la Constitution, qui ne définit nulle part ce que pourraient être les « affaires locales »), les collectivités locales doivent certainement, en vertu du principe de libre administration, disposer d'une latitude d'action minimale, c'est-à-dire d'un minimum de pouvoir décisionnel, et d'un minimum de pouvoir discrétionnaire (par exemple en ce qui concerne la durée des contrats de délégation de service public, qui ne doit pas être trop « verrouillée » par des normes nationales : CC, 20 janv. 1993, Loi anticorruption).

b) Cela dit, on imagine aisément que le principe de libre administration des collectivités locales, dans un État unitaire comme la France, doit se concilier avec les exigences inverses qui découlent de l'indivisibilité de la République (art. 2 de la Constitution : « La France est une République indivisible... »).

Il résulte de cela que l'autonomie des collectivités locales a une limite constitutionnelle, qui repose essentiellement sur deux éléments : il y a des butoirs quant aux compétences qui peuvent être dévolues aux collectivités locales, et l'activité des collectivités locales doit être soumise à un minimum de contrôle de la part de l'État.

Il y a des compétences que les lois d'organisation administrative ne peuvent pas envisager de confier aux collectivités locales. Il en va ainsi de celles que la Constitution place dans le domaine de la loi (sauf pour les territoires d'outre-mer qui, sur la base de l'article 74 de la Constitution, peuvent recevoir des compétences sur des objets appartenant à ce domaine), ou place dans le champ des prérogatives du président de la République (négociation et conclusion des traités internationaux : les collectivités locales ne peuvent développer de rapports avec des homologues étrangères que dans des limites très étroites, qui seront examinées ailleurs), ainsi que de celles qui appartiennent à l'autorité judiciaire.

En outre, les compétences locales doivent nécessairement garder un caractère subordonné, et ceci vaut spécialement pour le pouvoir réglementaire qui peut leur être consenti. Ce pouvoir réglementaire ne doit être ni initial (en ce sens qu'il n'y aurait entre lui et la loi pas d'intervention possible du pouvoir réglementaire national), ni inconditionné (en ce sens qu'aucune autorité administrative de l'État n'aurait à en contrôler l'exercice).

A cela le Conseil constitutionnel ajoute que les compétences réglementaires consenties aux collectivités locales ne doivent pas pouvoir conduire à ce que les conditions essentielles d'application d'une loi organisant l'exercice d'une liberté publique dépendent de décisions locales et puissent ainsi ne pas être les mêmes sur l'ensemble du territoire (CC, 18 janv. 1985, Rapports entre l'État et les collectivités territoriales, *JO,* 20 janv. ; 13 janv. 1994, Révision de la loi Falloux, *JO,* 15 janv. ; 9 avr. 1996, Autonomie de la Polynésie française, *JO,* 13 avr., *RFDC,* 1996, n° 27, p. 584, note A. Roux).

L'indivisibilité de la République rejoint ici l'unité de la République (bien que ce second principe ne soit pas proclamé par la Constitution de 1958).

Enfin, comme l'a indiqué avec fermeté le Conseil constitutionnel dans sa décision relative à la loi du 2 mars 1982 (CC, 25 févr. 1982, *Rec.,* p. 41), l'autonomie des collectivités locales doit impérativement être contrebalancée par un contrôle administratif de l'État, lequel doit être organisé de façon à « assurer le respect des lois et, plus généralement, la sauvegarde des intérêts nationaux auxquels, de surcroît, se rattache l'application des engagements internationaux contractés à cette fin ».

2 | L'ÉTENDUE ACTUELLE DE LA DÉCENTRALISATION TERRITORIALE

Telles sont les limites constitutionnelles à l'intérieur desquelles peut régulièrement être située la décentralisation territoriale, et donc l'autonomie des collectivités locales.

A l'intérieur de ces limites, des versions plus ou moins accentuées de la décentralisation et de l'autonomie locale sont susceptibles de se couler. Les développements du présent ouvrage s'efforcent de donner la mesure de ce à quoi le législateur s'est, en ce domaine, arrêté à l'heure actuelle. Quelques indications générales peuvent cependant être avancées ici sur le contenu et sur les limites actuels de l'autonomie locale.

a) Si on peut parler d'une assez forte autonomie des collectivités locales à l'heure actuelle, c'est essentiellement pour des raisons que l'on peut résumer dans la formule suivante : des autorités indépendantes exerçant des compétences étoffées, sous un contrôle réduit à la vérification du respect du droit.

Les autorités locales sont indépendantes en ce qu'elles procèdent de l'élection, et ne sont pas nommées par l'État. Cet état de choses n'est pas récent, mais les réformes de décentralisation, en confiant le pouvoir exécutif départemental et régional aux présidents des assemblées, et non plus aux préfets, lui ont donné une portée générale.

Les collectivités locales exercent des compétences étoffées. On dit parfois que les collectivités locales auraient une compétence générale, en ce qu'elles auraient compétence pour gérer l'ensemble des problèmes administratifs de leur territoire. Cette présentation des choses ne donne qu'une vue assez approximative de la réalité, car, si les collectivités locales peuvent bien se préoccuper de l'ensemble des problèmes locaux, c'est quelquefois sans disposer d'autre pouvoir que celui d'émettre un avis ou un vœu. Ce qui est indiscutable, en revanche, c'est que les lois de décentralisation ont ajouté à des compétences locales déjà d'importance significative un apport supplémentaire important, en matière notamment d'urbanisme, d'intervention économique, d'aide sociale.

L'élection des dirigeants locaux ne produit pas beaucoup de décentralisation s'ils n'ont pas beaucoup de pouvoirs à exercer. Ce n'est pas ce que connaît l'administration locale française.

En outre, les réformes de décentralisation ont accentué la liberté d'allure des collectivités locales en cantonnant (dans la majeure partie des cas, tout au moins, comme on le verra par la suite) le contrôle de l'État à une vérification du respect du droit, la sanction des irrégularités étant (pour l'essentiel aussi) réservée à des autorités juridictionnelles : l'administration étatique n'est plus en mesure de peser sur les décisions locales par les voies d'une tutelle d'opportunité, comme avant les réformes de décentralisation.

b) L'autonomie locale n'en est pas moins enserrée dans des limites assez rigoureuses. Pour qualifier ces limites, il faut indiquer qu'il existe sur un plan théorique trois niveaux possibles d'autonomie d'une institution au sein de l'appareil public (cf. Jean-Bernard Auby, *La notion de personne publique en droit administratif,* thèse Bordeaux, 1979, p. 226 et s.). La libre administration est le fait de disposer d'organes indépendants et de ne pas être soumis à une tutelle dans le cadre de laquelle les actes que l'on émet puissent être privés d'effet ou modifiés par une autorité supérieure. L'autonomie de gestion est le fait de disposer de moyens propres suffisants, c'est-à-dire, au moins, d'alimenter par des ressources propres un budget propre, et de pouvoir se doter librement d'un personnel propre. Le pouvoir d'auto-organisation est la faculté qu'a une institution de fixer son propre statut, de déterminer elle-même les règles relatives à la condition personnelle de ses organes, ainsi que les règles relatives aux compétences de ses organes (CI, R. Carré de Malberg, *Contribution à la théorie générale de l'État,* Sirey, 1920, t. 1, p. 185 et s.).

Dans l'état actuel des choses, les collectivités locales, dans notre système administratif, possèdent assez largement la première forme d'autonomie, la libre administration, qui leur est d'ailleurs garantie constitutionnellement, avec les réserves qui ont été indiquées ci-avant.

Leur autonomie de gestion a certainement progressé. Au gré des réformes récentes, elles ont obtenu une plus grande liberté de maniement de leur fiscalité, et les aides de l'État, dont elles sont toujours fort dépendantes, leur sont de plus en plus délivrées sous forme de dotations globales dont elles déterminent librement l'emploi. Dans la gestion de leurs personnels, elles ont une grande liberté : comme on le verra, la loi du 13 juillet 1987 leur a même restitué certains pouvoirs dont elles avaient été privées par la loi du 26 janvier 1984 portant statut de la fonction publique territoriale.

Sans doute certaines limites demeurent-elles (le maintien de certaines subventions individualisées de l'État, l'interdiction de placer les fonds libres sur les marchés financiers, divers butoirs en matière de fiscalité), mais l'autonomie de gestion des collectivités locales peut être considérée aujourd'hui comme assez grande.

Il n'en va pas de même de leur faculté d'auto-organisation, qui est faible. Les collectivités locales n'exercent que les compétences qui leur sont reconnues par l'État, et dans les limites strictes de ce qui peut être considéré comme étant d'intérêt local. Leurs décisions doivent respecter les lois et les règlements nationaux, et le pouvoir réglementaire qui leur est consenti n'est jamais, comme on l'a indiqué, que subordonné. Sans doute, les autorités locales disposent-elles, comme toutes les autorités administratives, d'un pouvoir réglementaire d'organisation des services qui n'a pas besoin d'être prévu par un texte pour exister (Cons. d'État, 7 févr. 1936, Jamart, *Lebon,* p. 172), mais ce pouvoir réglementaire ne peut s'exercer que sur les points non régis par des lois ou des règlements nationaux, et il ne peut concerner que les questions d'organisation interne des services (il peut servir par exemple à compléter la situation des agents de la collectivité sur des points ignorés par la réglementation nationale : CE, 13 févr. 1985, Syndicat communautaire d'aménagement de l'agglomération nouvelle de Cergy-Pontoise, *Lebon,* p. 37).

Le pouvoir normatif des collectivités locales est un pouvoir partiel et subordonné. Cet aspect distingue l'organisation de notre appareil public, non seulement des systèmes fédéraux, dans lesquels les entités fédérées (États composant les États-Unis, *länder* allemands, cantons suisses...) ont la qualité d'États, c'est-à-dire qu'ils ont une constitution, un gouvernement, un pouvoir législatif, un appareil judiciaire propre, mais aussi des États unitaires dans lesquels des autonomies régionales fortes ont été développées, et que l'on qualifie parfois d' « États régionaux » : deux exemples proches en sont fournis par l'Italie et l'Espagne. Dans ces États, des entités régionales ont en effet reçu une part du pouvoir législatif : c'est le cas des « communautés autonomes » espagnoles, et des « régions à statut spécial » en Italie.

Une remarque terminale doit être faite sur cette question de l'autonomie locale. C'est une vision fausse de l'autonomie que peuvent avoir les institutions locales dans un État, qu'il soit fédéral ou unitaire d'ailleurs, que d'imaginer qu'elle pourrait signifier une sorte d'indépendance ou de souveraineté. Même dans les États fédéraux, dans lesquels les États composants ont la plus grande autonomie, on constate que les rapports de ces derniers avec l'État fédéral sont largement autant faits de coopération et de coordination que de partage des compétences.

Ceci veut dire que les rapports que les collectivités locales françaises entretiennent avec l'État ne doivent pas être appréciés au seul étalon de leur autonomie. Il faut tenir compte aussi, et cette question sera évoquée plus loin (voir V^e partie, chap. I), des rapports de collaboration, de conseil, d'influence, voire de complicité qui se nouent avec les autorités et services de l'État.

3 / Le régime administratif local

L'ensemble des règles qui régissent l'organisation, le fonctionnement, les activités des collectivités locales constitue ce que l'on peut appeler le régime administratif local. C'est un secteur du droit administratif dont il est souhaitable d'indiquer, d'une part, quelles relations il entretient avec le droit administratif général, d'autre part, quelles subdivisions internes il comporte, ce qui exige une interrogation sur les catégories d'institutions locales.

1 | DROIT ADMINISTRATIF GÉNÉRAL ET DROIT DES COLLECTIVITÉS LOCALES

Le droit des collectivités locales est intégré au droit administratif, en ce sens que, partout où des règles propres n'ont pas été posées par des textes ou dégagées par la jurisprudence, les collectivités locales sont soumises au même droit que les autres personnes publiques. En d'autres termes, le droit des collectivités locales ne constitue pas, du moins pas encore, une branche du droit distincte du droit administratif.

Reste que, du fait des textes ou de la jurisprudence, le droit des collectivités locales a un contenu partiellement original, qui le distingue du droit applicable aux autres personnes publiques. Ce contenu original se situe sur deux registres.

Il consiste évidemment d'abord, et il consiste surtout, dans ce que l'on peut appeler le droit institutionnel local, ou le droit organique local. C'est-à-dire l'ensemble des règles qui gouvernent l'organisation de l'administration locale, la composition des organes locaux, le fonctionnement des institutions locales, les compétences des collectivités locales... C'est ce qui fait exister le droit des collectivités locales, et le rend réellement singulier.

Pour le reste, c'est-à-dire pour ce que l'on peut appeler le droit substantiel ou le droit relationnel, l'activité des collectivités locales est très largement soumise aux règles habituelles du droit administratif général. Mais il existe ici et là des solutions particulières. Par exemple, le statut de la fonction publique territoriale comporte des particularités importantes sur certains points, le régime des marchés des collectivités locales est en partie original (des règles spéciales sont fixées par le livre III du Code des marchés publics), certaines règles concernant le régime des décisions, issues du décret du 28 novembre 1983 relatif aux relations entre l'administration et les usagers, ne sont pas applicables aux collectivités locales... Ce droit substantiel ou relationnel propre aux collectivités locales commence à exister de manière significative.

2 | LES CATÉGORIES D'INSTITUTIONS LOCALES

Bien qu'il comporte un très large spectre de règles communes, le régime administratif local se démultiplie car il existe une palette de catégories d'institutions locales, régies par un nombre plus ou moins important de règles propres.

1 / Au sein des institutions locales, il ne faut pas oublier, tout d'abord, que l'on trouve à la fois des collectivités et des établissements publics. Les établissements publics locaux sont même de deux espèces, puisqu'ils comprennent des établissements publics de coopération entre collectivités locales (syndicats intercommunaux, syndicats mixtes, districts, etc.), que l'on regroupe parfois sous l'appellation d'établissements publics territoriaux, et d'autres établissements publics qui sont rattachés aux collectivités locales, et gèrent tel ou tel service public local (offices publics d'HLM, bureaux d'aide sociale, etc.).

2 / Au sein des collectivités locales proprement dites, il existe évidemment aussi plusieurs catégories. Avant de les énumérer, il convient d'indiquer les règles qui régissent leur création.

Trois catégories sont directement prévues par la Constitution : les communes, les départements et les territoires d'outre-mer.

Les autres catégories sont créées par le législateur. Dans une décision du 25 février 1982 relative au statut de la Corse (*Rec.*, p. 41), le Conseil constitutionnel a indiqué que rien n'empêchait la loi d'instituer des catégories ne comprenant qu'une seule unité, et qu'en revanche, à l'intérieur des catégories qu'elle crée, elle était tenue de respecter l'égalité entre les collectivités (on peut penser que les deux règles s'annulent un peu).

3 / En l'état actuel des choses, on peut dire qu'il y a *grosso modo* cinq catégories de collectivités locales.

La première, quantitativement la plus importante, est celle des communes. Elle comporte certains régimes particuliers, qui seront évoqués ultérieurement. Une seule commune constitue un cas très spécifique : c'est Paris, qui est à la fois commune et département.

Les départements ont un régime uniforme, si l'on excepte le cas de Paris. Les départements d'outre-mer présentent cependant un certain nombre de spécificités administratives.

Les régions ont également un régime uniforme. Cependant, les régions d'outre-mer et la région d'Ile-de-France ont des attributions spécifiques. D'autre part, les quatre régions d'outre-mer (Guyane, Guadeloupe, Martinique, Réunion), présentent la particularité d'être mono-départementales.

Les territoires d'outre-mer sont également au nombre de quatre : Nouvelle-Calédonie, Polynésie française, Wallis-et-Futuna, les Terres australes et antarctiques françaises. Chacun a un régime particulier.

Il existe enfin trois collectivités territoriales à statut particulier : la Corse, Mayotte et Saint-Pierre-et-Miquelon.

BIBLIOGRAPHIE

Jean-François Auby, *Droit des collectivités périphériques françaises,* PUF, 1992.
Alain Delcamp, Principe de subsidiarité et décentralisation, *RFDC,* n° 23, 1995, p. 609.
Louis Favoreu, Libertés locales et libertés universitaires. Les décisions du 20 janvier 1984, *RDP,* mai-juin 1984, p. 687.
Pierre Ferrari, *Le nouveau statut de la Corse,* 1982, p. 344.
Marcel Hanswirth, *Le droit communal local en Alsace-Moselle,* Istra, 1987.
Pierre Lampe, Le régime constitutionnel des territoires d'outre-mer, *RDP,* janvier-février 1984, p. 5.
François Luchaire, Les fondements constitutionnels de la décentralisation, *RDP,* 1982, p. 1558.
Thierry Michalon, La République française, une fédération qui s'ignore, *RDP,* 1982, p. 626.
François Miclo, *Le régime législatif des départements d'outre-mer et l'unité de la République,* Economica, 1982.

Chapitre III

LE DÉCOUPAGE ADMINISTRATIF DU TERRITOIRE

La structure de l'administration locale est déterminée par ce que l'on peut appeler le découpage administratif du territoire, c'est-à-dire la division du territoire national en circonscriptions qui sont à la fois le siège des autorités administratives, et l'objet, en même temps que la limite, de leurs compétences.

Plus précisément, la structure de l'administration locale, du moins de l'administration locale décentralisée, est fonction d'une partie du découpage administratif du territoire : celle qui détermine les territoires des collectivités locales et des établissements publics locaux, et, dans une certaine mesure, des territoires non assortis de la personnalité juridique, mais que le droit local individualise d'une manière ou d'une autre. Le reste du découpage administratif du territoire intéresse la structure de l'administration d'État : par exemple, l'arrondissement n'est pas le siège d'administrations locales décentralisées, alors que, comme on le sait, il est le siège d'importants services locaux de l'État (sous-préfectures).

L'état actuel du découpage territorial s'explique par des facteurs divers. Deux doivent être particulièrement soulignés. Le premier est le facteur historique, à qui l'on doit la résistance de certaines structures traditionnelles, devenues avec le temps des ressorts de solidarité, et qui résistent aux changements que l'on voudrait provoquer au nom de l'adaptation des administrations locales à la dimension des problèmes – techniques, financiers, économiques – à résoudre. Le second est le souci de rationalisation et d'uniformisation qui a toujours caractérisé l'action normative en France et qui donne à l'organisation administrative du territoire un caractère cartésien dont le pragmatisme est souvent absent.

Ceci fait comprendre, d'ailleurs, que l'on ne puisse pas se contenter de décrire le découpage administratif du territoire (sect. 1). Il faut dire un mot des difficultés qu'il soulève (sect. 2).

1 / Description du découpage administratif du territoire

Le territoire national est divisé en une grande variété de circonscriptions. Pour décrire celles qui sont supports d'administrations locales décentralisées, il faudra distinguer les collectivités, les démembrements territoriaux des collectivités, et les groupements de collectivités.

1 | LES COLLECTIVITÉS

L'organisation administrative française laisse apparaître trois niveaux fondamentaux de collectivités locales, auxquelles s'ajoutent les collectivités d'outre-mer, qui sont des structures correspondant à des niveaux de solidarité voisins des départements et des régions.

Avant de décrire ces différentes circonscriptions, il convient d'indiquer quelques-unes des règles générales qui président à leur délimitation.

A / *La délimitation des territoires des collectivités locales*

Elle est du ressort de la loi lorsqu'elle accompagne la création d'une nouvelle catégorie de collectivités. Lorsqu'elle consiste dans la modification de territoires préexistants, elle dépend de la loi dans le cas des circonscriptions régionales, du pouvoir réglementaire dans les autres cas, comme il a été indiqué ci-avant (voir chap. II).

La jurisprudence administrative a dégagé quelques règles que le pouvoir réglementaire doit respecter. Notamment, d'un important arrêt de 1977 (Cons. d'État, 18 nov., Commune de Fontenay-sous-Bois, *Lebon,* p. 448, *D.,* 1978.530, note Gustave Peiser ; *RDP,* 1978.526, concl. Michel Franc), il résulte qu'en principe il faut faire en sorte que les limites extérieures de chaque circonscription coïncident entre elles.

Le même arrêt admet qu'il peut être dérogé à ce principe pour des motifs d'intérêt général et que, par exemple, il est possible de faire passer des limites cantonales à l'intérieur du territoire d'une commune si cela doit permettre d'atténuer des disparités démographiques entre cantons. Cela est impossible, en revanche, si cela a pour effet d'accroître les différences de population (Cons. d'État, 12 juill. 1978, Commune de Sarcelles, *Lebon,* p. 309).

De manière plus exigeante, dans une décision du 8 août 1985 (*Rec.,* p. 63), le Conseil constitutionnel a pu indiquer que le découpage des circonscriptions servant de cadre à l'élection du Congrès de la Nouvelle-Calédonie devait se faire sur des bases essentiellement démographiques, c'est-à-dire en équilibrant les circonscriptions sur le plan de la population contenue. Mais sa jurisprudence sur ce point ne paraît en l'état actuel des choses valoir que pour les cadres d'élection des organes des territoires d'outre-mer (v. L. Favoreu et L. Philip, Les *grandes décisions du Conseil constitutionnel,* Sirey, 4e éd., 1986, p. 692), et non pour l'ensemble des circonscriptions électorales : en revanche, elle s'impose au législateur aussi bien qu'au pouvoir réglementaire.

B / *Les communes*

Il existe actuellement aux alentours de 36 500 communes sur le territoire métropolitain ; la commune est la collectivité de base de l'organisation du territoire.

La loi des 14 et 22 décembre 1789 en disposant qu'il y aurait une municipalité dans chaque ville, bourg, province ou communauté de campagne, s'était fondée sur les solidarités existantes pour constituer les communes. Ceci explique le grand nombre de communes existant sur le territoire.

Il y a eu quelques fluctuations, notamment dues aux transformations du territoire national (il y avait 40 000 communes sous le Premier Empire), mais, globalement, l'effectif est resté relativement stable.

C / *Les départements*

Les départements ont été institués par le décret du 26 février 1790 créant 83 départements de tailles relativement proches, mais délimités en tenant grand compte des réalités locales. Le nombre de départements n'a que faiblement évolué au cours de l'histoire, les modifications du territoire national, le redécoupage de la région parisienne par la loi du 29 juin 1964 et la partition de la Corse, expliquant les variations de leur nombre. Il existe aujourd'hui 96 départements métropolitains (en comptant Paris, qui a le statut de ville-département), auxquels s'ajoutent quatre départements d'outre-mer.

La dimension des départements est relativement homogène. Le territoire de Belfort, le plus petit en taille, correspond à une survivance historique. Il n'a d'ailleurs été reconnu que tardivement comme un département à part entière, puisque, jusqu'en 1922, il était doté d'un administrateur et non d'un préfet.

Compte tenu des mouvements d'urbanisation, l'échelle des populations est beaucoup plus hétérogène puisqu'elle va de 70 000 habitants pour la Lozère à 2 500 000 habitants pour le Nord.

D / *Les régions*

Il existe 26 régions : 22 en France métropolitaine et 4 outre-mer.

Les régions ont été constituées sur la base du découpage régional organisé par le décret du 14 mars 1964 confirmé par la loi du 5 juillet 1972 qui en fit des établissements publics régionaux.

Toutes les régions ont le statut de collectivité territoriale depuis 1982 pour la Corse, 1983 pour les régions d'outre-mer et également 1983, année d'élection des conseillers régionaux au suffrage universel direct, pour les autres.

Le découpage régional a été voulu relativement homogène lorsqu'il a été institué. Cependant, le poids des divergences politiques et historiques et la reconnaissance par le statut régional de la spécificité de la Corse et des régions d'outre-mer ont conduit à des disparités importantes, tant au plan de la superficie que de la population.

La plus petite région, celle de Guyane, a 120 000 habitants. La plus petite région métropolitaine, la Corse, en a 250 000. La région Ile-de-France groupe plus de 10 millions d'habitants.

E / *Les collectivités à statut particulier*

Même si elles empruntent certains des cadres qui viennent d'être évoqués, les collectivités d'outre-mer ont une organisation particulière.

Il en va de même, aujourd'hui, pour la Corse.

L'outre-mer doit aux retombées de la décolonisation, aux difficultés politiques survenues dans certains territoires, aux caractéristiques économiques de tous, une organisation particulière. Celle-ci est actuellement la suivante :

— 4 collectivités d'outre-mer : la Martinique, la Guadeloupe, la Guyane et Réunion sont à la fois des régions et des départements, et entrent de ce fait dans les catégories précédentes ;
— 2 collectivités territoriales ont un statut spécifique et constituent chacune une catégorie à composante unique. Il s'agit de Mayotte et de Saint-Pierre-et-Miquelon ;
— 4 collectivités ont le statut de territoire d'outre-mer. Il s'agit de la Nouvelle-Calédonie, de la Polynésie française, de Wallis-et-Futuna et des Terres australes et antarctiques françaises. Ces dernières présentant la caractéristique de ne pas avoir de population permanente, et donc de ne pas désigner de représentants. Pour ce qui est de la Nouvelle-Calédonie, il faut signaler qu'elle est divisée en trois provinces, qui sont des collectivités territoriales de statut original.

Quant à la Corse, elle a été dotée, elle aussi, d'une organisation particulière, par une loi du 13 mai 1991.

2 | LES DÉMEMBREMENTS TERRITORIAUX DES COLLECTIVITÉS

Il y a parfois, au sein des collectivités, des circonscriptions inférieures qui leur sont rattachées et en constituent en quelque sorte des démembrements territoriaux.

C'est essentiellement dans le cadre communal qu'un tel phénomène existe.

Les *sections de communes* sont des parties de communes possédant à titre permanent et exclusif des biens ou des droits distincts de ceux de la commune. Dotées de la personnalité juridique, elles sont gérées par une commission syndicale. Elles se rencontrent essentiellement en zone de montagne. Leur régime a été modifié par la loi du 9 janvier 1985 sur le développement de la montagne, le décret du 8 janvier 1988 et la loi du 23 janvier 1990.

Il existe actuellement plus de 38 000 sections de communes.

Les *secteurs de communes* sont des établissements publics gérés par une commission administrative, qui peuvent être institués en vue de faciliter la gestion administrative provisoire de nouveaux ensembles d'habitation. Cette formule est très rare.

Les *communes associées* sont des formules résultant des modalités de fusion de communes. Une commune associée est une structure qui est constituée sur le territoire d'une commune qui a fait l'objet d'une fusion. Elle constitue une partie de la commune disposant d'un certain nombre de structures qui lui sont propres : un maire-délégué, une mairie annexe, une section du centre communal d'action sociale, une commission consultative. Ce dispositif a été utilisé dans un certain nombre de cas, dans le cadre des procédures de regroupement de communes.

Les *arrondissements* sont une formule réservée à Paris, Lyon et Marseille, en application de la loi du 31 décembre 1982. Il y a 20 arrondissements à Paris, 16 à Marseille, et 9 à Lyon, Ils sont dotés de conseils d'arrondissements qui élisent en leur sein un maire d'arrondissement. Si l'arrondissement en tant que tel n'est pas doté de la personnalité juridique, tous les conseils d'arrondissement et les maires d'arrondissement disposent, en sus des délégations qui peuvent leur être consenties par le conseil municipal ou le maire, de pouvoirs propres.

A l'inverse du territoire communal, il n'existe pas de structures juridiques organisant la division du territoire départemental ou régional. Cependant, il faut rappeler l'existence de l'arrondissement, division administrative utilisée par l'État, notamment pour l'organisation des sous-préfectures et qui est elle-même assez fréquemment utilisée par les départements pour organiser la déconcentration de leur action. Ceci se fait selon les volontés propres de chacun des départements, et sans que la formule des conseils d'arrondissement (instituée en 1800, n'ayant jamais été formellement abrogée, et aujourd'hui tombée en désuétude) soit utilisée.

De la même façon, les régions utilisent les départements comme cadre naturel de leur déconcentration, mais sans y constituer de réelles entités juridiques et avec la prudence qu'imposent ces initiatives vis-à-vis des assemblées départementales.

3 | LES GROUPEMENTS DE COLLECTIVITÉS

Dans le découpage administratif du territoire, un phénomène important est constitué par l'existence de niveaux de regroupement des collectivités locales, de coopération entre collectivités locales. Notre droit a imaginé en la matière des formules nombreuses, dont la mise en œuvre pratique est d'importance variable (voir sur les conditions de création de ces groupements, *infra,* Vᵉ partie, chap. III).

A / *Les groupements de communes*

Les groupements de communes sont de loin les plus nombreux. Si l'on met à part la formule de l'entente intercommunale – organisée par la loi du 18 juillet 1837 et qui consiste dans un contrat administratif conclu entre deux ou plusieurs communes, en vue de la réalisation d'un objet d'intérêt communal mais qui est tombée en désuétude – on rencontre les formules suivantes.

La principale et la plus connue est celle du *syndicat de communes.* Les syndicats de communes ont été institués en application de la loi du 22 mars 1890. Plusieurs textes sont intervenus par la suite, qui ont adapté le régime de ces syndicats : les plus importants sont les lois du 31 décembre 1959 et 31 décembre 1970. Cette dernière loi a supprimé la distinction entre syndicat à vocation unique et syndicat à vocation multiple. Cette distinction est cependant encore largement utilisée dans la pratique. On compte sur le territoire national plus de 14 500 syndicats spécialisés ou syndicats à vocation unique. Le nombre de syndicats à vocation multiple ou SIVOM est de 2 500 environ. Dans 20 départements, le nombre des communes adhérant à un SIVOM atteint ou dépasse 80 %.

Le *district* est la seconde formule de coopération. Il correspond à une volonté d'intégration plus forte que la formule du syndicat. L'ordonnance du 5 janvier 1959 l'avait institué en vue d'être utilisé dans les agglomérations urbaines, d'où son nom initial de district urbain. Mais il est apparu que la formule pouvait également être utilisée en milieu rural, et elle a perdu de ce fait, en application de la loi du 31 décembre 1970, sa spécificité urbaine et l'adjectif qui la traduisait. On compte actuellement plus de 310 districts.

La troisième formule juridique correspond à un nombre réduit d'unités : c'est celle de la *communauté urbaine.* Instituée par la loi du 31 décembre 1966, elle est une formule intégrée de coopération intercommunale. Elle a en effet été instituée pour répondre aux contraintes de la gestion des agglomérations dans lesquelles la structure communale et les services qui en découlent ne sont pas en cohérence. La loi du 31 décembre 1966 a créé quatre communautés urbaines d'office : Lyon, Strasbourg, Bordeaux et Lille. Par la suite, six autres aggloмérations ont adopté la formule : Cherbourg, Brest, Creusot - Montceau-les-Mines, Le Mans et Dunkerque.

La loi du 6 février 1992 a intercalé entre le mécanisme du district et celui de la communauté urbaine deux formules nouvelles : celle de la communauté de communes, et celle de la communauté de villes. Au 1er janvier 1994, il s'était créé 552 communautés de communes, et 4 communautés de villes.

A côté de ces formules de regroupement communal à caractère général, figurent des formules plus spécialisées.

La *première* est celle qui s'attache à la gestion des agglomérations nouvelles. Dans les années 1970, la nécessité de créer des villes nouvelles avait abouti à définir pour elles un régime juridique particulier. C'est ainsi qu'en application de la loi du 10 juillet 1970, avaient été institués d'une part les syndicats communautaires d'aménagement, au nombre de 8, d'autre part, des ensembles urbains, formule uniquement utilisée pour Le Vaudreuil, près de Rouen.

La loi du 13 juillet 1983 a modifié le statut des agglomérations nouvelles. Celles-ci ont alors pu choisir soit de se transformer en communes de droit commun, soit d'utiliser deux formules juridiques spécifiques : la *communauté d'agglomération nouvelle* et le *syndicat d'agglomération nouvelle,* mécanismes relativement proches de la communauté urbaine d'une part, du syndicat de communes d'autre part.

La *seconde formule* spécifique concerne la gestion des biens et droits existant entre plusieurs communes. C'est la technique des *commissions syndicales* qui a été profondément remaniée par la loi du 9 janvier 1985 relative au développement et à la protection de la montagne. Les commissions syndicales sont des établissements publics destinés à assurer la gestion des biens et droits indivis. L'institution est essentiellement utilisée en zone de montagne.

La *troisième formule* spécifique est celle des *syndicats intercommunaux d'étude et de programmation.* Ces organismes, institués par la loi du 7 janvier 1983, sont des syndicats de communes ayant pour mission d'élaborer pour les communes membres les documents d'urbanisme que sont les schémas directeurs et les schémas de secteur.

B / *Les groupements de départements*

La coopération entre les départements fut prévue par la loi fondamentale du 10 août 1871 ; mais elle n'a pas eu le même développement que la coopération intercommunale. On peut citer pour mémoire la *conférence interdépartementale,* institution voisine de la conférence intercommunale, et qui est dépourvue tant de personnalité juridique que de pouvoirs de décision.

Mais les départements peuvent aussi se grouper dans des formules dotées du statut d'établissement public : il s'agit des *institutions et organismes interdépartementaux,* régis par les articles L. 5421-1 et suivants du Code général des collectivités territoriales.

Compte tenu d'une part de l'existence de la structure régionale, d'autre part de la spécificité des problèmes départementaux, la formule de l'institution interdépartementale demeure assez peu utilisée (une cinquantaine d'exemplaires environ).

C / *Les groupements de régions*

Sur le même mode que les départements, les régions peuvent instituer des structures de coopération. Un décret du 22 novembre 1974 les avait autorisés à créer des *conférences interrégionales,* des *conventions interrégionales* et des institutions d'utilité commune. Conférences et conventions, dépourvues de personnalité juridique et de pouvoir de décision, sont des formules qui ne font plus aujourd'hui référence.

Par contre, il existe un certain nombre d'institutions interrégionales, qui sont des établissements publics de coopération interrégionale créés par la loi du 6 février 1992.

D / *Les groupements de collectivités de niveau différent*

Les modes de regroupement des personnes publiques de niveau différent ont longtemps fait l'objet d'une réelle méfiance du législateur. Cependant un décret-loi du 30 octobre 1936 avait autorisé les départements, les communes ou les établissements publics à former des associations mixtes. Une loi du 23 février 1942 a développé cette formule. Un décret en date du 20 mai 1955 a institué le *syndicat mixte,* établissement public de coopération qui peut être constitué entre des collectivités territoriales ou des chambres consulaires, mais qui doit comprendre au moins une collectivité territoriale ou un groupement de collectivités territoriales.

Depuis la loi du 31 décembre 1970, les syndicats mixtes peuvent avoir plusieurs objets. Il existe en France plus de 1 100 syndicats mixtes, ce qui montre le succès de la formule et le besoin auquel elle correspond, d'autant que les syndicats mixtes ont fréquemment des objets d'une dimension importante. La technique de l'association de la loi de 1901 est aussi fréquemment utilisée par la coopération entre collectivités de niveau différent.

2 / Analyse critique du découpage administratif du territoire

Le découpage administratif du territoire est controversé. On lui reproche sa complexité, le fait qu'il ne réussisse pas à situer les compétences locales principales à l'échelle des problèmes locaux les plus importants, le fait qu'il sacrifie trop aux habitudes installées, et ne concède pas une part suffisante aux exigences de modernisation administrative.

Sans vouloir prendre parti sur l'ensemble de la question, on évoquera simplement deux problèmes majeurs, qui n'ont jusqu'à présent pas trouvé de solution réellement satisfaisante : le problème de l'éparpillement communal, et celui des collectivités intermédiaires.

1 | LE PROBLÈME DE L'ÉPARPILLEMENT COMMUNAL

A / *Les sources de l'éparpillement communal*

On a vu précédemment que les communes françaises tirent leur origine des anciennes paroisses, et ont vu leur structure définie, pour l'essentiel, sous la Constituante. Celle-ci se refusa à organiser la structure communale selon un mode qui eût pu apparaître comme technocratique, rejetant notamment le projet de Mornet de ne constituer des communes qu'au-delà d'une population de 500 habitants. La structuration communale actuelle est largement issue de cette période. Elle pose dans notre pays un problème spécifique qui est celui de l'éparpillement. A côté des 36 548 communes recensées en France métropolitaine en 1989, il existe, à titre de comparaison, moins de 1 000 communes aux Pays-Bas, 8 000 en Italie et un peu plus de 24 000 en Allemagne fédérale.

Cette multiplicité du nombre des communes s'accompagne d'une très grande disparité, due au mouvement d'urbanisation qui s'est manifesté tout au long du XXe siècle, et particulièrement dans sa deuxième moitié.

Plus de 90 % des communes ont moins de 2 000 habitants et 2 % seulement plus de 10 000 habitants. Mais ces 2 % regroupent environ la moitié de la population française. De plus, du fait de l'exode rural, le nombre des petites communes a augmenté en l'espace d'un siècle ; le nombre des communes de moins de 2 000 habitants a presque triplé. Ce problème de l'éparpillement communal est un problème permanent auquel le législateur a tenté, à mesure qu'il prenait de la gravité, d'apporter des solutions.

B / *Les remèdes à l'éparpillement communal*

Les remèdes à l'éparpillement communal ont revêtu deux formes : les regroupements de communes d'une part, la coopération entre communes d'autre part.

Dès le XIXe siècle, on a tenté de réduire le nombre des communes. Il s'agissait de provoquer un regroupement des communes les plus petites, afin que ne demeurent que des communes considérées comme viables.

Des incitations et des dispositifs spécifiques ont longtemps fonctionné à cette fin dès le XIXe siècle où un certain nombre de fusions de communes fut opéré. Ce dispositif a été repris par la loi du 16 juillet 1971, qui amena les préfets à organiser des regroupements autoritaires dans le cadre des plans départementaux de regroupement de communes. Mais les réticences locales firent que le dispositif ne rencontra pas le succès escompté. Un peu plus de 2 000 fusions furent prononcées, dont un certain nombre furent d'ailleurs ultérieurement remises en cause par des défusions.

L'État français a toujours manifesté une réticence envers les modes d'association entre pouvoirs locaux, réticence s'expliquant par les souvenirs de l'Ancien Régime.

C'est ce qui explique que les modes de coopération entre collectivités n'apparurent réellement qu'avec la loi du 22 mars 1890 qui créa les syndicats de communes. Cette formule connut d'ailleurs une utilisation limitée jusqu'à la période des années 1960, au cours de laquelle furent mis en place la plupart des modes de coopération intercommunale, avec les lois de 1959 et 1966. Plus tard, le rapport Guichard, en 1976, proposa de généraliser la communauté urbaine en milieu urbain et la communauté de communes en milieu rural.

L'accueil très réticent fait à ses propositions par le milieu local amorça un mouvement de reflux. Le rapport Aubert, l'enquête auprès des maires de France organisée à la suite du rapport Guichard avaient en effet révélé en 1977 que le milieu communal français n'était pas prêt à accepter des formules systématiques de regroupement intercommunal. La loi du 22 juillet 1977 votée à la suite de problèmes survenus dans un certain nombre de structures de coopération, et liés aux résultats des élections municipales de cette année, avait augmenté les possibilités de retrait des communes les plus importantes des structures de coopération intercommunale (loi dite Foyer, du nom de son initiateur). La loi du 5 janvier 1988 a développé la souplesse des formules de coopération intercommunale, en permettant à des communes de n'adhérer à des syndicats que pour une partie de leur compétence, et en favorisant les possibilités de retrait d'une commune d'un syndicat de communes.

La loi du 6 février 1992, qui s'est efforcée de relancer la coopération intercommunale, notamment par la création des nouvelles formules de la communauté de communes et de la communauté de villes, et par l'institution de schémas départementaux de la coopération intercommunale, n'a pas pour autant choisi la solution d'autorité. Si elle a conduit à relancer la création des groupements de communes, c'est essentiellement par l'incitation, et par le jeu de l'institution majoritaire de ces groupements.

Ainsi tant par le succès variable connu par les divers modes de coopération intercommunale que par l'évolution législative et réglementaire apparue en 1977, la souplesse et le pragmatisme ont pris le pas sur l'esprit de système qui caractérisait les réformes développées à la fin des années 1950 et au début des années 1960.

Ceci est la marque d'une évolution dans la technique de gestion des problèmes institutionnels ; ceci est aussi la conséquence de l'attachement manifesté par les citoyens aux structures communales.

Les ressorts de cet attachement ont été soulignés par différentes études à caractère sociologique qui ont mis en avant l'ancienneté de la commune, la nature des liens qui s'y organisent, et la possibilité pour les habitants d'une commune d'agir plus facilement sur les élus communaux que sur les autres catégories d'élus ou de fonctionnaires. Selon Alexis de Tocqueville la commune est l'un des berceaux de la démocratie. Elle en demeure aujourd'hui encore un des ressorts essentiels.

2 | LE PROBLÈME DES COLLECTIVITÉS INTERMÉDIAIRES

Pendant longtemps, le problème des collectivités intermédiaires ne s'est pas posé avec acuité dans notre pays, en raison de l'exclusivité départementale.

Depuis l'apparition et le développement de la région, il en va tout différemment. Il y a en effet coexistence de deux collectivités intermédiaires, coexistence qui pose un certain nombre de problèmes.

A / *La coexistence de deux collectivités intermédiaires*

La coexistence de deux niveaux de collectivités intermédiaires est la conséquence de deux mouvements :

— l'affirmation du département ;
— l'émergence régionale.

a) L'affirmation du département. — Le département, œuvre du Directoire, était, comme on l'a vu, une création essentiellement artificielle. Il s'agissait d'organiser un niveau d'administration qui permette notamment aux administrés de se rendre dans la journée au chef-lieu et qui, sans renier totalement les solidarités historiques passées, ne s'appuie pas sur les féodalités antérieures. Pendant toute une partie du XIXe siècle, le département apparaîtra contesté. Il le sera tant au niveau de son adéquation à la gestion des problèmes administratifs, l'arrondissement paraissant à cette époque un niveau d'administration tout aussi adapté pour un certain nombre de problèmes, que par les tenants du retour aux provinces de l'Ancien Régime.

C'est en fait l'œuvre administrative qui assurera la solidité du département. La nécessité de prendre en charge des problèmes administratifs principalement à la fin du XIXe siècle, contribuera à solidifier l'institution départementale. Le retour à un régime républicain, le rôle des préfets, le développement d'une administration territoriale d'État dans le cadre départemental seront autant de facteurs qui assureront l'ancrage de cette entité dans l'ordre institutionnel français.

La contestation du département viendra plus tard avec la remise en cause de son adéquation à la gestion d'un certain nombre de problèmes d'ordre économique, d'infrastructures, de planification et avec l'émergence de l'idée régionale.

Certains, tel Michel Debré, dès la fin de la deuxième guerre mondiale, proposeront un redécoupage de la carte française. Mais paradoxalement, la remise en cause de l'adaptation du département à la gestion d'un certain nombre de problèmes agira beaucoup plus comme un facteur de revendication régionale que comme un facteur de remise en cause de la place et du rôle du département. C'est en tout cas de cette manière que se produira l'évolution législative, puisque la loi de 1972 sur les établissements publics régionaux plaçait les régions sous un contrôle étroit des départements, et que les lois de 1982 et 1983 renforcèrent le rôle du département à la fois vis-à-vis de l'État, et vis-à-vis des communes. De ce fait, on peut considérer que le département au plan du statut et des compétences, est sorti renforcé de l'émergence de la revendication régionale.

b) L'émergence régionale. — L'idée régionale en France trouve ses fondements dans l'Ancien Régime avec ses provinces qui regroupaient des solidarités culturelles, ethniques et historiques puissantes.

Après la période révolutionnaire, l'idée régionale est demeurée attachée aux tenants de la monarchie. Elle s'est, sur la fin du XIXe siècle, atténuée en même temps que l'idée républicaine s'imposait à l'ensemble du corps social. Sa réapparition date du XXe siècle, au fur et à mesure que des problèmes à caractère administratif ont émergé et mis en évidence l'inadaptation du département à leur résolution.

De ce mouvement ont résulté les premières prises en considération de l'échelon régional pour le traitement de problèmes spécifiques. Ceci a d'abord été le fait de l'État qui, pendant la période de Vichy, puis celle de la Libération, a institué des préfets et des commissaires de la République de région. En 1948, la création des préfets IGAME (inspecteurs généraux de l'administration en mission extraordinaire) a également constitué une initiative appelée à permettre le traitement de problèmes administratifs d'État au niveau régional.

Cette initiative a connu sa concrétisation dans l'institution par le décret du 14 mars 1964 des préfets de région et la mise en place d'embryons d'administration régionale avec les missions régionales. Mais cette réponse exclusivement étatiste à une revendication régionale qui tendait à se développer et à revêtir, dans un certain nombre de cas, un caractère idéologique beaucoup plus marqué, ne pouvait suffire. D'où l'apparition de nouveaux projets de création d'une institution régionale, véritable collectivité territoriale représentative des intérêts locaux.

C'est d'ailleurs dans cet esprit que fut soumis à référendum en avril 1969 le projet du général de Gaulle qui aboutissait à la création de régions dotées d'autonomie et de compétences importantes. L'échec du référendum, pour des raisons qui ne tenaient pas pour l'essentiel au contenu de la réforme régionale, ainsi que les réticences manifestées tant par l'administration de l'État que par le niveau départemental, conduisirent les pouvoirs publics à instituer en 1972 des établissements publics régionaux qui étaient en fait des regroupements de département à compétence spécialisée, et dont l'autorité exécutive était le préfet de région. C'est pourtant sur la base de ces établissements publics régionaux aux compétences limitées et fortement contrôlées que la région se développera progressivement.

Allant parfois au-delà des textes, les élus régionaux firent prendre à l'institution une dimension de plus en plus importante. Il était dès lors logique que la loi du 2 mars 1982 et les diverses lois qui lui succédèrent dans le cadre de l'action de décentralisation menée à cette époque confirmassent ce mouvement en faisant des régions des collectivités territoriales de plein exercice.

Libérée de la tutelle, dotée d'un exécutif propre, disposant de compétences de caractère général, auxquelles venaient s'ajouter des compétences qui lui étaient transférées par l'État, la région est devenue un acteur majeur des institutions locales. La coexistence de deux institutions majeures au rôle renforcé par la décentralisation n'est pas sans comporter un certain nombre de conséquences.

B / *Les conséquences de la coexistence*

Le problème de la coexistence entre départements et régions est fréquemment abordé de manière polémique. Certains se disent départementalistes, d'autres régionalistes, pour des motifs qui tiennent à la fois à des considérations politiques ou partisanes, à la conception que l'on se fait du système administratif ou à des intérêts particuliers.

On peut, en dépit de ce contexte polémique, tenter de distinguer un certain nombre de conséquences de la coexistence de deux institutions qui relèvent de ressorts de solidarité voisins.

Si l'on se place du point de vue de l'administré, la coexistence de deux collectivités intermédiaires est à l'évidence une source de complexité d'autant que la répartition des compétences entre l'une et l'autre manque de clarté, et que départements et régions sont fréquemment compétents, sinon sur la même catégorie d'affaires, du moins dans des secteurs très voisins.

Si l'on se place du point de vue de la gestion des ressources publiques, la coexistence de deux collectivités intermédiaires est d'évidence un facteur de surcoût. Qu'il s'agisse des coûts de fonctionnement propres à chaque structure, des charges inhérentes à la fonction d'élus, ou des manifestations extérieures de leur prestige (campagnes de publicité, bâtiments administratifs), il est clair que l'affirmation du département et l'émergence du pouvoir régional ont engendré des charges supplémentaires. Certains ont tenté de les chiffrer en évoquant ce que l'on a appelé le coût de la décentralisation.

Du point de vue du fonctionnement administratif, la coexistence de ces deux collectivités est source de complexité, voire de dysfonctionnement, du fait de la concurrence que peuvent se faire départements et régions. Ainsi présentée, la coexistence de deux niveaux de collectivités intermédiaires paraît avoir de nets inconvénients.

On peut cependant opposer à ce constat des considérations plus positives. On peut en effet considérer que la région est un cadre plus adapté à certains types de missions, et le département à d'autres, et que, de ce point de vue, leur coexistence n'est pas nécessairement pénalisante. On peut également considérer que la concurrence qui peut s'établir entre l'une et l'autre est en elle-même un facteur de dynamisme dans un monde où les structures publiques ne sont plus à l'écart des facteurs de concurrence. On peut également penser que le développement du rôle du département et de la région renforce l'esprit décentralisateur au sein de nos institutions. Certains considèrent également qu'en divisant les attributions des collectivités intermédiaires entre départements et régions, l'État se garantit contre les risques d'une émergence trop forte de l'un ou de l'autre.

En outre, le développement du rôle des collectivités intermédiaires, et notamment du département, peut être regardé comme une manière de répondre aux inconvénients de l'éparpillement communal en faisant du département, comme le prévoit la loi du 2 mars 1982, une institution d'appui, voire de substitution aux compétences communales. Ainsi présenté, le problème ne paraît pas avoir de solution claire en tout état de cause dans le contexte institutionnel présent ; l'heure ne semble pas être à un choix définitif entre départements et régions.

Enfin, le développement d'une réflexion sur la taille des régions françaises et leur intégration dans l'espace européen conduisirent certains à proposer des regroupements régionaux. Cette tendance, si elle se concrétisait, constituerait une réponse aux inconvénients résultant de la coexistence entre deux niveaux de collectivités intermédiaires.

BIBLIOGRAPHIE

Jean-François Auby, *Organisation administrative du territoire,* Sirey, « Bibliothèque des collectivités locales », 1985.

Jean-Luc Marx, *Les territoires de l'État,* PUF, « Que sais-je ? », 1997.

André Roux, Le découpage des circonscriptions administratives et électorales devant le Conseil d'État, *AJDA,* 1983, n° 4, p. 219.

DEUXIÈME PARTIE

Le pouvoir local

Après avoir expliqué quelles sont les bases du droit des collectivités locales, il convient maintenant de décortiquer leur régime juridique.

Les premières questions à aborder tournent autour de la notion de pouvoir local. Au fond, il s'agit de savoir qui gouverne au plan local, en vertu de quel titre, et, si l'on peut dire, dans quelle sorte de régime politique local.

Cette perspective appelle une précision. Fréquemment, les analyses du pouvoir local prennent en considération les autorités locales de l'État, et notamment les préfets, et elles s'interrogent sur la distribution de la puissance, les rapports de complicité ou d'affrontement qui existent entre elles et les autorités locales décentralisées.

Par pouvoir local, on entendra ici exclusivement celui dont les collectivités locales sont le siège. Les rapports que le pouvoir local ainsi entendu entretient avec l'environnement, et notamment avec les autorités locales de l'État, seront évoqués plus loin (v. V^e^ partie, chap. I).

Il conviendra en premier lieu d'indiquer quels sont les caractères généraux du pouvoir local (chap. I). Puis on décrira les organes des différentes espèces de collectivités locales (chap. II), avant d'étudier les règles qui régissent la condition d'élu local (chap. III).

Chapitre Premier

LES CARACTÈRES GÉNÉRAUX DU POUVOIR LOCAL

Toutes proportions gardées, on peut se poser à propos de l'organisation du pouvoir local le même genre de questions qu'au sujet du régime politique national. Est-il fondé sur l'élection ?, à quel suffrage ?, quel genre de séparation ou de collaboration entre les pouvoirs instaure-t-il ?

Ce que l'on découvre se résume en trois idées qu'il conviendra de développer. Le pouvoir local a un fondement démocratique : l'élection au suffrage universel des organes locaux. Il a un caractère représentatif, et ne fait qu'une place limitée à la démocratie directe. Enfin, ce que l'on peut appeler le « régime politique local » abrite un équilibre des pouvoirs assez nettement favorable aux exécutifs.

1 / L'élection des organes locaux

1 / Ce qui caractérise fondamentalement le statut du pouvoir local, et qui est d'ailleurs une condition minimale pour que l'on puisse parler d'une véritable décentralisation territoriale, c'est le *principe* même *de l'élection.*

Les organes locaux ont une origine élective. Cela est expressément exigé par la Constitution pour les assemblées locales : « Les collectivités territoriales... s'administrent librement *par des conseils élus* » (t. 6, art. 72).

Ils sont même élus au suffrage direct. Depuis la Révolution, et en dépit des vicissitudes qu'il a connues, le principe de l'élection directe des assemblées locales est considéré comme la condition d'une véritable décentralisation. Le statut de la région en porte témoignage. En 1972, le choix de la formule de l'établissement public permettait d'éviter l'élection du conseil régional au suffrage universel direct. La loi du 2 mars 1982, elle, lia l'attribution à la région de la qualité de collectivité territoriale à l'élection des conseils régionaux au suffrage universel direct (qui fut organisée par la loi du 10 juillet 1985).

Les exécutifs locaux ont également tous, depuis les réformes de décentralisation, une origine élective. Auparavant, le pouvoir exécutif départemental et le pouvoir exécutif régional étaient confiés à des agents non élus : les préfets.

Les exécutifs procèdent, il est vrai, d'une élection indirecte, puisqu'ils sont élus par l'assemblée délibérante. Dans le cas des maires, cependant, il est tellement rare que le maire élu ne soit pas la tête de la liste victorieuse des élections municipales, que leur désignation est, du moins dans les communes où le scrutin a lieu par listes, quasiment l'œuvre directe des citoyens. Le caractère indirect réapparaît clairement lorsque, pour une raison ou pour une autre, il y a lieu d'élire un nouveau maire en cours de mandat.

2 / Les élections locales sont des *élections démocratiques,* c'est-à-dire qu'elles ont lieu au suffrage universel.

Très précisément, le Conseil constitutionnel a eu l'occasion d'indiquer que, en ce qui concerne le droit de suffrage, les élections locales sont soumises aux règles constitutionnelles concernant les élections politiques (Cons. const., 18 nov. 1982, *Rec.,* p. 66). D'où il résulte notamment que le suffrage pour ces élections est nécessairement universel et égal, conformément à l'article 2 de la Constitution.

D'où il résulte également que, suivant une autre disposition du même article de la Constitution, l'universalité du suffrage pour les élections locales est circonscrite par la règle selon laquelle « sont électeurs, dans les conditions déterminées par la loi, tous les nationaux français des deux sexes, jouissant de leurs droits civils et politiques ».

Cela signifie notamment que le droit de suffrage pour les élections locales est, comme le droit de suffrage pour les élections nationales, constitutionnellement réservé aux nationaux.

Cette règle se trouve toutefois limitée aujourd'hui par l'effet de la construction communautaire. Le traité de Maastricht de 1992 a en effet prévu que la qualité d'électeur pour les élections locales serait ouverte aux ressortissants communautaires résidant dans la collectivité. En conséquence, la révision constitutionnelle du 22 juin 1992 a introduit dans la Constitution un article 88-3, qui prévoit que le droit de vote et l'éligibilité aux conseils municipaux seront accordés aux ressortissants des États membres de la Communauté européenne résidant en France (les modalités d'application de ce principe ont été précisées par une loi du 25 mai 1998).

Il y a quelques années, a été émise l'idée d'accorder le droit de vote pour les élections locales aux immigrés non ressortissants de l'Union européenne. Un tel élargissement du corps électoral local exigerait une nouvelle révision constitutionnelle.

A l'heure actuelle, dans les communes à forte population immigrée, la représentation de cette population auprès de la collectivité est parfois assurée par le biais de comités extramunicipaux, du type évoqué plus loin, ayant un caractère purement consultatif.

3 / Les *modes de scrutin pour les élections locales* diffèrent selon la catégorie de collectivité concernée.

Pour les communes, le mode d'élection varie selon la taille. Dans les communes de moins de 3 500 habitants, l'élection a lieu au scrutin majoritaire à deux tours, avec possibilité de panachage (les candidatures isolées étant autorisées dans les communes de moins de 2 500 habitants).

Dans les communes de plus de 3 500 habitants, les électeurs votent pour des listes qui ne peuvent pas faire l'objet de panachage. La liste qui a obtenu la majorité absolue au premier tour, ou la majorité relative au second tour, bénéficie de la moitié des sièges, l'autre moitié étant répartie entre toutes les listes ayant obtenu au moins 5 % des suffrages exprimés, selon le mécanisme de la représentation proportionnelle à la plus forte moyenne. Ce système permet de concilier répartition proportionnelle et existence d'une véritable majorité.

Mode de scrutin des élections municipales dans les communes de 3 500 habitants et plus.

Ce mode de scrutin est précisé par l'article L. 262 du Code électoral :

« Au premier tour de scrutin, il est attribué à la liste qui a recueilli la majorité des suffrages exprimés un nombre de sièges égal à la moitié du nombre de sièges à pourvoir, arrondi, le cas échéant, à l'entier supérieur lorsqu'il y a plus de quatre sièges à pourvoir et à l'entier inférieur lorsqu'il y a moins de quatre sièges à pourvoir. Cette attribution opérée, les autres sièges sont répartis entre toutes les listes à la représentation proportionnelle suivant la règle de la plus forte moyenne, sous réserve de l'application des dispositions du troisième alinéa ci-après.

« Si aucune liste n'a recueilli la majorité absolue des suffrages exprimés au premier tour, il est procédé à un deuxième tour. Il est attribué à la liste qui a obtenu le plus de voix un nombre de sièges égal à la moitié du nombre de sièges à pourvoir, arrondi, le cas échéant, à l'entier supérieur lorsqu'il y a plus de quatre sièges à pourvoir et à l'entier inférieur lorsqu'il y a moins de quatre sièges à pourvoir. En cas d'égalité de suffrages entre les listes arrivées en tête, ces sièges sont attribués à la liste dont les candidats ont la moyenne d'âge la plus élevée. Cette attribution opérée, les autres sièges sont répartis entre toutes les listes à la représentation proportionnelle, suivant la règle de la plus forte moyenne, sous réserve de l'application des dispositions du troisième alinéa ci-après.

« Les listes qui n'ont pas obtenu au moins 5 % des suffrages exprimés ne sont pas admises à la répartition des sièges.

« Les sièges sont attribués aux candidats dans l'ordre de présentation sur chaque liste.

« Si plusieurs listes ont la même moyenne pour l'attribution du dernier siège celui-ci revient à la liste qui a obtenu le plus grand nombre de suffrages. En cas d'égalité de suffrages, le siège est attribué au plus âgé des candidats susceptibles d'être proclamés élus. »

Exemple :

Soit une commune de 81 000 habitants.

Le conseil municipal en vertu de l'article L. 2121-2 du Code général des collectivités territoriales comporte 53 membres.

Le *premier tour* de l'élection municipale donne les résultats suivants :

Votants	43 400
Blancs	227
Nuls	173

Les suffrages exprimés, qui sont donc 43 000, se sont ainsi répartis :

Liste A	21 000 voix
Liste B	12 000 voix
Liste C	8 000 voix
Liste D	2 000 voix

Aucune liste ne parvenant à la majorité absolue (21 501 voix), il y a ballottage. La liste D, qui n'a pas obtenu 10 % des voix, ne peut pas accéder au second tour.

Le *second tour* donne les résultats suivants :

Votants	42 050
Blancs	40
Nuls	20

Les suffrages exprimés (41 990) se sont ainsi répartis :

Liste A	20 000 voix
Liste B	11 990 voix
Liste C	10 000 voix

La liste A, disposant de la majorité relative, obtient d'emblée la moitié des sièges, arrondie à l'entier supérieur, soit 27 sièges.

Les 26 sièges restants sont répartis selon la technique de la représentation proportionnelle à la plus forte moyenne.

Le quotient électoral est de 41 990/26 = 1 615.

La liste A reçoit 12 sièges (20 000/1 615 = 12,38), la liste B, 7 sièges (11 990/1 615 = 7,42), et la liste C, 6 sièges (10 000/1 615 = 6,19).

Reste un siège à attribuer à la plus forte moyenne. Les moyennes sont :

Liste A	20 000/13 = 1 538,46
Liste B	11 990/8 = 1 498,75
Liste C	10 000/7 = 1 428,00

Le dernier siège est donc attribué à la liste A.

Les résultats sont donc :

Liste A	40 sièges (27 + 12 + 1)
Liste B	7 sièges
Liste C	6 sièges

On voit combien le mode de scrutin assure à la liste arrivée en tête une confortable majorité (la liste A, qui a moins de 50 % des voix, obtient un peu plus de 75 % des sièges). En même temps, contrairement au système majoritaire qui existait avant 1982, il permet qu'il y ait une opposition dans les conseils municipaux.

Les conseillers généraux sont élus au scrutin uninominal majoritaire à deux tours, dans le cadre du canton. Le découpage cantonal est périodiquement modifié pour tenir compte des évolutions démographiques. Ces modifications sont décidées par décret. Le juge administratif exerce son contrôle sur ces redécoupages, afin notamment d'éviter qu'ils n'accroissent les disparités de population entre les cantons d'un même département (Cons. d'État, 12 juill. 1978, Commune de Sarcelles et autres, *Rec.*, p. 309 ; Ass., 13 déc. 1991, Département du Loir-et-Cher, *Rec.*, p. 442).

Les conseillers régionaux sont élus à la représentation proportionnelle, la répartition des restes se faisant à la plus forte moyenne. L'élection a lieu dans le cadre du département, la répartition des sièges entre les départements étant fixée par la loi.

Dans tous les cas les membres des assemblées locales sont *élus pour six* ans.

4 / *Le financement des campagnes* électorales locales est régi par les règles issues de la loi du 15 janvier 1990 relative à la limitation des dépenses électorales et à la clarification du financement des activités politiques.

Les candidats ne peuvent pas recevoir d'aides financières de personnes morales, à l'exception des partis et groupements politiques

(C. électoral, art. L. 52-8, CE, sect., 30 oct. 1996, Élections municipales de Fos-sur-Mer, *Dr. adm.,* 1996, n° 567, obs. L. T.).

A l'issue de l'élection, les candidats doivent présenter un compte de campagne, retraçant l'ensemble de leurs recettes et dépenses, et qui est contrôlé par la Commission nationale des comptes de campagnes et des financements politiques.

Le non-respect des règles relatives au compte de campagne expose à être rendu inéligible pour un an par le juge de l'élection.

La bonne foi permet toutefois d'éviter cette condamnation (CE, sect., 2 oct. 1996, Élections municipales d'Annemasse, *Dr. adm.,* 1996, n° 524, obs. J. H. S., 4 nov. 1996, Élections municipales de Nœux-les-Mines, *Dr. adm.,* 1997, n° 5).

5 / Le *contentieux des élections locales* relève de la juridiction administrative. Les litiges relatifs aux élections municipales et cantonales sont portés, en première instance, devant le tribunal administratif (Code électoral, art. L. 248 et L. 222), et, en appel, devant le Conseil d'État (les cours administratives d'appel ne sont pas compétentes : art. 1er de la loi du 31 décembre 1987). Les litiges relatifs aux élections régionales sont directement portés devant le Conseil d'État (Code électoral, art. L. 361).

Les contestations peuvent émaner d'électeurs, de candidats, ou des préfets. Les délais pour agir sont brefs (cinq jours en ce qui concerne les élections municipales et cantonales, dix jours en ce qui concerne les élections régionales).

2 / Le caractère représentatif de la démocratie locale

Sur le plan national, notre régime politique est essentiellement représentatif, c'est-à-dire que le pouvoir est exercé par des représentants, non par le peuple directement. Cependant, la Constitution admet que, parfois, joue la démocratie directe : « La souveraineté nationale appartient au peuple, qui l'exerce par ses représentants et par la voie du référendum » (art. 2).

Par contre, l'article 72 de la Constitution, en vertu duquel les collectivités territoriales s'administrent librement « par des conseils élus », est souvent interprété comme conférant à la démocratie locale un caractère exclusivement représentatif. C'est la position qu'a adoptée le Sénat, en 1980, lorsqu'il eut à se prononcer sur des dispositions du projet de loi sur le développement des responsabilités des collectivités locales, qui auraient permis aux conseils municipaux de soumettre au référendum toutes les questions communales, à l'exception du budget. Il a considéré que ces dispositions n'étaient pas conformes à la Constitution.

La jurisprudence administrative, quant à elle, considère comme illégales les décisions dont les conseils municipaux se seront déchargés sur la population s'exprimant par voie de référendum (Cons. d'État, 26 oct. 1956, Association des combattants de la paix et de la liberté, *Lebon,* p. 391).

Ceci ne veut pas dire que le référendum soit totalement absent du droit administratif local.

Depuis la loi du 16 juillet 1971, son emploi est possible dans les cas de fusions de communes (C. gén. coll. territ., art. L. 2113-2).

Une ouverture plus générale a été faite par la loi du 6 février 1992, depuis laquelle les textes prévoient que « les électeurs de la commune peuvent être consultés sur des décisions que les autorités municipales sont appelées à prendre pour régler les affaires de la compétence de la commune » (C. gén. coll. territ., art. L. 2142-1).

Les référendums communaux ainsi autorisés ne peuvent porter que sur des questions relevant de la compétence communale, ce qui exclut, par exemple, qu'ils soient organisés à propos d'un projet d'autoroute (CE, 16 déc. 1994, Commune d'Avrillé, *Rec.,* p. 558), ou d'un projet de train à grande vitesse (CE, 14 avr. 1995, Commune de Ventraben, *Dr. adm.,* 1995, n° 414).

L'initiative des référendums institués par la loi du 6 février 1992 appartient aux élus municipaux. Mais une loi du 4 février 1995 est venue leur ajouter des référendums d'initiative populaire en matière d'aménagement : l'article L. 2142-3 du Code général des collectivités territoriales, qui en est issu, prévoit qu' « un cinquième des électeurs inscrits sur les listes électorales peuvent saisir le conseil municipal en vue de l'organisation d'une consultation sur une opération d'aménagement relevant de la décision des autorités municipales ».

Les référendums communaux autres que ceux qui prennent place dans une procédure de fusion ont un caractère purement consultatif. Pour cette raison, d'ailleurs, leurs résultats ne peuvent pas faire l'objet de recours (CE, 29 déc. 1995, Géniteau, *AJDA,* 1996.154, obs. J. H. Stahl et D. Chauvaux).

A défaut de consulter la population tout entière par le biais de référendum, les autorités locales peuvent constituer des comités consultatifs « extra-municipaux », pouvant comprendre des personnes qui n'appartiennent pas au conseil municipal, notamment des représentants d'associations locales (C. gén. coll. territ., art. L. 2143-2). Il s'agit d'une pratique assez courante, qui permet notamment de recueillir l'opinion de certaines personnes qui ne sont pas électeurs, comme les enfants (CE, sect., 7 oct. 1994, Ville de Narbonne, *RDP,* 1995.251, concl. Haute-Savoie), ou les immigrés.

3 / L'équilibre des pouvoirs au plan local

De même que pour décrire un régime politique national, il faut s'interroger sur la répartition de la puissance entre les pouvoirs exécutifs et les assemblées, de la même manière, on peut s'interroger sur l'équilibre des pouvoirs que le droit local instaure entre les assemblées locales et les exécutifs locaux. Quatre éléments apparaissent à l'analyse.

1 / Indiscutablement, ce qui apparaît au premier plan c'est ce que l'on peut appeler une *prédominance statutaire des assemblées.* Parce qu'elles sont élues directement, et parce que la Constitution confie le pouvoir local à des « conseils » (art. 72), les textes régissant l'organisation administrative locale reconnaissent aux assemblées locales les compétences essentielles.

Cela ne signifie pas que les exécutifs ne disposent pas de pouvoirs propres d'importance significative. Le maire dispose notamment, dans cet ordre d'idée, d'importants pouvoirs de police. Comme le président du conseil régional et le président du conseil général, il dirige les services, gère le patrimoine (voir chapitre suivant), etc.

Il n'en reste pas moins que les décisions fondamentales, celles qui orientent le devenir de la collectivité, et en particulier celles qui ont des incidences financières, sont confiées par les textes aux assemblées.

2 / Mais la prédominance statutaire des assemblées est fortement contrebalancée par cet élément très important du régime politique local qu'est *l'absence de responsabilité des exécutifs devant les assemblées*.

Dans la tradition politique locale, l'autorité exécutive n'est pas responsable devant l'assemblée délibérante. Cette absence de responsabilité trouve sa justification originelle dans la nécessité d'éviter que des variations politiques ou des changements d'alliances personnelles ne se traduisent par des remises en cause d'exécutifs, qui seraient sources d'instabilité dans la gestion des affaires locales.

Au temps où les collectivités étaient soumises à un étroit contrôle de l'État, à travers les mécanismes de la tutelle administrative, cette irresponsabilité reposait sur des fondements assez peu contestables. Elle présentait par ailleurs des inconvénients réduits, compte tenu de la part prise par l'État dans la direction des affaires locales. Avec la décentralisation, la question s'est naturellement posée de la reconnaissance ou de la non-reconnaissance de la responsabilité des maires, présidents de conseils généraux, présidents de conseils régionaux devant les conseils municipaux, généraux et régionaux. Le législateur, soucieux de faire que le mouvement de décentralisation s'appuie sur des institutions fortes et stables, lui a apporté une réponse négative. Mais la question, dans un contexte de renforcement de la décentralisation, demeure posée.

L'absence de responsabilité des exécutifs induit deux catégories de conséquences.

La première est d'aboutir parfois à des situations de divergence entre les exécutifs et les majorités des assemblées. En effet, au gré des décès et des reclassements politiques, des présidents ou maires élus peuvent se retrouver face à une majorité hostile à leur politique. Dans cette situation, qui se produit périodiquement, rien ne peut contraindre l'exécutif concerné à se démettre de ses fonctions : ce qui suscite des blocages, sources de difficultés parfois importantes dans le fonctionnement de la collectivité. Certes, le gouvernement peut, en cas de blocage marqué du fonctionnement de l'institution, prononcer la dissolution de l'assemblée (voir *infra,* chap. II). Mais il hésite le plus souvent à le faire, surtout s'il s'agit d'une collectivité importante.

La deuxième conséquence est de conforter la place et le poids de l'exécutif dans la répartition des pouvoirs au sein des institutions locales.

En vérité, la prééminence du pouvoir exécutif est une réalité que connaissent la plupart des systèmes démocratiques, tant dans les institutions étatiques que dans les institutions locales. Elle tient à l'accroissement de la technicité des problèmes, à la croissance des tâches de gestion et à la personnalisation accrue des systèmes politiques. Dans le système local, l'absence de responsabilité du pouvoir exécutif devant l'assemblée délibérante intervient comme facteur de renforcement de cette prééminence.

Il est à noter que la solution traditionnelle de l'absence de responsabilité des exécutifs a été écartée dans l'organisation actuelle de la collectivité territoriale de Corse, telle qu'elle résulte de la loi du 13 mai 1991. Le Conseil exécutif de Corse peut être en effet renversé par une motion de défiance votée à la majorité absolue de ses membres par l'Assemblée de Corse.

3 / De ce qu'il n'y a pas, en dehors du cas qui vient d'être évoqué, de responsabilité des exécutifs devant les assemblées, il ne faudrait pas déduire que les institutions locales ne connaissent pas la *collaboration des pouvoirs.*

Celle-ci occupe au contraire une place importante, car, si les exécutifs ont conquis une réelle prééminence dans l'action courante, ils n'en restent pas moins tributaires des assemblées pour toutes sortes de décisions essentielles, et notamment pour celle qui fournit les moyens de toute politique : le vote du budget. Si les exécutifs locaux mettent en œuvre les budgets en tant qu'ils sont les ordonnateurs de la collectivité, c'est au conseil municipal, général ou régional qu'il appartient d'arrêter ces budgets.

4 / A cela il faut ajouter que le droit local prévoit un certain degré *d'exercice collégial de la fonction exécutive.*

Les lois d'organisation locale prévoient en effet l'existence, auprès de titulaire principal du pouvoir exécutif, des structures intermédiaires que sont la municipalité pour les communes, et les bureaux et les commissions permanentes pour le département et la région (ces institutions seront décrites de manière plus détaillée dans le chapitre suivant).

Dans les communes, la municipalité est composée du maire et des adjoints. Dans les département et les régions, les commissions permanentes sont composées du président – du conseil régional ou général –, des vice-présidents, et éventuellement de quelques autres membres, tandis que les bureaux comprennent le président, et ceux des vice-présidents qui ont reçu une délégation de lui.

Les municipalités des communes n'ont pas de pouvoirs propres. Les adjoints n'ont d'autres attributions que celles que le maire leur a déléguées : les éventuelles délégations du conseil municipal sont nécessairement consenties au maire lui-même.

Les bureaux des régions et des départements n'ont pas davantage de pouvoirs propres. En revanche, leurs commissions permanentes peuvent recevoir des délégations du conseil général ou du conseil régional, et ce en toutes matières, à l'exception des décisions relatives au budget, à l'approbation du compte administratif, et à l'inscription au budget de dépenses obligatoires.

Ainsi conçus, municipalités, commissions permanentes et bureaux peuvent apparaître à la fois comme des organes de contrôle de l'action du pouvoir exécutif et comme des instruments d'exercice collégial du pouvoir exécutif. En fait, la pratique en a fait beaucoup plus nettement des instruments d'exercice collégial du pouvoir exécutif, et corrélativement des instruments de confortation de ces derniers. Ceci est dû, largement, au fait que municipalités, commissions permanentes et bureaux sont très rarement composés de façon pluraliste (des dispositions adoptées en 1986 le prévoyaient pour les départements et les régions : elles furent ensuite abrogées), et restent, de ce fait, liées aux majorités qui soutiennent le maire ou le président.

BIBLIOGRAPHIE

Jean-Bernard Auby, La loi du 6 février 1992 et la citoyenneté locale, *RFDA,* 1993, p. 37.

Collectivités locales (sous la direction de Francis Paul Benoit), t. 6, p. 11000-1 et s. par Yves Gaudemet,.

Florian Linditch, Référendum local et démocratie représentative, *Les Petites Affiches,* 24 avril 1992, p. 3.

H. Rihal, Le référendum communal, bilan et perspectives, *RFDA,* 1996, p. 452.

Chapitre II

LES ORGANES DES COLLECTIVITÉS LOCALES

Après avoir indiqué quelles sont les caractéristiques essentielles de l'organisation du pouvoir local, il convient maintenant de décrire les organes des collectivités locales, c'est-à-dire les autorités, individuelles ou collégiales, qui ont le pouvoir de prendre des actes juridiques au nom de ces collectivités.

On présentera ainsi les assemblées de ces différentes collectivités, avant d'étudier l'organisation des exécutifs locaux.

Les organes des groupements de collectivités locales seront évoqués lors de l'étude desdits groupements (V^e^ partie, chap. II).

1 / Les assemblées locales

Selon l'article 72 de la Constitution, les collectivités territoriales s'administrent librement par des *conseils* élus. C'est dire que, comme on l'a indiqué d'ailleurs (voir chapitre précédent), les compétences majeures sont en leur sein attribuées à des assemblées. Cela étant, à côté des assemblées ayant pouvoir de décision, il en existe qui ont un rôle simplement consultatif.

1 | LES ASSEMBLÉES DÉLIBÉRANTES

A / *Le conseil municipal*

Le conseil municipal est composé de conseillers élus au suffrage universel direct, suivant un régime électoral différent selon que la commune a plus ou moins de 3 500 habitants (sur le régime électoral, voir chapitre précédent, et sur le statut des élus communaux, voir chapitre suivant).

Le nombre des membres du conseil municipal varie selon la taille de la commune. Actuellement, le barème de composition des conseils municipaux, qui est prévu par l'article L. 2121-2 du CGCT, est le suivant :

Communes (nombre d'habitants)	*Nombre des membres du conseil municipal*
De moins de 100	9
De 100 à 499	11
De 500 à 1 499	15
De 1 500 à 2 499	19
De 2 500 à 3 499	23
De 3 500 à 4 999	27
De 5 000 à 9 999	29
De 10 000 à 19 999	33
De 20 000 à 29 999	35
De 30 000 à 39 999	39
De 40 000 à 49 999	43
De 50 000 à 59 999	45
De 60 000 à 79 999	49
De 80 000 à 99 999	53
De 100 000 à 149 999	55
De 150 000 à 199 999	59
De 200 000 à 249 999	61
De 250 000 à 299 999	65
De 300 000 et au-dessus	69

1 / *Le mandat du conseil municipal.* — Le conseil municipal est élu pour six ans. L'élection a lieu, sauf décision contraire du législateur, au mois de mars (les dernières élections municipales se sont toutefois déroulées en juin 1995 : elles avaient été reportées en raison de l'élection présidentielle).

Diverses péripéties juridiques peuvent écourter le mandat du conseil municipal dans son entier, ou des conseillers pris individuellement.

a) Le conseil municipal peut être dissous par décret motivé pris en Conseil des ministres (donc signé du président de la République), et publié au *Journal officiel* (CGCT, art. L. 2121-6).

Cette décision tire les conséquences de l'impossibilité dans laquelle se trouve le conseil municipal d'exercer correctement ses fonctions, notamment dans les hypothèses où il se trouve complètement paralysé par des dissensions internes.

Le juge exerce un contrôle normal sur le décret de dissolution (Cons. d'État, 9 nov. 1959, Rosan-Girard, *Lebon,* p. 584 ; 14 janv. 1977, Perrault, *Lebon,* p. 21 ; 16 janv. 1985, Jean-Christophe Balat, *AJDA*, 1985.436, note Bernard Malignier).

En cas de dissolution, des élections doivent être organisées dans les deux mois. Dans l'intervalle, la commune est administrée par une délégation spéciale, désignée par le préfet.

Une délégation spéciale est également désignée lorsque le conseil municipal ne peut pas être constitué, lorsque l'élection du conseil municipal est annulée, ou lorsque tous les membres du conseil municipal démissionnent (CGCT, art. L. 2121-35).

b) Le mandat d'un conseiller municipal donné peut prendre fin prématurément pour diverses causes.

Il peut prendre fin en cas d'annulation de son élection. Le tribunal administratif peut d'ailleurs décider de suspendre le mandat du conseiller nonobstant l'appel de celui-ci (C. électoral, L. 250-1, Cons. d'État, 2 sept. 1983, Élections municipales de Sarcelles, *AJDA*, 1983.682, concl. Bruno Genevois).

Il peut prendre fin par la démission d'office, qui peut être décidée par le préfet lorsque le conseiller se trouve, postérieurement à l'élection, atteint par une inéligibilité ou une incompatibilité (voir chapitre suivant), et par le tribunal administratif lorsque le conseiller, « sans excuse valable, a refusé de remplir une des fonctions qui lui sont dévolues par les lois » (CGCT, art. L. 2121-5 ; cette disposition ne permet toutefois pas de sanctionner l'absentéisme au conseil municipal : Cons. d'État, 6 nov. 1985, Maire de Viry-Châtillon, *Lebon,* p. 311, *RFDA,* mai-juin 1986, p. 388, *AJDA,* 1986, p. 49).

Lorsque l'application de ces mécanismes, les décès ou les démissions volontaires de conseillers conduisent à amputer le conseil municipal d'un tiers de ses membres, il y a lieu à une élection partielle (C. électoral, L. 258).

2 / *Le fonctionnement du conseil municipal.* — L'essentiel des dispositions régissant le fonctionnement du conseil municipal figure aux articles L. 2121-7 du Code général des collectivités territoriales. En outre, dans les communes de plus de 3 500 habitants, le conseil municipal doit établir un règlement intérieur dans les six mois qui suivent son installation (CGCT, art. L. 2121-8). Ce règlement intérieur peut être déféré au juge administratif (art. L. 2121-8, al. 2, consacrant une jurisprudence constante : voir, notamment, CE, 10 févr. 1995, Riehl, p. 66, *RFDA,* 1995, p. 1092).

a) Le conseil municipal doit se réunir au moins une fois par trimestre. Mais des réunions plus fréquentes peuvent être provoquées par le maire, par le préfet, ou par la moitié des membres du conseil.

C'est au maire qu'il appartient de convoquer le conseil. Il doit le faire trois jours francs avant la réunion dans les communes de moins de 3 500 habitants (CGCT, art. L. 2121-11, Cons. d'État, 3 juin 1983, Mme Vincent, *Lebon,* p. 227, *AJDA*, 1983.478, note Jérôme Chapuisat ; CE, 6 juin 1997, M. Pfister, *Dr. adm.,* 1997, n° 270, note L. T.) : concrètement, cela signifie que les convocations doivent être envoyées au plus tard le cinquième jour précédant la réunion. Le délai peut toutefois être réduit, jusqu'à un jour franc, en cas d'urgence.

Dans les communes de plus de 3 500 habitants, le délai de convocation est fixé à cinq jours francs, il peut être abrégé en cas d'urgence, mais ne doit pas être inférieur à un jour franc (CGCT, art. L. 2121-12). En outre, la convocation doit être accompagnée d'une « note explicative de synthèse sur les affaires soumises à délibération » (CGCT, art. L. 2121-12 ; il s'agit là d'une formalité substantielle : CE, 30 avr. 1997, Commune de Sérignan, *Dr. adm.,* 1997, n° 231).

On relèvera que le maire est tenu de convoquer le conseil municipal lorsque la demande motivée lui en est faite par « le représentant de l'État ou par le tiers au moins des membres du conseil municipal en exercice dans les communes de 3 500 habitants et plus et par la majorité des membres du conseil municipal dans les communes de moins de 3 500 habitants » (CGCT, art. L. 2121-9).

Un quorum de la majorité des membres en exercice est fixé par l'article L. 2121-17. Cependant, si le maire provoque une seconde réunion, à trois jours d'intervalle au moins, aucun quorum ne sera plus exigé. Par ailleurs, un conseiller empêché d'assister à une réunion du conseil municipal peut donner mandat à un collègue : mais personne ne peut être porteur de plus d'un mandat.

b) Les séances du conseil municipal sont présidées par le maire (sauf celle au cours de laquelle il est élu, et celles au cours desquelles on examine le compte administratif) ou son suppléant.

Les séances du conseil municipal ont lieu à la mairie. Elles sont publiques, à moins que, sur la demande de trois membres ou du maire, le conseil municipal n'ait décidé, à la majorité absolue, de se réunir à huis clos (CGCT, art. L. 2121-18).

Le président – c'est-à-dire normalement le maire – a la police de l'assemblée, et il peut faire expulser ou arrêter les personnes qui en troublent les débats (CGCT, art. L. 2121-16 ; CE, 14 déc. 1992, Ville de Toul, *Dr. adm.,* 1993, n° 61, *JCP,* 1994, IV, p. 500).

Les conseillers municipaux disposent, pendant ces séances, du droit de poser des questions orales sur « les affaires de la commune » (CGCT, art. L. 2121-19 ; une réponse ministérielle précise le régime de ces questions : rép. min. n° 44364, *JOAN,* 16 déc. 1996, p. 6634, *Dr. adm.,* 1997, n° 43).

Les votes sont acquis à la majorité absolue des suffrages exprimés. En cas de partage, le maire, ou celui qui assure à sa place la présidence, a voix prépondérante, sauf dans les scrutins secrets, qui sont organisés lorsque la décision à prendre est une nomination ou une présentation, ou lorsque cela est demandé par un tiers des membres présents.

Les conseillers qui sont intéressés, soit en leur nom personnel, soit comme mandataire, à l'affaire sur laquelle le conseil doit se prononcer, doivent s'abstenir de participer aux délibérations, faute de quoi la décision prise est illégale (CGCT, art. L. 2121-11).

Un compte rendu de la séance est établi par le secrétaire, que le conseil désigne en son sein au début de la réunion, et qui sera fréquemment assisté par des agents de la commune.

Le compte rendu est consigné dans un registre signé par tous les participants à la réunion, et affiché dans la huitaine.

c) Les conseils municipaux peuvent constituer en leur sein des commissions restreintes qui, dans l'intervalle des réunions du conseil, étudieront les dossiers et prépareront les décisions (L. 2121-22 CGCT). Ces commissions sont présidées par le maire.

3 / *Les compétences du conseil municipal.* — Le conseil municipal est, si l'on s'en tient à la distribution juridique des pouvoirs, l'organe principal de la commune. Comme le dit une formule classique reprise à l'article L. 2121-29 du Code général des collectivités territoriales, il « règle par ses délibérations les affaires de la commune ». Le conseil municipal est chargé de prendre les décisions essentielles, les décisions

d'orientation de l'action municipale, et ses compétences ne trouvent de limites que dans ce qui est expressément attribué au maire.

Mais il faut, pour éclairer la formule de l'article L. 2121-29, distinguer ce qui est l'objet possible des délibérations du conseil municipal de ce qui est leur portée juridique possible.

a) Quant à leur objet, les compétences des conseils municipaux sont parfaitement larges, puisque, aux termes de l'article L. 2121-29 lui-même, un conseil municipal peut émettre des vœux « sur tous les objets d'intérêt local ».

Mais si l'on s'en tient à ce sur quoi il dispose de compétences réellement décisoires, les principales attributions d'un conseil municipal sont les suivantes :

— il vote le budget, fixe le taux des impôts locaux, décide les emprunts, approuve le compte administratif ;
— il crée les services publics municipaux, et décide de leur organisation ;
— il administre le patrimoine communal, décide les acquisitions, les aliénations ;
— il crée les emplois communaux et, le cas échéant, complète les statuts de la fonction publique territoriale ;
— il décide de la conclusion des contrats de la commune ;
— il décide des actions en justice de la commune ;
— il décide les travaux communaux, les opérations d'aménagement de la commune ;
— il arrête et approuve le plan d'occupation des sols de la commune ;
— il décide les interventions économiques de la commune, etc.

b) Quant à leur portée juridique, les délibérations du conseil municipal sont *grosso modo* de deux sortes.

Elles ont un caractère décisoire chaque fois que les textes reconnaissent un pouvoir de décision au conseil municipal, ou lorsque le conseil municipal use de son pouvoir d'organisation des services municipaux (voir *infra,* IIIe partie, chap. I).

Mais, dans de nombreux cas, le conseil municipal ne dispose que de la possibilité d'émettre un avis.

Sur toutes les questions d'intérêt local sur lesquelles la règle de droit ne lui reconnaît ni un pouvoir de décision, ni un pouvoir d'avis, le conseil municipal ne peut qu'émettre des vœux.

4 / *Le cas particulier des communes d'Alsace-Moselle.* — Du fait de l'occupation de l'Alsace et de la Moselle de 1871 à 1919, les com-

munes de cette région connaissent un régime juridique complexe tenant au fait qu'un certain nombre de lois françaises n'ont pu leur être appliquées. Même si la normalisation s'opère progressivement au gré des textes généraux d'organisation locale, des spécificités demeurent.

En matière d'organisation communale, on doit relever des particularités d'importance réduite qui concernent les règles de fonctionnement du conseil municipal (par ex. en matière de convocation). Par ailleurs, les textes répartissent de façon originale les rôles entre le maire et le conseil municipal, puisque celui-ci a une compétence de principe, et celui-là une compétence d'attribution (voir, à ce sujet, les articles L. 2541-1 et s. du CGCT).

B / *Le conseil général*

1 / *Le mandat du conseil général.* — Comme on l'a indiqué dans le chapitre précédent, les conseillers généraux sont élus au scrutin majoritaire à deux tours, dans le cadre du canton, et pour une durée de six ans, avec un renouvellement par moitié tous les trois ans. L'article L. 192 du Code électoral, qui pose ces règles, ajoute qu'ils sont indéfiniment rééligibles.

Diverses causes peuvent, cela étant, interrompre le mandat, soit du conseil général dans son ensemble, soit d'un conseiller général en particulier.

Le conseil général peut tout d'abord être dissous par décret motivé pris en Conseil des ministres. Cette mesure, selon l'article L. 3121-5 du CGCT, peut être prise « lorsque le fonctionnement (du) conseil général se révèle impossible », et notamment lorsqu'il est paralysé par de graves dissensions. Le même article indique que le gouvernement doit informer le Parlement dans le délai le plus bref.

Ensuite, les fonctions d'un conseiller général donné peuvent prendre fin pour diverses causes analogues à celles qui ont été évoquées dans l'hypothèse des conseillers municipaux : décès, démission volontaire, mais aussi démission forcée en cas d'apparition d'une inéligibilité ou d'une incompatibilité, ou lorsque le conseiller refuse d'exercer une fonction prévue par la loi.

Le mandat d'un conseiller général peut enfin être affecté par une modification des limites cantonales. Non pas qu'en soi une modification cantonale autorise à mettre fin au mandat des conseillers généraux concernés (Cons. d'État, Ass., 5 mai 1976, Min. Int. c/ Corlay et Bitoun, *Lebon,* p. 239, *RDP*, 1976.1521, concl. G. Guillaume), mais elle ne peut conduire à faire relever un conseiller général du renouvellement triennal le plus proche alors qu'il aurait dû normalement ne relever que du suivant (v. C. électoral, art. L. 209). Inversement d'ailleurs, en cas de fusion de cantons, il peut se trouver que le conseiller général n'ait à se représenter devant les électeurs qu'au bout de neuf ans au lieu de six (Cons. d'État, 23 oct. 1985, Commune d'Allos, *Lebon,* p. 298, *AJDA*, 1986.33, concl. M. Roux).

2 / *Le fonctionnement du conseil général.* — Le conseil général se réunit au moins une fois par trimestre, à l'initiative de son président (CGCT, art. L. 3121-9). Le conseil général doit également être réuni sur la demande de la commission permanente ou du tiers de ses membres, mais, dans cette dernière hypothèse, sur un ordre du jour déterminé et pour une durée qui ne peut pas excéder deux jours (CGCT, art. L. 312 1-10). Un même conseiller général ne peut présenter plus d'une demande de réunion par semestre (même article).

En cas de circonstances exceptionnelles, le gouvernement peut aussi réunir d'office le conseil général, par décret.

Douze jours avant la réunion, le président doit adresser aux conseillers un rapport sur chacune des questions qui sont portées à l'ordre du jour (CGCT, art. L. 3121-19).

Les séances du conseil général sont publiques, sauf décision contraire prise à la majorité absolue. Le président du conseil général assure la police de l'assemblée.

Les délibérations du conseil général sont prises à la majorité des suffrages exprimés. En cas de partage des voix, la position du président est prépondérante.

Les conseils généraux adoptent des règlements intérieurs, qui précisent les modalités de la tenue de leurs réunions (CGCT, art. L. 3121-8). L'article L. 3121-8 précise que « le règlement intérieur peut être déféré devant le tribunal administratif », mettant ainsi fin à la jurisprudence selon laquelle ces règlements intérieurs devaient être considérés comme des « mesures d'ordre intérieur », non susceptibles de recours (Cons. d'État, Ass., 2 déc. 1983, Charbonnel, *Lebon,* p. 474, concl. M. Roux).

Le préfet, qui, avant 1982, assistait a toutes les réunions du conseil général, est aujourd'hui « entendu » par le conseil général s'il se met d'accord sur ce point avec le président, ou, à défaut, sur la demande du premier ministre (CGCT, art. L. 3121-25).

Les conseillers généraux peuvent désigner en leur sein des commissions destinées à préparer les réunions et à étudier des dossiers particuliers. Ces commissions ne peuvent pas être dotées d'un pouvoir de décision.

3 / *Les compétences du conseil général.* — Comme le conseil municipal au sein de la commune, le conseil général est l'organe essentiel de décision au sein de l'institution départementale : comme le dit l'article L. 3211-1 du Code général des collectivités territoriales, il « règle par ses délibérations les affaires du département ».

L'article 46 de la loi du 10 août 1871 donne l'énumération d'une trentaine d'attributions particulières que le conseil général peut être amené à exercer : acquisition et aliénation des propriétés départementales, classement et direction des voies départementales, service des enfants assistés, etc. En réalité, cette énumération est plutôt une contribution à la définition des compétences départementales qu'une définition des compétences du conseil général au sein de l'institution départementale.

En fait, le conseil général prend toutes les décisions essentielles, les décisions d'orientation concernant les questions de compétence départementale. Notamment, il arrête le budget (CGCT, art. L. 3212-1), il crée et organise les services publics départementaux (par ex., il organise le service départemental de l'action sociale, et adopte le règlement départemental de l'aide sociale), il gère le patrimoine départemental, il décide l'intervention économique départementale, etc.

Du point de vue de leur contenu juridique, les délibérations du conseil général sont porteuses soit de décisions, soit d'avis (par ex., sur les modifications de limites cantonales, communales ou d'arrondissements), soit de vœux (que le conseil général peut émettre sur toute question d'intérêt départemental).

Il faut ajouter que le conseil général a certaines compétences de nomination auprès d'organismes divers (établissements publics départementaux, sociétés d'économie mixte). En outre, les conseillers généraux sont tous automatiquement membres du collège qui élit les sénateurs (C. électoral, art. L. 280).

C / *Le conseil régional*

L'effectif des conseils régionaux et la répartition des sièges de chacun d'eux entre les départements sont fixés par la loi du 10 juillet 1985 (pour les régions métropolitaines).

Effectif des conseils régionaux			
Alsace	47	Limousin	41
Aquitaine	83	Lorraine	73
Auvergne	47	Midi-Pyrénées	87
Bourgogne	55	Basse-Normandie	45
Bretagne	81	Haute-Normandie	53
Centre	75	Nord - Pas-de-Calais	113
Champagne-Ardennes	47	Pays de Loire	93
Corse	61	Picardie	55
Franche-Comté	43	Poitou-Charentes	53
Ile-de-France	197	Provence - Alpes - Côte d'Azur	117
Languedoc-Roussillon	65	Rhône-Alpes	151

1 / *Le mandat du conseil régional.* — Le conseil régional est élu pour six ans (C. électoral, art. L. 336), mais diverses causes peuvent écourter le mandat de l'assemblée, ou de certains conseillers individuellement pris.

Lorsque son fonctionnement se révèle impossible – par exemple parce qu'il est paralysé par des divisions internes –, le conseil régional peut être dissous dans les mêmes conditions que les conseils général et municipal, c'est-à-dire par décret motivé pris en Conseil des ministres (CGCT, art. L. 4132-3).

Le mandat individuel des conseillers régionaux peut prendre fin pour cause de décès ou de démission, ou par suite de l'apparition d'une inéligibilité ou d'une incompatibilité. Les textes ne prévoyaient pas, au départ, de démission forcée du conseiller qui refuse d'exercer une fonction prévue par la loi. La loi n° 98-135 du 7 mars 1998 a comblé cette lacune par des règles qui figurent aujourd'hui à l'article L. 4132-2-1 : « Tout membre d'un conseil régional qui, sans excuse valable, a refusé de remplir une des fonctions qui lui sont dévolues par les lois est déclaré démissionnaire d'office par le Conseil d'État. Le refus résulte soit d'une déclaration expresse adressée à qui de droit ou rendue publique par son auteur, soit de l'abstention persistante après avertissement de l'autorité chargée de la convocation. Le membre ainsi démissionnaire d'office ne peut être réélu avant le délai d'un an. »

Le conseiller dont le mandat est ainsi interrompu est remplacé par celui qui figurait après lui sur la liste de candidature à l'élection régionale (C. électoral, art. L. 360).

2 / *Le fonctionnement du conseil régional.* — Les règles de fonctionnement des conseils régionaux, qui figurent notamment aux arti-

cles L. 4132-5 et suivants du Code général des collectivités territoriales, sont très proches de celles qui régissent le fonctionnement des conseils généraux.

Comme ces derniers, les conseils régionaux se réunissent au moins une fois par trimestre (CGCT, art. L. 4132-8). Cela dit, les réunions peuvent être plus fréquentes si l'initiative en est prise par le président, par la commission permanente ou par le tiers des membres. Le gouvernement peut, en cas de circonstances exceptionnelles, imposer à un conseil régional de se réunir, par décret.

Les réunions sont convoquées par le président, qui doit adresser à chaque conseiller un rapport sur chacune des affaires mises à l'ordre du jour, au moins douze jours avant la réunion (CGCT, art. L. 4132-18).

Les séances du conseil régional sont publiques, sauf décision en sens contraire de la majorité du conseil régional (CGCT, art. L. 4132-10).

Les décisions sont prises à la majorité des suffrages exprimés. En cas de partage, la voix du président est prépondérante (CGCT, art. L. 4132-14).

La loi n° 98-135 du 7 mars 1998 a prévu une procédure très originale d'adoption du budget permettant de dénouer les situations de blocage (CGCT, art. L. 4311-1-1).

3 / *Les compétences du conseil régional.* — Comme le conseil général et le conseil municipal, le conseil régional a vocation à prendre les décisions essentielles, les décisions d'orientation sur les questions qui sont de la compétence de la région. Comme le dit l'article L. 4221-1 du Code général des collectivités territoriales, il « règle par ses délibérations les affaires de la région ».

Moyennant quoi, il vote le budget, crée les emplois, décide de la passation des contrats, arrête le principe et les modalités des travaux et opérations de la région...

Il désigne des représentants dans divers organismes (comité des prêts, sociétés de développement régional, etc.).

Il a une compétence d'avis sur diverses questions, et notamment, comme le signale l'article 8 de la loi du 5 juillet 1972, « sur les problèmes de développement et d'aménagement de la région ».

Le même texte lui reconnaît d'ailleurs le pouvoir de proposer « aux collectivités territoriales de la région toutes mesures tendant à favoriser la coordination des investissements publics locaux dans la région ».

4 / *Le régime particulier de l'Assemblée de Corse.* — Depuis la loi n° 91-428 du 13 mai 1991, la Corse est une collectivité territoriale « à

statut particulier ». Son organisation est relativement proche, toutefois, des structures régionales.

Le mandat des 51 élus à l'Assemblée – ils étaient 61 sous le régime antérieur – est de six ans, le renouvellement ayant lieu le même jour que celui des conseils régionaux. Le mode de scrutin est la proportionnelle à la plus forte moyenne avec un correctif majoritaire permettant à la liste arrivée en tête de bénéficier d'un avantage en sièges.

L'Assemblée de Corse diffère des conseils régionaux « classiques » par les pouvoirs qui lui ont été conférés. Ainsi, par exemple, la loi de 1991 prévoit que l'Assemblée de Corse doit obligatoirement être consultée sur les projets de loi ou décrets comportant des dispositions spécifiques à la Corse (art. 26, al. 1). Mais, surtout, la loi de 1991 établit un rapport de type parlementaire classique entre l'assemblée et l'exécutif. En effet, le Conseil exécutif est politiquement responsable devant l'Assemblée (la loi prévoit le vote d'une motion de défiance par l'Assemblée, art. 38).

2 | LES ASSEMBLÉES CONSULTATIVES

A / *Au niveau communal*

1 / *Les commissions extra-municipales.* — L'article L. 2143-2 du Code général des collectivités territoriales prévoit que : « Le conseil municipal peut créer des comités consultatifs sur tout problème d'intérêt communal concernant tout ou partie du territoire de la commune, comprenant des personnes qui peuvent ne pas appartenir au conseil, notamment des représentants des associations locales. Chaque année, il en fixe la composition sur proposition du maire... »

C'est ainsi que de nombreuses communes ont créé des commissions extra-municipales, ou des comités de quartier, ou des conseils municipaux d'immigrés, ou des conseils municipaux d'enfants, dans lesquels figurent des personnes étrangères au conseil municipal. Cela reste légal aussi longtemps que le conseil municipal ne se sent pas lié par l'avis de ces organismes, dont le rôle doit rester purement consultatif. En outre, ces comités ne peuvent intervenir que pour des questions « d'intérêt communal ».

La création des commissions extra-municipales relève de la seule compétence du conseil municipal (CE, 7 oct. 1994, Ville de Narbonne c/ Mme Arditi, *RFDA,* 1995, p. 1092, note J.-C. Froment : il s'agissait en l'espèce de la création d'un conseil municipal d'enfants).

La loi n° 96-987 du 14 novembre 1996 a compliqué l'État du droit en ajoutant un alinéa à l'article L. 2143-2, en vertu duquel : « Les comités peuvent être consultés par le maire sur toute question ou projet intéressant les services publics et équipements de proximité et entrant dans le domaine d'activité des associations membres du comité. Ils peuvent par ailleurs transmettre au maire toute proposition concernant tout problème d'intérêt communal pour lesquels ils ont été institués. »

On peut, dès lors, se demander si la présence d'une association au sein du comité n'est pas une condition nécessaire pour que le maire puisse le consulter sur des questions ou projets « intéressant les services publics et équipements de proximité ». Selon un auteur, « pour éviter toute critique, les conseils d'étrangers et les conseils municipaux d'enfants auraient avantage de se constituer en association avant d'être – éventuellement – intégrés dans un comité consultatif » (F. Mallol, CGCT annoté et commenté, éditions Le Moniteur, commentaire sous l'article L. 2143-2).

2 / *Les conseils d'arrondissement de Paris, Lyon et Marseille.* — Paris a toujours eu un régime spécifique, au même titre que la plupart des capitales des pays démocratiques. Ce régime est actuellement prévu par la loi du 31 décembre 1982 (selon laquelle, d'ailleurs, Paris n'est pas seulement une commune, mais aussi un département).

L'organisation des communes de Lyon et Marseille présentait traditionnellement quelques particularités, que la même loi du 31 décembre 1982 est venue renforcer.

Dans les trois cas, l'originalité de la structure administrative vient de l'existence d'une structure infracommunale dotée d'organes propres, l'arrondissement, qui constitue une sorte de déconcentration de l'administration communale (v. art. L. 2511-3 et s. du CGCT).

Les trois communes sont, en effet, divisées en arrondissements : 20 à Paris, 16 à Marseille et 9 à Lyon. Et chaque arrondissement de Paris et de Lyon est doté d'un conseil et d'un maire d'arrondissement, cependant qu'à Marseille il existe six conseils et maires, les arrondissements ayant été regroupés par secteurs.

Les conseils d'arrondissement sont composés pour un tiers de conseillers municipaux et pour deux tiers de conseillers d'arrondissement élus selon les règles qui président à l'élection des conseils municipaux. Le conseil d'arrondissement fonctionne d'ailleurs selon des modalités comparables à celles prévues pour les conseils municipaux.

Le conseil d'arrondissement dispose de trois types d'attributions. Il peut en premier lieu interroger le maire de la commune sur toute question intéressant l'arrondissement, et il peut demander à ce qu'une question soit mise à l'ordre du jour du conseil municipal.

Il est en second lieu consulté par le conseil municipal sur un certain nombre de problèmes, lorsqu'ils concernent l'arrondissement : subventions aux associations, conditions générales d'admission aux services sociaux communaux, plans d'occupation des sols.

Il dispose en troisième lieu de certains pouvoirs de décision. Il décide de l'implantation et du programme d'aménagement de tout un ensemble de services à caractère social, socio-éducatif ou sportif. En outre, par délégation du conseil municipal, il peut exercer certaines compétences de gestion sur des équipements ou services de la commune. Il est également chargé de désigner les représentants de la commune dans les organismes dont le champ d'action est limité à l'arrondissement.

A côté des conseils d'arrondissement, sont d'ailleurs prévues des commissions mixtes, composées pour moitié de représentants du maire de la commune et pour moitié de représentants de l'arrondissement, et qui ont à définir les conditions générales d'admission aux équipements sportifs principalement destinées aux habitants de l'arrondissement ainsi que les conditions générales d'utilisation de ces équipements (art. L. 2511-21, CGCT).

B / *Au niveau régional : le conseil économique et social régional*

Depuis 1972, les régions sont dotées d'un organe consultatif qui évoque ce qu'est, au plan national, le conseil économique et social : le conseil économique et social régional.

Cette institution a pris le relais de ce que l'on appelait, dans la phase prédécentralisée de l'histoire de la régionalisation – donc de 1964 à 1972 –, les commissions de développement économique régional (les CODER).

1 / *La composition du conseil économique et social régional.* — La composition du conseil économique et social régional est fixée par un décret du 11 octobre 1982.

L'effectif est, selon les régions, de 40 à 110 membres, qui représentent les forces économiques et sociales de la région de la manière suivante :

— 35 % représentent les entreprises et activités professionnelles non salariées ;

— 35 % représentent les salariés ;
— 25 % représentent des organismes qui participent à la vie collective de la région (associations culturelles, familiales, etc.) ;
— 5 % sont des personnalités choisies à raison de leur compétence.

Les membres du conseil économique et social régional sont désignés par les organisations qu'ils représentent (sauf les personnalités compétentes qui sont nommées par le premier ministre) pour une durée de six ans.

2 / *Le fonctionnement du conseil économique et social régional.* — Les règles de fonctionnement du comité économique et social sont pour l'essentiel fixées également par le décret du 11 octobre 1982.

Il se réunit soit à l'initiative du président du conseil régional soit à celle de son propre président, soit sur la demande de la majorité de ses membres.

Le conseil économique et social établit un règlement intérieur (CGCT, art. L. 4134-4).

3 / *Les compétences du conseil économique et social régional.* — Elles sont purement consultatives (Cons. d'État, 23 mai 1986, EPR de Bretagne c/ Sté Ouest-Audiovisuel, *Lebon,* p. 703, *AJDA*, 1986.650, obs. J. Moreau).

Le conseil économique et social régional peut, à l'initiative du président du conseil régional ou de son propre chef, émettre des avis sur toute question entrant dans la compétence de la région.

En vertu de l'article 14 de la loi du 5 juillet 1972, il doit obligatoirement être saisi pour avis « des documents relatifs : 1 / A la préparation et à l'exécution dans la région du plan de la nation ; 2 / Au projet de plan de la région et à son bilan annuel d'exécution ; 3 / Au projet de budget régional, pour se prononcer sur ses orientations générales ; 4 / Aux orientations générales dans les domaines sur lesquels le conseil régional est appelé à délibérer en application (des transferts de compétences issus des lois du 7 janvier et du 22 juillet 1983) ».

C / *Le cas particulier de la Corse : le conseil économique, social et culturel*

Cet organisme comprend deux sections : une section économique et sociale, et une section de la culture, de l'éducation et du cadre de vie.

Ses compétences sont purement consultatives, et son avis est obligatoire lors de la préparation du plan, du schéma d'aménagement et de la préparation du budget.

D / *Le cas particulier des régions d'outre-mer*

Les régions d'outre-mer ont un organisme consultatif supplémentaire, le conseil de la culture, de l'éducation et de l'environnement, composé à égalité de représentants des organismes participant à la vie culturelle, de représentants des organismes participant à la vie éducative, à l'enseignement et à la recherche, et de représentants des organismes participant à la protection et à l'animation du cadre de vie, auxquels sont ajoutées une ou deux personnalités qualifiées.

2 / Les exécutifs

Comme on l'a indiqué (voir chapitre précédent), les exécutifs ont conquis une place prépondérante dans la vie des institutions locales. La fonction exécutive y est en outre assez personnalisée. Pourtant, l'ampleur des tâches est telle qu'à côté des chefs des exécutifs existent également des structures collégiales qui les assistent – ou le cas échéant les contrôlent.

1 | LES CHEFS DES EXÉCUTIFS

A / *Le maire*

1 / *Le mandat du maire.* — Le maire est élu par le conseil municipal en son sein, et pour la durée du mandat du conseil.

L'élection a lieu au scrutin secret La majorité absolue est nécessaire aux deux premiers tours, la majorité relative suffit au troisième. En cas d'égalité de suffrage au troisième tour, le plus âgé des candidats est déclaré élu (CGCT, L. 2122-7).

Comme on l'a indiqué, le conseil municipal n'a pas la possibilité de mettre fin au mandat du maire.

Le mandat du maire peut naturellement être interrompu par la démission, ou le décès. En outre, le maire peut être suspendu, pour une durée maximale d'un mois, par un arrêté du ministre de l'Intérieur, et il peut être révoqué par un décret pris en Conseil des ministres (CGCT, art. L. 2122-16).

La suspension et la révocation, qui sont des mesures à caractère disciplinaire, peuvent être décidées lorsque le maire manque gravement aux devoirs de sa fonction. Le juge exerce un entier contrôle sur la décision (l'arrêt de référence est l'arrêt Camino : Cons. d'État, 14 janv. 1916, *Lebon,* p. 15, *RDP*, 1917.463, concl. Comeille, note G. Jèze). La jurisprudence a considéré, par exemple, comme susceptible de motiver une suspension ou une révocation, le fait d'avoir reçu personnellement certaines sommes d'argent sous le prétexte de travaux effectués en partie pour le compte de la commune (Cons. d'État, 26 janv. 1938, Navlet, *Lebon,* p. 87), le refus de pavoiser, selon les instructions du gouvernement, lors de la commémoration de l'appel du 18 juin (Cons. d'État, 1er févr. 1967, Cuny, *Lebon,* p. 52, *AJDA*, 1967.344, note J. Moreau), ou le fait d'avoir envoyé à la préfecture de nombreux extraits, certifiés conformes, du registre des délibérations, alors que ce registre n'était plus tenu (Cons. d'État, 17 juin 1977, Bernasconi, *Lebon,* p. 729).

2 / *Les compétences du maire.* — Notre système administratif connaît des hypothèses de « dédoublement fonctionnel », c'est-à-dire des hypothèses dans lesquelles une autorité administrative agit alternativement pour le compte de deux personnes publiques distinctes. Jusqu'aux réformes de décentralisation des années récentes, les préfets faisaient partie de ces autorités à « double casquette », puisqu'ils représentaient tantôt l'État, tantôt les départements et les régions en tant que personnes publiques décentralisées.

Les réformes de décentralisation ont maintenu le maire dans une situation de « dédoublement fonctionnel », puisque, aujourd'hui encore, il agit tantôt – le plus souvent, faut-il tout de même préciser – au nom de la commune, tantôt au nom de l'État. En d'autres termes, il exerce des compétences communales, et des compétences étatiques.

a) Les compétences communales du maire sont évidemment ce qui occupe le plus clair du temps qu'il consacre à son activité municipale. On peut les classer en trois catégories.

Il y a des compétences que le maire exerce dans une position de totale indépendance vis-à-vis du conseil municipal. Ce sont, si l'on veut, ses pouvoirs propres.

Ces pouvoirs propres concernent en premier lieu la police municipale (CGCT, art. L. 2122-24 et L. 2212-1 et s.). Les importantes attributions qui sont confiées au maire à ce titre sont énumérées à l'article L. 2212-2 du Code général des collectivités territoriales.

Ils concernent, en second lieu, la direction des services municipaux, et notamment le pouvoir hiérarchique sur les personnels municipaux. C'est le maire qui recrute, note, sanctionne les agents de la commune, et c'est à lui, en dernier ressort, qu'il appartient de leur indiquer par des instructions comment exécuter leurs tâches.

Il y a ensuite des compétences, nombreuses, qui sont confiées au maire pour l'exécution des décisions du conseil municipal. Une énumération non exhaustive en est donnée à l'article L. 2122-21 du CGCT, qui prévoit notamment que le maire est chargé à ce titre :

« 1 / De conserver et d'administrer les propriétés de la commune...

« 2 / De gérer les revenus, de surveiller les établissements communaux et la comptabilité communale.

« 3 / De préparer et proposer le budget et ordonnancer les dépenses.

« 4 / De diriger les travaux communaux.

« 5 / De pourvoir aux mesures relatives à la voirie communale.

« 6 / De souscrire les marchés...

« ... »

« 8 / De représenter la commune soit en demandant, soit en défendant.

« ... »

On comprend que le maire est à la fois l'ordonnateur de la commune, dans les limites des décisions budgétaires prises par le conseil municipal, le représentant légal de la commune dans les contrats que le conseil municipal décide de passer, le représentant légal de la commune dans les actions en justice dont le conseil municipal arrête le principe, le responsable de l'exécution des travaux et opérations matérielles que le conseil municipal a décidés, etc.

Dans tous ces cas de figure, le maire est lié par le contenu des décisions du conseil municipal. Par exemple, le maire ne peut pas apporter de modification à un projet de contrat qu'a approuvé le conseil municipal (Cons. d'État, 19 oct. 1973, Patris d'Uckermann, *Lebon,* p. 576). En outre, les décisions du maire sont placées sous le « contrôle du conseil municipal » qui peut les déférer au tribunal administratif s'il les estime illégales.

Il y a enfin des compétences qui, normalement dévolues au conseil municipal, peuvent être déléguées par lui au maire. L'article L. 2122-22 du CGCT donne la liste des attributions qui sont dans ce cas, étant précisé que la délégation n'est pas donnée au coup par coup, mais de manière permanente, le conseil municipal ayant la possibilité, cependant, de la retirer à tout moment (CGCT, art. L. 2122-23). Les principales de ces attributions concernent :

— la fixation des tarifs des droits de voirie, de stationnement, et plus largement des droits à caractère non fiscal ;
— la négociation et la conclusion des emprunts, dans les limites prévues par le budget ;
— la négociation et la conclusion des marchés de travaux de fournitures et de services situés au-dessous du seuil qui permet de conclure des marchés négociés (actuellement 350 000 F TTC : Code marchés publics, art. 309) ;
— la passation des contrats d'assurance ;
— l'exercice des droits de préemption prévus par le Code de l'urbanisme ;
— l'exercice, au nom de la commune, des actions en justice ou la défense de la commune dans les actions intentées contre elle...

b) Les compétences étatiques du maire ont en commun d'être exercées sous l'autorité hiérarchique du préfet et du gouvernement (Cons. d'État, 11 juin 1982, Berjon, *Lebon,* p. 221, concl. Bruno Genevois). D'ailleurs, si le maire néglige de les exercer, le préfet dispose d'un pouvoir de substitution (CGCT, art. L. 2122-34). En outre, les fautes commises par le maire engagent la responsabilité de l'État, et non de la commune (par ex., en ce qui concerne ses pouvoirs de police judiciaire : Cons. d'État, 14 oct. 1987, Malinconi, *Lebon,* p. 940).

Les attributions que le maire exerce au nom de l'État sont assez variées. Elles concernent l'état civil, la constatation de certains délits en qualité d'officier de police judiciaire, la publication des lois et règlements (CGCT, art. L. 2122-27), l'organisation des élections, la légalisation des signatures, la défense nationale (recensement, défense civile), la surveillance de l'enseignement primaire, la délivrance des autorisations d'urbanisme (permis de construire notamment) lorsqu'ils demeurent de la compétence de l'État.

Un exemple de compétence que les maires exercent tantôt au nom de l'État tantôt au nom de la commune : la délivrance du permis de construire

Depuis les réformes de décentralisation, le permis de construire, qui, auparavant, était toujours délivré au nom de l'État, est, selon les cas, délivré au nom de l'État ou au nom de la commune. Il est délivré au nom de l'État dans les communes qui ne sont pas dotées d'un plan d'occupation des sols approuvé. Lorsqu'un tel plan existe, il est délivré au nom de la commune, sauf en ce qui concerne certaines opérations qu'énumère l'article L. 421-2-1 du Code de l'urbanisme, notamment les constructions réalisées pour le compte de l'État, de la région ou du département.

Lorsque la compétence d'octroi du permis est communale, c'est évidemment au maire qu'il appartient de l'exercer.

Mais c'est aussi le maire – en tant qu'autorité de l'État, ici – qui prend la décision lorsque la compétence est étatique, sauf dans une série d'hypothèses qu'énumère l'article R. 421-36 du Code de l'urbanisme (on y retrouve le cas des constructions de l'État, de la région ou du département, mais sont concernés également, par exemple, les constructions d'immeubles de grande hauteur, les permis qui ne peuvent être octroyés que moyennant une dérogation ou une adaptation mineure, et les cas dans lesquels le maire et la direction départementale de l'équipement sont d'un avis contraire).

L'hypothèse de l'octroi du permis de construire est donc celle d'une compétence qui, selon les communes, est communale ou étatique, et un exemple de « dédoublement fonctionnel » dans le second cas.

---

3 / *Le maire d'arrondissement à Paris, Lyon, Marseille.* — Dans le régime particulier de Paris, Lyon et Marseille, il existe un maire dans chaque arrondissement.

Le maire d'arrondissement est chargé, dans l'arrondissement, des attributions appartenant aux maires en matière d'état civil, d'obligation scolaire, de service national. Il attribue la moitié des logements dont l'attribution incombe à la commune. Il préside la caisse des écoles s'il en existe une. Il est en outre consulté par le maire de la commune sur un certain nombre de questions : autorisations d'utilisations du sol, acquisitions ou aliénations d'immeubles.

Les adjoints des maires d'arrondissement sont officiers d'état civil dans le ressort d'arrondissement, et ils peuvent recevoir du maire des délégations dans les conditions du droit commun.

B / *Le président du conseil général*

Le président du conseil général est élu pour trois ans lors de la première réunion qui suit chaque renouvellement triennal du conseil. Un quorum des deux tiers est exigé.

L'élection se fait à la majorité absolue aux deux premiers tours, à la majorité relative au troisième. En cas d'égalité des voix lors de ce troisième tour, le plus âgé des mieux placés est déclaré élu.

Comme on l'a indiqué dans le chapitre précédent, le président n'est pas responsable devant le conseil général.

Les attributions du président du conseil général sont indiquées aux articles L. 3222-1 et s. du Code général des collectivités territoriales.

L'essentiel consiste dans la préparation et l'exécution des délibérations du conseil général. Le président du conseil général est ordonnateur des dépenses prévues par le budget, il passe les contrats dont la conclusion a été décidée par le conseil, il conduit les actions en justice dont le principe a été arrêté par le conseil.

Les pouvoirs qu'il détient en propre sont de deux ordres. Il s'agit d'une part de la direction des services du département, dont le président du conseil général est le supérieur hiérarchique suprême (CGCT, art. L. 3221-3 ; sur le cas des services d'État mis à sa disposition, voir *infra,* p. 177).

Il s'agit d'autre part de la police du domaine départemental, que le président du conseil général exerce sur la voirie départementale et sur les ports maritimes de compétence départementale (CGCT, art. L. 3221-4 et L. 3221-6).

Le président doit rendre compte, chaque année, au conseil général, de la situation du département, de ses activités et de sa situation financière.

C / *Le président du conseil régional*

Le statut du président du conseil régional est très proche de celui du président du conseil général.

Il est élu par le conseil régional au cours de la première séance qui suit l'élection régionale. Aux deux premiers tours, la loi exige la majorité absolue des membres composant le conseil (et non pas des suffrages exprimés). Au troisième tour, la majorité relative suffit, et, en cas de partage des voix, l'élection est acquise au bénéfice de l'âge (CGCT, art. L. 4133-1).

La loi n° 98-135 du 7 mars 1998 a précisé, en ajoutant un dernier alinéa à l'article L. 4133-1 précité, que : « Nul ne peut être président s'il n'a, préalablement à chaque tour de scrutin remis aux membres du conseil régional par l'intermédiaire du doyen d'âge, une déclaration écrite présentant les grandes orientations politiques, économiques et sociales de son action pour la durée de son mandat. »

Le président est élu pour une durée de six ans, et, comme il a déjà été indiqué, n'est pas responsable devant le conseil régional.

Les attributions du président du conseil régional sont identiques à celles du président du conseil général (compte tenu, bien entendu, du fait que les matières de compétence régionale ne sont pas les mêmes que celles qui entrent dans la compétence départementale), sous réserve que le président du conseil régional n'a pas de pouvoirs de police (CGCT, art. L. 4231-1 et s.).

Pour le reste, comme son homologue départemental, il prépare et exécute les décisions de l'assemblée, dirige les services, passe les contrats, exerce les actions en justice, etc.

Il rend compte, chaque année, au conseil régional, dans un rapport spécial, de la situation financière de la région et de ses activités.

2 | LES STRUCTURES EXÉCUTIVES COLLÉGIALES

A / *La municipalité*

On entend par municipalité l'ensemble formé par le maire et les adjoints. Bien que, prise globalement, la municipalité ne soit pas une instance de décision (une délibération émanant d'un prétendu « conseil d'administration » de la commune, constitué du maire et des adjoints, est un acte inexistant : Cons. d'État, 9 nov. 1983, Saerens, *Lebon,* p. 453), elle n'en constitue pas moins un instrument d'exercice collégial de la fonction exécutive dans la commune, car, en droit comme en fait, les adjoints constituent bien des collaborateurs privilégiés du maire.

a) Le nombre d'adjoints dépend de la volonté du conseil municipal. Il doit cependant y en avoir au moins un (CGCT, art. L. 2122-1) et, inversement, leur nombre est plafonné à 30 % de l'effectif du conseil municipal (CGCT, art. L. 2122-2 : cela signifie que, dans les plus grandes communes, Paris, Lyon et Marseille exceptés, il peut en être désigné jusqu'à vingt).

Les adjoints sont élus par le conseil municipal, suivant les mêmes règles que celles qui président à l'élection du maire. Ils prennent rang dans l'ordre de leur élection.

Le mandat des adjoints est lié à celui du maire. Lorsque le maire cesse ses fonctions, pour une raison ou pour une autre, et qu'il y a lieu d'élire un successeur il convient alors d'élire de nouveaux adjoints (CGCT, art. L. 2122-10).

b) Les adjoints n'ont pas de pouvoirs propres, sous la seule réserve que la loi leur reconnaît automatiquement la qualité d'officier de police judiciaire et celle d'officier d'état civil (CGCT, art. L. 2122-31 et L. 2122-32).

Pour le reste, les adjoints n'ont que des attributions dérivées de celles du maire.

Ils peuvent recevoir de celui-ci des délégations (CGCT, art. L. 2122-18), que le maire peut d'ailleurs retirer pour simple motif d'opportunité (Cons. d'État, 24 mars 1976, Commune de Bouc-Bel-Air, *Lebon,* p. 790).

En outre, les adjoints ont vocation à assurer, dans l'ordre des nominations, la suppléance du maire en cas d'absence, de suspension, de révocation ou de tout autre empêchement (CGCT, art. L. 2122-17).

B / *La commission permanente du département*

Avant 1982, existait une commission départementale, qui avait pour fonction de surveiller l'action du préfet (qui était l'exécutif départemental) dans l'intervalle des sessions du conseil général.

La loi du 2 mars 1982 lui avait substitué un bureau, censé surveiller l'action du président du conseil général, mais constituant en réalité plutôt un instrument d'exercice collégial de la fonction exécutive. La loi du 6 février 1992 sur l'administration territoriale de la République, sans tout à fait le supprimer, a substitué à ce bureau une commission permanente.

Les commissions permanentes sont composées du président du conseil général, de quatre à dix vice-présidents, et éventuellement un ou plusieurs autres membres, les uns et les autres étant élus par le conseil général, selon les mêmes modalités et pour la même durée que le président (CGCT, art. L. 3122-4 et s.).

Les vice-présidents peuvent recevoir des délégations du président. Les autres membres également (comme d'ailleurs tous les conseillers généraux) en cas d'absence ou d'empêchement des vice-présidents.

En outre, la commission permanente peut recevoir des délégations du conseil général, sauf en ce qui concerne l'adoption du budget, l'arrêté des comptes, ou les dépenses obligatoires (CGCT, art. L. 3211-2).

Les bureaux demeurent néanmoins, mais sous une forme différente puisqu'ils ne sont plus composés que du président et des membres de la commission permanente ayant reçu délégation (CGCT, art. L. 3122-8). La loi ne leur attribue aucune compétence particulière.

C / *La commission permanente de la région*

Le conseil régional élit, selon des règles identiques à celles qui s'appliquent à l'élection du président, une commission permanente constituée de quatre à quinze vice-présidents, sous réserve que le nombre de ceux-ci ne soit pas supérieur à 30 % de l'effectif du conseil, et éventuellement d'un ou plusieurs autres membres (CGCT, art. L. 4133-4).

Les vice-présidents peuvent recevoir des délégations du président. Les autres membres du bureau peuvent, comme les autres conseillers régionaux, recevoir des délégations en cas d'absence ou d'empêchement des vice-présidents.

Par ailleurs, la commission permanente peut recevoir des délégations du conseil régional, sous les mêmes réserves que dans le cas du conseil général, c'est-à-dire en dehors de ce qui concerne le budget, le compte administratif ou les dépenses obligatoires (CGCT, art. L. 4221-5). Les séances des délibérations des commissions permanentes régionales ne sont pas nécessairement publiques (CE, Ass. 18 déc. 1996, Région Centre, req. n° 151790).

Le bureau institué en 1982 demeure, mais il n'est plus constitué que du président et des membres de la commission ayant reçu délégation (CGCT, art. L. 4133-8).

D / *Le cas particulier de la Corse : le Conseil exécutif*

Le Conseil exécutif de Corse est composé d'un président et de six conseillers exécutifs désignés par l'Assemblée de Corse. Les fonctions de membre du Conseil exécutif sont incompatibles avec celles de membre de l'Assemblée. Le Conseil exécutif a pour mission de diriger l'action de la collectivité territoriale, et ce dans les domaines du développement économique et social, de l'éducation et de la culture et de l'aménagement de l'espace.

Le président du Conseil exécutif dispose de pouvoirs particulièrement importants (il dispose, par exemple, du pouvoir réglementaire pour exécuter les décisions de l'Assemblée).

Ainsi qu'on l'a déjà mentionné, la principale particularité de l'organisation de la Corse tient à la possible mise en jeu de la responsabilité de l'exécutif par l'Assemblée.

BIBLIOGRAPHIE

Cyrille Bardon, La réforme du fonctionnement des conseils régionaux, la loi du 7 mars 1998, *Dr. adm.*, avril 1998.

Alain Bournazel, *Le conseil général et l'administration du département,* Éd. du Moniteur, 1988.

B. Brun, Les conseils économiques et sociaux régionaux : brève histoire d'une consécration juridique, *LPA,* 3 avril 1992.

C. Delon-Desmoulin, Le contrôle du juge administratif sur les règlements intérieurs des collectivités locales, *RDP,* 1996, p. 843.

A. Escudier et M. H. Vidot, *Le conseil général et le département,* Berger-Levrault, 1985.

Olivier Gohin, Les comités économiques et sociaux régionaux, *RDP*, mars-avril 1988, p. 499.

Y. Madiot, La dissolution des conseils municipaux, *RDP,* 1974, p. 373.

P. Martin-Genier, la loi PLM : exercices pratiques, *LPA,* 8 sept. 1995, n° 108.

J.-Cl. Masclet, Sur la loi du 11 décembre 1990, *AJDA,* 1991, p. 456.

E. Minot, *Le président du conseil général,* 1981.

Bernard Perrin, Comités économiques et sociaux de région : un danger de marginalisation, *AJDA,* juin 1987, p. 371.

Gustave Peiser, *Le département,* Dalloz, 1988.

Jean-Marie Pontier, *La région,* Dalloz, 1988.

M. Verpeaux, Les droits des élus ou le droit des assemblées locales ?, *RFDA,* 1993, p. 20.

Le Maire, *Pouvoirs,* n° 24, 1983.

Chapitre III

LES ÉLUS LOCAUX

Il existe plus d'un demi-million d'élus locaux en France. Ce nombre d'administrateurs locaux constitue une des richesses majeures de la démocratie locale française. Il explique et justifie un certain nombre de règles qui leur sont applicables, et qui les distinguent des élus nationaux, lesquels bénéficient de dispositions beaucoup plus « professionnelles ».

Les élus locaux ne sont pas dotés, à l'inverse des fonctionnaires territoriaux, d'un statut général. Ils en présentent périodiquement la demande, mais la complexité des problèmes à résoudre n'a pas encore permis de définir un véritable statut général des élus locaux en France.

Ils bénéficient cependant d'un ensemble de dispositions homogènes que l'on peut étudier autour de deux notions – les conditions d'accès aux fonctions électives locales ; les modalités d'exercice des fonctions électives locales.

1 / Les conditions d'accès aux fonctions électives locales

Pour exercer une fonction élective locale, un citoyen doit avoir été élu selon le régime électoral propre à chacune des collectivités (ce régime a été étudié au chapitre I de la présente partie). Seulement, il n'aura pu se présenter à l'élection que s'il était éligible. En outre, il y a des fonctions que, une fois élu, il ne pourra cumuler avec son mandat local, car elles sont incompatibles avec lui. Une variété particulière d'incompatibilités est constituée par les règles de limitation du cumul des mandats, que l'on évoquera séparément.

1 | L'ÉLIGIBILITÉ

Il existe un ensemble de conditions qui déterminent l'éligibilité d'une personne à une fonction locale. Elles sont précisées, pour l'élection municipale, aux articles L. 228 et s. du Code électoral ; pour l'élection cantonale, aux articles L. 194 et s. du même Code ; et pour l'élection régionale, aux articles L. 339 et s.

Les conditions d'éligibilité peuvent être générales ou relatives – c'est-à-dire liées à l'exercice d'un mandat particulier –, permanentes ou liées à une situation particulière. On peut les regrouper de la façon suivante.

1 / Le candidat doit en principe bénéficier de la nationalité française. Toutefois, comme on a déjà eu l'occasion de l'indiquer, le traité de Maastricht a posé le principe selon lequel les ressortissants communautaires seraient électeurs et éligibles aux élections municipales dans le pays où ils résident (les modalités devant être précisées dans une directive du 19 décembre 1994). La prise en compte de ce principe a exigé une révision constitutionnelle, opérée en 1992. L'article 88-3 de la Constitution, qui en est issu, prévoit toutefois que les ressortissants communautaires admis à participer aux élections municipales françaises « ne peuvent exercer les fonctions de maire ou d'adjoint ni participer à la désignation des électeurs sénatoriaux et à l'élection des sénateurs ».

2 / Le candidat doit être inscrit sur une liste électorale, ou justifier qu'il devrait y être inscrit le jour de l'élection. Cela suppose qu'il n'ait pas fait l'objet d'une condamnation pour crime ou délit énoncée aux articles L. 51, L. 6 et L. 7 du Code électoral. Le fait d'avoir été condamné à certaines peines contrarie l'éligibilité. C'est notamment le cas des personnes qui ont fait l'objet d'une procédure de règlement judiciaire (art. L. 199 à L. 203 du Code électoral).

3 / Le candidat doit remplir des conditions d'âge. Il suffit d'avoir l'âge de 18 ans pour se présenter à des élections municipales, et ce depuis 1982. Pour les autres mandats ainsi que pour la fonction de maire, l'âge de 21 ans révolus est exigé.

4 / Le candidat doit justifier d'un lien entre la collectivité qu'il prétend administrer et lui-même, conformément aux principes qui régissent

la démocratie locale, et qui appellent un rapport entre l'administrateur et la collectivité qu'il gère. La preuve de l'attache avec la collectivité peut être apportée soit par la domiciliation, soit par le paiement d'impôts directs locaux. La personne qui n'est pas domiciliée dans la commune ou la collectivité concernée doit être inscrite au rôle des contributions directes au 1er janvier de l'année au cours de laquelle se déroule l'élection, ou justifier qu'elle présente les caractéristiques lui permettant d'y être. Cette disposition est, en fait, fréquemment contournée dans son esprit par la prise en location de terrains ou d'appartements de très petite dimension par des candidats qui peuvent ainsi faire valoir qu'ils remplissent la condition de contribuable local potentiel.

5 / Le candidat ne doit pas exercer, au sein de l'administration de l'État ou d'une administration d'une autre collectivité locale, une fonction dont les caractères pourraient être de nature à entraver le libre exercice de l'autonomie de la collectivité considérée. Ce principe, dont la traduction juridique soulève un certain nombre de difficultés, se traduit par des inéligibilités qui sont précisées à l'article L. 231 du Code électoral (modifié en dernier lieu par la loi du 30 décembre 1988) pour l'élection municipale, aux articles L. 195 et L. 196 pour l'élection cantonale, et à l'article L. 340 pour l'élection régionale.

L'impossibilité de cumuler les qualités de juge et de partie explique l'inéligibilité des principaux fonctionnaires des services déconcentrés de l'État (directeurs des services, inspecteurs et recteurs d'académie, comptables publics, ingénieurs des Ponts et chaussées), des magistrats de l'ordre administratif et judiciaire. Certaines de ces inéligibilités sont aujourd'hui contestées, telle celle qui frappe les comptables publics (elle est à la source de l'inéligibilité des personnes déclarées comptables de fait). Par ailleurs, le principe d'interdiction de toute tutelle d'une collectivité sur une autre, réaffirmé par la loi du 7 janvier 1983, justifie l'inéligibilité frappant les directeurs généraux, directeurs adjoints, chefs de service et chefs de bureau des administrations régionales et départementales, aux conseils municipaux. La notion de chef de service, au contenu juridique imprécis, soulève des difficultés d'interprétation, et, par là même, quelques contentieux.

Ces inéligibilités sont cependant relatives. Elles n'interdisent l'élection que dans les collectivités incluses dans le ressort territorial des fonctions exercées. Par contre, dans un certain nombre de cas (officiers des trois armes, vétérinaires, inspecteurs, ingénieurs des services agricoles), l'inéligibilité est prolongée au-delà de la cessation des fonctions dans la collectivité, et ce pendant une durée variable mais limitée (six à douze mois).

Par ailleurs, les agents d'une commune sont inéligibles dans la commune dans laquelle ils exercent leur activité professionnelle, mais peuvent se présenter dans une autre commune ou une autre collectivité.

6 / Enfin, des élus locaux ayant fait l'objet d'une sanction sont inéligibles. Les conseillers généraux déclarés démissionnaires d'office et les maires et adjoints ayant fait l'objet d'une révocation sont inéligibles durant une année (pour le mandat pour lequel ils ont été sanctionnés).

En outre, depuis les lois sur le financement des partis politiques (loi du 11 mars 1988, loi du 15 janvier 1990 et loi du 29 janvier 1993), les candidats qui n'ont pas déposé leur compte de campagne ou dont le compte de campagne n'a pas été déposé dans le délai prescrit, ou qui ont dépassé le plafond des dépenses, peuvent être déclarés inéligibles pour une durée d'une année. Depuis la loi du 15 janvier 1990, les fonds nécessaires au financement des opérations électorales doivent être recueillis par un mandataire qui peut être une personne physique ou une association (art. L. 52-4 du Code électoral). Les comptes de campagne sont contrôlés par la Commission nationale des comptes de campagne, qui, lorsqu'elle constate des irrégularités, transmet le dossier au juge de l'élection ou au Parquet (art. L. 52-14, voir également *supra,* p. 65).

Le plafond des dépenses de campagne est calculé par habitant et défini selon le tableau suivant (la loi ne s'applique pas pour les élections concernant moins de 9 000 habitants).

Plafond par habitant des dépenses électorales (en francs)

	Élection des conseillers municipaux			
Fraction de la population de la circonscription	*Listes présentes au premier tour*	*Listes présentes au second tour*	*Élection des conseillers généraux*	*Élection des conseillers régionaux*
N'excédant pas 15 000 habitants	8	11	4,2	3,5
De 15 001 à 30 000 habitants	7	10	3,5	3,5
De 30 001 à 60 000 habitants	6	8	2,8	3,5
De 60 001 à 100 000 habitants	5,5	7,5	2	3,5
De 100 001 à 150 000 habitants	5	7		2,5
De 150 001 à 250 000 habitants	4,5	5,5		2
Excédant 250 000 habitants	3,5	5		1,5

2 | LES INCOMPATIBILITÉS

L'incompatibilité n'empêche pas de se présenter à l'élection et d'être élu, mais, une fois muni de son mandat, l'élu doit choisir entre celui-ci et la fonction ou le mandat qu'il exerçait avant son élection.

Les règles d'incompatibilité (en dehors de celles qui concernent le cumul des mandats, qui seront évoqués ci-après) sont précisées par le Code électoral aux articles L. 237 et s. pour le conseil municipal, aux articles L. 206 et s. pour le conseil général, et aux articles L. 342 et s. pour le conseil régional.

Certains fonctionnaires de l'État sont tenus de choisir entre leurs fonctions et leur mandat pour tous les conseils élus de toutes les collectivités territoriales (les préfets, les sous-préfets, les militaires de carrière ou assimilés et les fonctionnaires des corps actifs de police).

Dans le cas d'autres fonctions, l'incompatibilité avec un mandat d'administrateur élu d'une collectivité est géographiquement limitée au ressort territorial de ces fonctions. Il en est ainsi pour certains fonctionnaires de l'État qui, éligibles au conseil général du département dans lequel ils exercent, ne peuvent cumuler leur activité professionnelle et un mandat de conseiller général (architecte départemental, ingénieur des travaux publics de l'État..., art. L. 207 du Code électoral). Dans un cadre territorial également limité à leur collectivité, les agents des départements et les entrepreneurs des services départementaux, les agents régionaux et les entrepreneurs des services régionaux ne peuvent exercer un mandat de conseiller général pour les premiers, de conseiller régional pour les seconds.

3 | LES RÈGLES RELATIVES AU CUMUL DES MANDATS

Le débat sur le cumul des mandats alimente depuis longtemps les discussions de la classe politique. Le cumul de mandats nationaux et de différents mandats locaux est une tradition de la vie politique française. Il est ressenti comme une nécessité pour les hommes politiques qui cherchent à asseoir leur influence par une double légitimité nationale et locale. Mais il est aussi une entrave à la disponibilité des titulaires de ces mandats qui sont conduits à déléguer ou à négliger l'exercice de certains mandats, ce qui provoque la fréquente irritation des administrés, et qui contribue à alimenter un certain ressentiment vis-à-vis de la classe politique. En outre, il est discutable dans son principe même, car il fait « flotter » l'élu entre deux ou plusieurs solidarités, entre deux ou plusieurs intérêts généraux, qui ne sont pas nécessairement convergents. C'est sur la base de ce constat qu'ont été présentés de nombreux projets de limitation du cumul des mandats. Un projet de réforme, visant à proscrire tout cumul de mandat, est d'ailleurs actuellement à l'étude.

En l'état actuel du droit, qui figure à l'article LO 141 du Code électoral (né de la loi organique et de la loi ordinaire du 30 décembre 1985), les élus ne peuvent cumuler plus de deux mandats ou fonctions figurant sur cette liste :

— représentant au Parlement européen ;
— député ;
— sénateur ;
— conseiller régional ;
— membre de l'assemblée territoriale de Polynésie française, ou des îles Wallis-et-Futuna ;
— conseiller à l'Assemblée de Corse ;
— conseiller général ;
— conseiller général de Mayotte, ou de Saint-Pierre-et-Miquelon ;
— conseiller de Paris ;
— maire d'une commune de 20 000 habitants ou plus, autre que Paris ;
— adjoint au maire d'une commune de 100 000 habitants ou plus, autre que Paris.

Les fonctions communales ne sont donc, finalement, qu'assez peu touchées par les règles de cumul des mandats. Par contre, les fonctions départementales et régionales sont pleinement concernées.

Ces dispositions sont, conformément à la loi, entrées progressivement en vigueur, notamment à la suite des élections législatives du printemps 1988 (leur pleine application devant intervenir au fur et à mesure des échéances électorales). Elles se sont traduites par de nombreux abandons de la fonction de conseiller régional (notamment par de nombreux présidents).

2 / Les modalités d'exercice des fonctions électives locales

Par tradition l'exercice des fonctions locales est bénévole. Le mandat électif local est considéré comme un honneur, et est à ce titre exempt de rémunération. La crainte de voir se professionnaliser les élus locaux – avec les difficultés de réinsertion sociale et professionnelle que susciterait une non-réélection – et le coût de l'introduction d'un système de rémunération ont toujours conduit, jusqu'à présent, à refuser la mise en place d'un mécanisme de rémunération des élus locaux.

Cependant, en contrepartie, les élus locaux bénéficient d'un certain nombre d'avantages et de prestations que leur offre la collectivité ou leur situation statutaire. La loi du 3 février 1992, relative aux conditions d'exercice des mandats locaux, a grandement amélioré ce « statut » de l'élu local.

Les élus locaux bénéficient ainsi :

— d'avantages matériels ;
— de régimes professionnels aménagés ;
— d'un droit à la formation ;
— d'un régime de protection privilégié.

1 | LES AVANTAGES MATÉRIELS

S'il n'existe pas de rémunération pour les élus locaux, il existe cependant un régime indemnitaire à leur bénéfice (v. à ce propos, la circulaire du 15 avril 1992 relative au régime indemnitaire des élus locaux applicable depuis le 30 mars 1992, *JO,* 31 mai 1992, p. 7303).

Pour les élus communaux, le Code des communes prévoit un système d'indemnisation variable selon qu'il s'agit du mandat de conseiller municipal ou des fonctions de maire ou d'adjoint et selon la taille démographique de la commune. Dans toutes les communes, maires et adjoints perçoivent une indemnité déterminée par référence aux indices de rémunération de la fonction publique. Cette indemnité, dont le niveau a sensiblement augmenté après 1982, est d'autant plus élevée que la commune est peuplée (v. tableaux, p. 104).

Indemnités de fonction brutes mensuelles des maires au 30 mars 1992
(Art. L. 123-5-1 du Code des communes
Décret n° 92-107 du 30 janvier 1992)

Population (habitants)	*Taux maximal (en % de l'indice 1015)*	*Indemnité brute (en francs)*
Moins de 500	12	2 436
De 500 à 999	17	3 452
De 1 000 à 3 499	31	6 294
De 3 500 à 9 999	43	8 730
De 10 000 à 19 999	55	11 167
De 20 000 à 49 999	65	13 197
De 50 000 à 99 999	75	15 227
De 100 000 à 200 000	90	18 273
Plus de 200 000	95	19 288
Paris, Marseille, Lyon	115	23 348

Indemnités de fonction brutes mensuelles des adjoints au 30 mars 1992
(Art. L. 123-6 du Code des communes
Décret n° 92-107 du 30 janvier 1992)

Population (habitants)	*Taux maximal (en % de l'indemnité du maire)*	*Indemnité brute (en francs)*
Moins de 500	40	974
De 500 à 999	40	1 381
De 1 000 à 3 499	40	2 518
De 3 500 à 9 999	40	3 492
De 10 000 à 19 999	40	4 467
De 20 000 à 49 999	40	5 279
De 50 000 à 99 999	40	6 091
De 100 000 à 200 000	50	9 136
Plus de 200 000	50	9 644

Indice brut mensuel 1 015 : 20 303 F (à compter du 1er février 1992).

Indemnités de fonction brutes mensuelles des conseillers généraux au 30 mars 1992
(Art. 14 de la loi du 10 août 1871
Décret n° 92-107 du 30 janvier 1992)

Population (habitants)	*Taux maximal (en % de l'indice 1015)*	*Indemnité brute (en francs)*
Moins de 250 000	40	8 121
De 250 000 à 500 000	50	10 151
De 500 000 à 1 million	60	12 182
De 1 million à 1,25 million	65	13 197
1,25 million et plus	70	14 212

Président du conseil général : 26 394 F.

Vice-président ayant une délégation de l'exécutif du conseil général ou du conseil de Paris : indemnité de conseiller majorée de 40 %.

Membre de la commission permanente : indemnité de conseiller majorée de 10 %.

Indemnités de fonction brutes mensuelles des conseillers généraux au 30 mars 1992
(Art. 11-1 de la loi n° 72-619 du 5 juillet 1972
Décret n° 92-107 du 30 janvier 1992)

Population (habitants)	*Taux maximal (en % de l'indice 1015)*	*Indemnité brute (en francs)*
Moins de 1 million	40	8 121
De 1 million à moins de 2 millions	50	10 151
De 2 millions à 3 millions	60	12 182
3 millions et plus	70	14 212

Président du conseil général : 26 394 F.

Vice-président ayant une délégation de l'exécutif du conseil général : indemnité de conseiller majorée de 40 %.

Membre de la commission permanente : indemnité de conseiller majorée de 10 %.

Indice brut mensuel 1015 : 20 303 F (à compter du 1er février 1992).

Perçoivent ainsi une indemnité de fonction : les maires, les adjoints et les conseillers municipaux dans les communes de plus de 100 000 habitants ; les conseillers municipaux des communes de moins de 100 000 habitants exerçant des mandats spéciaux ; les conseillers municipaux titulaires d'une délégation du maire.

L'indemnité de fonction a le caractère de dépense obligatoire pour la commune. Elle permet aux maires et aux adjoints qui la perçoivent de bénéficier du régime de retraite des agents non titulaires des collectivités publiques. Elle est désormais imposable.

En ce qui concerne les membres des conseils généraux et des conseils régionaux, la loi du 3 février 1992 a profondément modifié leur régime indemnitaire en l'alignant sur celui des conseillers municipaux. Avant cette loi, les assemblées départementales et régionales fixaient librement les taux des indemnités de séjour et déplacement versées aux élus. Désormais, une grille d'indemnités de fonction est prévue, en fonction de la population du département ou de la région (v. tableaux, p. 105).

Par ailleurs, les exécutifs – maires et présidents – peuvent bénéficier d'avantages matériels souvent conséquents, indemnités pour frais de représentation, logement, service, voiture... Cela contribue également à tempérer les critiques apportées à l'absence de rémunération. De façon générale, les élus régionaux et départementaux sont matériellement plus favorisés que les élus communaux.

2 | LES RÉGIMES PROFESSIONNELS ADAPTÉS

L'exercice d'un mandat électif local nécessite que son titulaire dispose de temps libre. Les principes de la démocratie locale impliquent que tous puissent prétendre à un mandat ou une fonction d'administrateur local élu sans que cela porte préjudice à leur situation professionnelle.

La loi du 3 février 1992 tend à répondre à cette préoccupation en améliorant tout particulièrement le régime des salariés (les fonctionnaires bénéficient d'un régime très favorable puisqu'ils peuvent être placés en position de détachement et réintégrer leur corps d'origine à tout moment).

Ainsi, la loi fait obligation aux employeurs de laisser du temps à tout salarié membre d'un conseil municipal pour lui permettre de « se rendre et participer aux séances plénières de ce conseil ; aux réunions de commissions dont il est membre ; aux réunions des assemblées délibérantes et des bureaux des organismes où il a été désigné pour représenter la commune » (CGCT, art. L. 2123-1). Si l'employeur n'est pas tenu de payer comme temps de travail le temps passé par le salarié à l'accomplissement de sa fonction d'élu local, les pertes de revenu doivent être compensées par les indemnités de fonction, ou, à défaut, par une compensation spéciale instituée par la loi (art. L. 2123-2 du CGCT). En outre, la loi institue un crédit d'heures au bénéfice des maires, des adjoints, et, dans les communes de plus de 100 000 habitants, des conseillers municipaux (CGCT, art. L. 2123-3). L'employeur est tenu d'accorder aux élus concernés l'autorisation d'utiliser leur crédit d'heures, mais il n'a pas à les rémunérer. En revanche, ces temps d'absence sont assimilés à une durée de travail effective pour la détermination des congés payés et du droit aux prestations sociales. La loi interdit expressément tout « licenciement, déclassement professionnel ou sanction disciplinaire » qui seraient motivés par des absences dues à l'exercice d'un mandat électif (CGCT, art. L. 2123-8).

3 | LE DROIT A LA FORMATION

Les élus locaux ont droit à bénéficier, de la part de la collectivité dont ils sont les élus, d'une formation. Le principe, issu de la loi du 3 février 1992, est d'ailleurs expressément formulé à l'article L. 2123-12 du CGCT : « Les membres d'un conseil municipal ont droit à une formation adaptée à leurs fonctions. »

Pour l'exercice de ce droit, la loi prévoit une prise en charge par la commune des frais de déplacement, de séjour, voire d'enseignement. En outre, les pertes de revenus de l'élu sont également supportées par la commune, dans la limite de six jours par élu pour la durée d'un mandat.

4 | LE DROIT A LA PROTECTION

Les élus locaux, au même titre que l'ensemble des agents publics, sont protégés contre les conséquences juridiques de leurs actes. Il revient en effet à la collectivité dont ils sont les élus d'assumer la responsabilité correspondante. Cependant leur responsabilité personnelle peut être mise en jeu en cas de faute personnelle, de même que leur responsabilité pénale dans certains cas.

On constate d'ailleurs une tendance très nette à une « pénalisation » de l'action locale, et de nombreux textes prévoient maintenant la possibilité d'engager la responsabilité pénale des élus locaux. Il en va ainsi dans le domaine de la passation de marchés publics ou de délégations de service public où la loi de janvier 1991 a institué un délit dit « de favoritisme » (art. 432-14 du nouveau Code pénal), mais également, et de façon plus générale, dans des hypothèses de négligence ou de manquement à une obligation de prudence. Ainsi, l'article 121-3 du Code pénal prévoit-il que : « Il y a délit en cas de mise en danger délibéré de la personne d'autrui. Il y a également délit, lorsque la loi le prévoit, en cas d'imprudence, de négligence ou de manquement à une obligation de prudence ou de sécurité prévue par la loi ou les règlements sauf si l'auteur des faits a accompli les diligences normales compte tenu, le cas échéant, de la nature de ses missions ou de ses fonctions, de ses compétences ainsi que du pouvoir et des moyens dont il disposait. »

C'est sur le fondement de cette disposition que des maires ont été récemment condamnés pour manquement à leur obligation de sécurité (T. corr. Rennes, 30 sept. 1996, T. corr. Toulouse, 19 févr. 1997, v. M.-F. Steinle-Feuerbach, La responsabilité pénale des maires en cas de catastrophe ou la fausse nouveauté de la loi du 13 mai 1996, *JCP,* 1997, Éd. G., n° 4057).

BIBLIOGRAPHIE

Rapport du Conseil d'État, *La responsabilité pénale des agents publics en cas d'infractions non intentionnelles,* Les études du Conseil d'État, Documentation française, 1996.

Jean-François Auby, J.-C. Morand, *La prévention du réseau pénal et financier,* Dalloz, 1998.

Jean-Marie Becet, Le maire : statut et pouvoirs, *Pouvoirs,* n° 24, 1983, p. 135.

Jacques Bourdon, La formation des élus locaux, *RFDA,* 1992, p. 959.

Daniel Chabanol et Jean-Denis Combrexelle, *Le conseiller municipal, droits et obligations,* Litec, 1989.

Pierre Delvolvé, Responsabilité pénale des maires et des élus, synthèse, *LPA,* 15 février 1995.

Emmanuel Durieux, Financement et plafonnement des dépenses électorales, *RDP,* 1990, p. 1055.

Bertrand Faure, Le statut constitutionnel de l'élu local, *Dr. adm.,* mars 1998, p. 4.

Yves Jegouzo, Commentaire de la loi du 3 février 1992 relative aux conditions d'exercice des mandats locaux, *AJDA,* 1992, p. 427.

Bernard Maligner, Le contrôle du financement des campagnes électorales, *RFDA,* 1995, 2, p. 1.

Jean-Claude Masclet, Un remède homéopathique ? Les lois sur le cumul des mandats et des fonctions électifs, *AJDA*, avril 1986, p. 214.

Frédéric Scanvic, Le « statut » de l'élu local, *D.*, 1994, p. 51.

Daniel Soulez-Larivière, Les élus et les fonctionnaires face au nouveau Code pénal, *LPA,* 13 septembre 1995.

Marie-France Steinle-Feuerbach, La responsabilité pénale des maires en cas de catastrophe ou la fausse nouveauté de la loi du 13 mai 1996, *JCP,* 1997, Éd. G., n° 4057.

TROISIÈME PARTIE

Les fonctions des collectivités locales

La première question à laquelle les développements qui vont suivre sont consacrés est : quelles sont les activités auxquelles se livrent les collectivités locales, ou, en d'autres termes, à quoi servent les collectivités locales ?

Il ne s'agit pas d'une question simple, pour la raison, sur laquelle on reviendra, que les attributions que la loi a confiées aux collectivités locales sont assez hétérogènes, et à vrai dire d'une délimitation souvent difficile.

Quoi qu'il en soit, on s'efforcera d'indiquer quels sont les éléments essentiels de cette délimitation (chap. I). Puis on verra à quoi concrètement se consacrent les collectivités locales, quelles sont exactement leurs fonctions (chap. II).

On terminera en examinant les modes d'exercice des fonctions locales (chap. III).

Chapitre Premier

DÉLIMITATION DES FONCTIONS LOCALES

La notion à laquelle il faudra faire appel ici est celle de compétence.

Cette notion a, en droit administratif, un sens plus précis que celle de fonction, et elle se rapporte à des éléments techniquement plus déterminants. Elle désigne en effet, non pas exactement, le champ d'activité des autorités administratives ou des personnes publiques (c'est-à-dire leurs activités, leur objet ou leurs fonctions), mais les actes juridiques que les autorités administratives ou les personnes publiques peuvent faire dans le champ d'activité qui leur est confié. Les deux notions sont évidemment liées, mais, d'un point de vue juridique, la notion de compétence a un contenu plus riche.

Quoi qu'il en soit de cette distinction terminologique, il convient ici d'examiner deux points. Il est nécessaire tout d'abord de se demander selon quelles modalités la règle de droit définit les compétences locales, c'est-à-dire s'interroger sur le statut des compétences locales (sect. 1). Ensuite, il faudra évoquer les transferts de compétences qui ont été organisés par les réformes de décentralisation (sect. 2).

1 / Le statut des compétences locales

1 / En ce qui concerne les *sources* des compétences locales, on peut faire les observations suivantes.

D'une part, sans aucune espèce de doute, la définition des compétences locales relève de la loi. Cela résulte de l'article 34 de la Constitution, selon lequel la loi « détermine les principes fondamentaux... de la libre administration des collectivités locales, *de leurs compétences* et de leurs ressources ».

D'autre part, on peut observer qu'il n'existe aucun texte qui indique complètement les compétences des collectivités locales. Il n'en existe ni pour l'ensemble de l'administration locale décentralisée, ni pour aucune des trois catégories de collectivités locales. Sans doute les textes fondamentaux (Code des communes, Code général des collectivités territoriales, loi du 10 août 1871 pour les départements, loi du 5 juillet 1972 pour les régions) donnent-ils d'importantes indications sur les questions dont peuvent se préoccuper ces collectivités, et sur les pouvoirs dont elles disposent à l'égard de ces questions, mais il s'agit d'indications incomplètes, car des compétences leur sont reconnues ici et là par d'autres textes.

Parmi ces autres textes, il y a d'ailleurs celles des lois de décentralisation qui ont organisé des transferts de compétences, dont on parlera dans la deuxième section du présent chapitre. Il ne faudrait pas croire qu'en mettant bout à bout les textes fondamentaux (Code des communes, Code général des collectivités territoriales, ou loi de 1871 ou loi de 1972) et les lois de transfert de compétences, on a un tableau complet des compétences des trois niveaux de collectivités locales de base. Mais incontestablement, on a l'essentiel.

2 / Une grande question classique, qui a trait à l'étendue et à la nature des compétences des collectivités locales, est celle de savoir si ces dernières sont définies par une *clause générale de compétence* ou sont des *compétences d'attribution*.

Ce débat, assez complexe, peut être résumé de la manière suivante. Ou bien, parce que cela serait impliqué par l'idée de décentralisation, les collectivités locales auraient compétence pour gérer toutes les questions entrant dans ce qu'on pourrait considérer comme « affaires locales » (selon les cas, affaires régionales, départementales ou communales). Les tenants de cette vision s'appuient fréquemment sur les dispositions des textes fondamentaux de l'administration locale qui prévoient que le conseil régional, ou général, ou municipal, « règle par ses délibérations les affaires » de la région, du département ou de la commune (art. 6 de la loi de 1972 pour le conseil régional, art. 23 de la loi du 2 mars 1982 pour le conseil général, art. L. 2121.29 du CGCT pour le conseil municipal).

Ou bien, parce que personne n'est capable de délimiter de manière précise les « affaires locales », les collectivités locales n'auraient compétence que pour gérer les questions qui leur seraient expressément attribuées par la loi. Cette position s'alimente de l'existence de multiples textes particuliers des compétences locales, ou transférant des compétences de l'État aux collectivités locales, spécialement dans la période récente : si les compétences locales étaient prédéfinies par la notion d'affaires locales, pourquoi des textes particuliers interviendraient-ils pour les définir une à une ?

Pour y voir clair, il faut vraisemblablement distinguer l'objet, le champ des préoccupations des collectivités locales, de leurs compétences, c'est-à-dire du type d'actes qu'elles peuvent faire sur une question donnée.

On peut sans doute admettre que l'objet des collectivités locales est général, ou plus exactement qu'il est tout entier défini par l'élément territorial. Les organes régionaux peuvent se soucier de toutes les questions d'intérêt public régional, les organes départementaux de toutes les questions d'intérêt public départemental, les organes communaux de toutes les questions d'intérêt public communal.

Seulement, sur les matières qui composent cet objet général, les compétences dont disposent les collectivités locales sont extrêmement variables. Grossièrement, il faut distinguer deux types de situations.

Ce n'est que lorsque les textes leur ont conféré expressément la possibilité que les collectivités locales peuvent, sur une question donnée, prendre des décisions s'imposant aux tiers, qu'il s'agisse des administrés ou d'autres personnes publiques. C'est en cela que leurs compétences sont énumératives ou d'attribution. Les lois de décentralisation, par exemple, déterminent avec précision les pouvoirs que les communes peuvent exercer dans le domaine de l'urbanisme, que l'on peut, si l'on veut, considérer comme constituant une affaire locale.

Sur toutes les autres questions, les compétences des collectivités locales se résument aux éléments suivants. Elles comprennent la possibilité de défendre en justice l'intérêt public local (par ex. un établissement public régional peut intervenir dans tout litige intéressant le développement et l'aménagement de la région, même lorsque ce litige porte sur un objet à propos duquel l'établissement public régional ne pourrait faire aucun autre acte juridique : Cons. d'État, sect., 5 mars 1976, Tarlier, *AJDA,* 1976.198, chr. Boyon et Nauwelaers ; *AJDA,* 1976.253, note Colson ; *JCP,* 1977.1.8650, note Truchet). Elles comprennent la possibilité de faire les actes nécessaires à la gestion par la collectivité de son patrimoine. Elles comprennent la possibilité d'émettre des vœux sur les questions d'intérêt local (CGCT, art. L. 2121.29 : le conseil municipal « émet des vœux sur tous les objets d'intérêt local »).

Enfin, mais c'est tout de même très important car cela comporte la possibilité de prendre des décisions obligatoires, la collectivité peut, bien entendu dans le respect des normes législatives et réglementaires nationales, régler l'organisation des services publics qu'elle a créés, et l'usage des services publics et des ouvrages publics qu'elle gère. C'est ainsi, par exemple, qu'une commune peut créer une « redevance d'équipement et de raccordement » en l'absence de tout texte l'y autorisant, s'il s'agit de la contrepartie d'un service rendu (Cons. d'État, 25 janv. 1978, Imbert, *RDP,* 1978.1456, note R. Drago).

Cette compétence d'organisation de ses services publics a ceci de remarquable qu'elle confère à la collectivité un pouvoir réglementaire, certes résiduel, mais qui pourra exister même dans des domaines très investis par le pouvoir réglementaire national (comme celui de la fonction publique territoriale : Cons. d'État, 13 févr. 1985, Syndicat communautaire d'aménagement de l'agglomération nouvelle de Cergy-Pontoise, *Lebon,* p. 37, *AJDA,* 1985.271, note J. Moreau ; *RFDA,* 1985, n° 3, p. 367, note J.-C. Douence, obs. L. Favoreu).

Voilà où et dans quelles limites se situe, selon nous, la compétence « générale » des collectivités locales.

3 / On comprend aisément que si elle est ce que nous venons de suggérer, la délimitation des compétences locales pose essentiellement un problème de *répartition des compétences entre l'État et les collectivités locales et entre les collectivités locales elles-mêmes.*

On verra plus loin comment cette question a été envisagée par les réformes de décentralisation, à l'occasion des transferts de compétences.

Il suffira de faire observer ici que la répartition des compétences entre les collectivités publiques est loin d'être nettement tranchée. D'une part, il y a de nombreux cas de concours de compétences sur un même objet, c'est-à-dire de nombreuses hypothèses dans lesquelles, sur un problème donné, s'exercent à la fois des compétences étatiques et des compétences locales (en un sens, c'est même un phénomène général, puisqu'il y a toujours, sur une question donnée, une intervention possible du pouvoir réglementaire national) ou des compétences relevant de collectivités locales différentes.

Un exemple frappant de la première situation est fourni par la gestion des établissements d'enseignement primaire et secondaire, qui appartient aux collectivités locales (communes pour le primaire, départements pour les collèges, régions pour les lycées), sous la réserve, considérable, que l'État a la responsabilité de la pédagogie et des personnels : si bien qu'alors qu'il appartient en principe aux collectivités de décider la construction d'établissements, l'exercice de cette compétence est conditionné par le pouvoir qu'a l'État de déterminer les établissements nouveaux qu'il envisage de doter de personnels !

Un exemple de la deuxième situation est fourni par un arrêt qui a indiqué que, contrairement à ce que l'on pensait, la distribution d'eau n'était pas une compétence exclusivement communale, et que donc un département pouvait parfaitement disposer d'un service de cet ordre (Cons. d'État, 13 mars 1985, Ville de Cayenne, *Lebon,* p. 76, *AJDA,* 1985.376, note L. Richer), et ce avant que la loi du 3 janvier 1992 sur l'eau ne vienne préciser l'articulation des compétences dans ce domaine.

D'autre part, il faut observer qu'il existe des compétences à rattachement variable. Le meilleur exemple en est fourni par l'urbanisme : à l'heure actuelle, toutes sortes de compétences (en matière de permis de construire, d'opérations d'aménagement...) sont attribuées soit à l'État, soit à la commune, selon que cette dernière est ou non dotée d'un plan d'occupation des sols approuvé. Soit dit en passant, on peut difficilement rêver meilleure preuve de ce qu'il n'existe pas de compétences locales par nature.

Cela soulève également le problème de l'exclusivité des compétences des différents niveaux de collectivité locale. Lorsqu'une compétence a été accordée à un niveau de collectivité locale, cela empêche-t-il une autre collectivité d'intervenir soit de façon concurrente, soit pour pallier les carences de la collectivité normalement compétente ?

Si le principe est celui de l'exclusivité des compétences, il n'est pas d'application absolue. Il existe de nombreux exemples de situations dans lesquelles une collectivité peut venir exercer en complément de la collectivité légalement ou réglementairement compétente.

4 / Pour terminer, il faut envisager ce que sont les *limites générales* des compétences locales.

En premier lieu, on observera que, quels que soient les enchevêtrements de compétences, il y a des domaines qui sont entièrement réservés à l'État. C'est le cas de la justice, c'est le cas de la défense (ce qui n'empêche pas que certaines attributions locales, notamment en matière de police, doivent, en certaines circonstances, être ajustées avec les décisions de l'État en matière de défense : cf. S.-C. Bouzely, Les collectivités territoriales et la défense à caractère non militaire, *Rev. adm.,* p. 606).

En principe, c'est le cas de la diplomatie, des relations internationales. Cependant, une certaine capacité d'action extérieure est aujourd'hui reconnue aux collectivités locales. Outre les jumelages de villes, qui sont traditionnels, le droit actuel admet une possibilité de *coopération transfrontalière.* Une convention du 21 mai 1980, signée à Madrid, dans le cadre du Conseil de l'Europe, prévoit cette coopération transfrontalière : la France en subordonne cependant la mise en œuvre à la conclusion d'accords entre États (par ex. la loi du 30 décembre 1996 a autorisé la ratification d'un traité de ce type entre la France et l'Espagne, signé à Bayonne le 10 mars 1995). De son côté, la loi du 2 mars 1982 a prévu, à l'article 65, que « le conseil régional peut décider, avec l'autorisation du gouvernement, d'organiser à des fins de concertation et dans le cadre de la coopération transfrontalière, des contacts réguliers avec les collectivités décentralisées étrangères ayant une frontière avec la région » (sur l'ensemble du problème, voir deux circulaires, du 10 mai 1985 et du 12 mai 1987).

En second lieu, il est clair que les compétences locales ont, en tout état de cause, pour limite l'intérêt public local. En ce sens que, quelle que soit l'intensité des pouvoirs dont disposent les collectivités sur les matières qui constituent leur objet, la frontière externe de celui-ci, et donc de toutes leurs compétences, est l'intérêt public local. Il s'agit évidemment d'une notion difficile à définir, assez subjective. Il n'empêche que la jurisprudence a fréquemment à se demander si telle ou telle initiative de collectivité locale correspond bien à un intérêt public local (voir par ex. deux décisions du Conseil d'État du 6 mai 1996, Département de l'Aude et Préfet des Hautes-Pyrénées, *LQJ,* 1996, n° 66, p. 2).

C'est le cas en matière de la création des services publics locaux de nature à concurrencer les initiatives privées. Une jurisprudence classique (Cons. d'État, 30 mai 1930, Chambre syndicale du commerce de détail de Nevers, *Lebon,* p. 583, *S.*, 1931.3.73, concl. Josse, note Alibert, *RDP,* 1930.530, concl. Josse ; 20 nov. 1964, Ville de Nanterre, *Lebon,* p. 5653, *AJDA,* 1964.705, chr. Puybasset et Puissochet) admet qu'une telle création ne peut intervenir que si l'importance des besoins locaux et la carence de l'initiative privée la font correspondre à un intérêt public local.

De même, il est arrivé au Conseil d'État d'indiquer qu'une subvention à une fédération nationale d'instituteurs destinée à lui permettre d'intenter des procès sur l'ensemble du territoire ne présentait pas un intérêt local (Cons. d'État, 2 août 1912, Flornov, *Lebon,* p. 918) contrairement, par exemple, à la décision d'un conseil municipal d'ériger une statue représentant une personnalité locale, fût-ce un prélat (Cons. d'État, 25 nov. 1988, Dubois, *AJDA,* mars 1989, p. 172, note J.-M. Pontier) (voir aussi pour des affaires étrangères à l'intérêt local : CE, 16 déc. 1994, Commune d'Avrillé ; CE, 16 nov. 1994, Commune d'Awala-Yalimapo).

2 / Les transferts de compétences

Si l'on a l'impression d'y voir aujourd'hui un peu plus clair dans la délimitation des compétences locales, c'est en raison du fait que les réformes de décentralisation, rompant avec la tentation de clauses générales de compétences qui affectait les textes antérieurs, ont attribué aux collectivités locales des compétences précisément énumérées et cernées. Elles ont procédé ainsi, d'ailleurs, parce qu'il s'agissait du seul moyen de réaliser le but qu'elles avaient et qui était de décharger l'État de certaines tâches, au profit des collectivités locales.

Moyennant quoi, un élément essentiel de compétences locales aujourd'hui est constitué par la délimitation des compétences ainsi réalisées. Les principaux textes y ayant contribué ont été la loi du 7 janvier 1983 « relative à la répartition des compétences entre les communes, les départements, les régions et l'État », et la loi du 22 juillet 1983, qui l'a complétée. Cependant, d'autres textes ont apporté des contributions partielles (par ex., en matière d'urbanisme, la loi du 18 juillet 1985).

1 | L'OBJET DES TRANSFERTS DE COMPÉTENCES

Sans entrer dans les détails, indiquons ici quelles ont été les principales attributions transférées aux trois niveaux de collectivités locales essentielles.

1 / *La région* s'est vu reconnaître des compétences dans les domaines suivants :

— elle a reçu compétence pour élaborer le plan de la région et pour mettre en œuvre, dans un cadre contractuel, les objectifs de la planification nationale ; elle est le pivot de la politique d'aménagement du territoire (loi du 4 février 1995) ;

— elle a reçu la possibilité de contribuer au développement économique régional, en participant à des dépenses de fonctionnement liées à des opérations d'intérêt régional ou en accordant des aides à des entreprises en développement ou en difficulté (à vrai dire, il ne s'agit pas ici d'un transfert de compétences, mais plutôt de l'attribution de compétences qui vont se juxtaposer à celles de l'État, qui restent inchangées) ;
— elle dispose aujourd'hui d'une compétence de droit commun pour la mise en œuvre des actions de formation professionnelle continue et d'apprentissage. Elle établit un schéma prévisionnel de l'apprentissage (loi du 23 juillet 1987) ;
— elle a reçu le pouvoir de mettre en œuvre une politique culturelle à caractère régional ;
— elle a acquis, en matière d'enseignement, une compétence de programmation des équipements, et la responsabilité de gérer les lycées, les établissements d'éducation spéciale, les écoles de formation maritime et aquacole, et les établissements d'enseignement agricole (c'est-à-dire en fait le second cycle du second degré) ;
— elle s'est vue confier la responsabilité de mettre en œuvre une politique régionale des transports (les transports d'intérêt régional) ;
— elle est devenue compétente pour créer et gérer les canaux et les ports fluviaux, si elle en a émis le désir ;
— elle est compétente pour attribuer des aides au renouvellement et à la modernisation de la flotte de pêche ainsi qu'aux entreprises de culture marine.

2 / *Le département,* pour sa part, s'est vu attribuer les compétences suivantes :

— il exerce des attributions particulières en matière d'attribution et de contrôle du RMI ;
— il dispose d'une compétence générale en matière de prestations d'aide sociale, ainsi qu'en matière de prévention sanitaire et de services sociaux ;
— il bénéficie d'un certain nombre de compétences en matière culturelle : gestion des bibliothèques départementales de prêt, des musées à caractère départemental, d'établissements d'enseignement public de la danse, de l'art dramatique et des arts plastiques, et des services départementaux d'archives ;
— il s'est vu attribuer, selon des règles complexes qui organisent ses rapports sur ce point avec l'État et les régions, des responsabilités

en matière de carte scolaire, et surtout, il assure la gestion des collèges (c'est-à-dire le premier cycle du second degré) ;
— il a reçu, lui aussi, la possibilité d'accorder, sous certaines conditions, des aides à des entreprises en difficulté ou en développement (de façon subsidiaire au regard des compétences régionales) ;
— il a reçu compétence pour créer, aménager et exploiter les ports maritimes de commerce et de pêche, à l'exception des ports reconnus comme étant d'intérêt national (c'est-à-dire les ports autonomes et quelques ports d'intérêt majeur) ;
— il a reçu le pouvoir d'organiser les réseaux de transports routiers non urbains de personnes, et les réseaux de transports scolaires ;
— il est devenu l'autorité compétente en matière de lutte contre les incendies et de secours.

3 / Les principales compétences que les lois de décentralisation ont transférées à *la commune* sont les suivantes :

— elle a reçu une compétence de principe en matière d'élaboration des documents d'urbanisme, de délivrance des autorisations d'utilisation des sols, et d'opérations d'aménagement urbain. S'y ajoutent des compétences en matière de protection du patrimoine architectural urbain et des sites, et en matière d'environnement ;
— elle a reçu, bien que dans des conditions plus restrictives que le département et la région, la possibilité d'œuvrer en faveur du développement économique ;
— elle a reçu le pouvoir de créer et de gérer les ports de plaisance.

2 | L'ESPRIT ET LA MÉTHODE DES TRANSFERTS DE COMPÉTENCES

1 / Les auteurs des réformes de décentralisation souhaitaient organiser les transferts de manière à constituer des *blocs de compétences.* Cette intention a même été proclamée dans la loi du 7 janvier 1983, dont l'article 3 prévoit : « La répartition des compétences entre les collectivités territoriales et l'État s'effectue, dans la mesure du possible, en distinguant celles qui sont mises à la charge de l'État et celles qui sont dévolues aux communes, aux départements ou aux régions de telle sorte que chaque domaine de compétences ainsi que les ressources correspondantes soient affectés en totalité, soit à l'État, soit aux communes, soit aux départements, soit aux régions. »

En vérité, le législateur a eu le plus grand mal à respecter ce principe des blocs de compétences, et il existe bel et bien, dans les domaines confiés aux collectivités locales par les réformes de décentralisation, des matières sur lesquelles s'appliquent des compétences complémentaires, voire concurrentes, de niveaux différents d'administration locale. En matière d'action sociale, départements et communes, sans parler de l'État, ont sur de nombreux points des interventions complémentaires. En matière d'intervention économique, pratiquement les trois niveaux d'administration locale sont potentiellement en situation de concurrence : les trois possèdent en tous les cas la possibilité d'aider au développement ou à l'extension d'entreprises (même s'il existe une priorité régionale : voir *infra,* p. 130).

2 / Un second principe affiché par les lois de transfert de compétences aura été *l'exclusion de toute forme de tutelle entre collectivités locales* qui aurait pu dériver de ces transferts. L'article 2 de la loi du 7 janvier 1983 dispose de manière solennelle : « Les transferts de compétences prévus par la présente loi au profit des communes, des départements et des régions ne peuvent autoriser l'une de ces collectivités à établir ou exercer une tutelle, sous quelque forme que ce soit, sur une autre d'entre elles. »

On aura l'occasion de voir plus loin (voir *infra,* V^{e} partie, chap. II) que certaines dépendances de fait ont pu s'établir malgré ce principe.

3 / Bien qu'ils aient un peu l'allure d'un inventaire à la Prévert, les transferts de compétences ne sont pas dépourvus d'une certaine logique quant à l'idée qu'ils traduisent du *rôle dominant de chaque collectivité de base.* Comme l'explique Jacques Moreau (*Administration régionale, départementale et municipale,* p. 18), les compétences confiées à la région font d'elles la collectivité tournée vers l'avenir, en charge de la planification économique et de la programmation des équipements. Celles qui sont attribuées au département font de lui une collectivité de gestion, axée sur les services et les actions de solidarité. Pour ce qui est de la commune, les réformes de décentralisation n'ont fait que renforcer son statut d'administration de proximité, de contact, principal vecteur de la démocratie locale.

4 / Naturellement, les transferts de compétences, qui, pour les collectivités locales, ne sont pas seulement du pouvoir gagné, mais aussi un surcroît de charges, ont été assortis de compensations de plusieurs sortes.

En premier lieu, les lois de décentralisation ont prévu la *compensation financière* des transferts. Comme l'affirme l'article 5 de la loi du

7 janvier 1983, les transferts de compétences devaient tous être accompagnés « du transfert concomitant par l'État aux communes, aux départements et aux régions, des ressources nécessaires à l'exercice normal de ces compétences ».

Cette compensation financière s'est opérée d'une double façon : par transfert de ressources fiscales, et par transfert de moyens financiers directs, inclus dans la dotation générale de décentralisation qui a représenté, en 1996, 14,15 milliards de francs.

En second lieu, les transferts de compétences ont été accompagnés par des *transferts de services de l'État* ou par la *mise à disposition de services de l'État.*

La loi du 7 janvier 1983 a posé en principe que « tout transfert de compétences de l'État au profit des départements et des régions s'accompagne du transfert des services correspondants » (art. 7).

Dans la pratique, ce principe n'a pas été appliqué de manière absolue, mais deux vagues de transferts ont bien eu lieu. Tout d'abord, les départements et les régions ont bénéficié du transfert des services (services de la préfecture, mission régionale pour les services régionaux) qui assuraient, dès avant les réformes, l'exécution des décisions des conseils généraux et régionaux. L'opération s'est faite sur la base de conventions conclues entre les préfets et les présidents de conseils généraux ou régionaux.

Ensuite, on s'est préoccupé de la partition des services de l'État assurant des tâches confiées dorénavant aux régions ou aux départements dans le cadre des transferts de compétences. Cette partition a été réalisée essentiellement pour les directions départementales des affaires sanitaires et sociales et de façon différente pour les directions départementales de l'équipement, ainsi que pour les directions départementales de l'agriculture et de la forêt (pour plus de précisions, voir *infra,* p. 177 et s.).

Dans ces différentes hypothèses de transferts de services, les personnels concernés se sont vu reconnaître un droit d'option entre la fonction publique de l'État et la fonction publique territoriale.

Par ailleurs la loi du 7 janvier 1983 a prévu que les services de l'État non transférés, mais qui sont nécessaires à l'exercice des compétences transférées, seraient mis à disposition des collectivités locales. Le meilleur exemple de ces mises à disposition concerne le domaine de l'urbanisme. Les communes, qui n'ont bénéficié d'aucun transfert de services – pas plus dans le domaine de l'urbanisme que dans d'autres domaines –, peuvent bénéficier de la mise à disposition gratuite des directions départementales de l'Équipement pour l'élaboration de leurs documents d'urbanisme et pour l'instruction de leurs demandes de permis de construire (Code urbanisme, L. 121-2 et L. 421-2-6) : en pratique, d'ailleurs, elles ont fréquemment recours à cette mise à disposition.

En troisième lieu, les transferts de compétences ont été accompagnés de la *mise à disposition des biens* qu'à l'époque du transfert, l'État utilisait pour l'exercice des compétences transférées (loi 7 janv. 1983, art. 19 et s.).

BIBLIOGRAPHIE

Jean-Marie Auby, Le pouvoir réglementaire des autorités des collectivités locales, *AJDA,* 1984, n° 9, p. 468.

Jérôme Chapuisat et Fernand Bouyssou, La répartition des compétences entre les communes, les départements, les régions et l'État, *AJDA,* 1983, n° 2, p. 81.

Robert Lafore, *L'action à l'étranger des collectivités territoriales,* mai-juin 1988, p. 763.

Jean-Pierre Lebreton, La loi du 7 janvier 1983 relative à la répartition des compétences entre les communes, les départements et l'État, *JCP,* 1983.I.3107.

Yves Madiot, Les techniques de correction de la répartition des compétences entre collectivités locales, *RFDA,* 1996, p. 964.

Franck Moderne (sous la direction de), *Les nouvelles compétences locales,* Economica, 1983.

Jean-Claude Némery, Les nouveaux instruments d'intervention en matière de développement et d'aménagement du territoire, *RFDA,* 1995, p. 914.

Jean-Marie Pontier, *Semper manet.* Sur une clause générale de compétence, *RDP,* 1984, n° 6, p. 1443.

Chapitre II

OBJET DES FONCTIONS LOCALES

On a vu, dans le chapitre précédent, comment la règle de droit délimite les compétences des collectivités locales, et par là même leurs fonctions. En effet, en exerçant les compétences – juridiques – qui leur sont reconnues, les collectivités locales remplissent, auprès de leurs administrés, et d'ailleurs pour la société tout entière, une série de fonctions.

Le propos du présent chapitre est d'expliquer en quoi consistent, de quelle nature sont ces fonctions. Sans se préoccuper des techniques juridiques qui concourent à leur accomplissement, il s'agit de décrire les services que rendent les collectivités locales, un peu comme s'il s'agissait d'entreprises dont on feuilletterait ici le catalogue.

Pour présenter tout cela, il a paru opportun de classer les fonctions locales au regard de leur contenu même, et non de les classer en fonction du niveau de collectivité qui en est chargé. On est appelé ainsi à distinguer des fonctions de régulation et des fonctions d'allocation.

1 / Les fonctions de régulation

Réguler est la mission première d'une organisation collective. Les collectivités territoriales ne forment pas exception à ce principe. Les communes de l'Ancien Régime, premier type d'organisation collective locale à être apparu, n'avaient pour l'essentiel qu'une mission de régulation. Même si le rôle des collectivités territoriales n'est pas aussi affirmé que celui de l'État en la matière, les missions qu'elles remplissent à ce titre sont nombreuses et importantes. On peut articuler la présentation de ces missions autour des quatre formes de régulation suivantes :

— la sécurité des biens et des personnes ;
— la régulation des rapports sociaux ;
— la régulation des rapports économiques ;
— la régulation du milieu.

1 | LA SÉCURITÉ DES BIENS ET DES PERSONNES

La sécurité des biens et des personnes constitue une compétence initiale de l'administration publique. Elle est la première fonction qu'en attendent les individus. Dans la mentalité collective, la fonction de sécurité des biens et des personnes s'inscrit, il est vrai, essentiellement dans le cadre des compétences étatiques. Sur le plan institutionnel, ceci est exact en ce qui concerne la mission de défense qui relève de l'autorité étatique, car son exercice est justement un des critères de reconnaissance de la notion d'État. Il n'en est pas tout à fait de même en ce qui concerne la sécurité intérieure.

Dans la France de l'Ancien Régime, l'exercice de la sécurité intérieure reposait pour une large part sur des autorités locales, qu'il s'agisse des missions de prévention ou de l'exercice de la répression. Pour ce qui concerne la période contemporaine, l'action centralisatrice conduite à l'issue de la période révolutionnaire aboutit à faire de l'État le principal titulaire de la fonction de sécurité intérieure, mais à reconnaître également une compétence territoriale en la matière.

1 / La commune, par le jeu des pouvoirs de police dont dispose le maire, participe à l'exercice de la fonction de *sécurité préventive*. En effet, le maire, dans le cadre de ses pouvoirs de police générale qui seront examinés dans le chapitre suivant, est chargé de prendre les mesures propres à assurer la sécurité, la tranquillité et la salubrité publiques.

L'exercice de ces compétences est cependant limité par les pouvoirs dont disposent les préfets, tant par eux-mêmes que vis-à-vis des décisions prises par les maires. Ces derniers sont également bénéficiaires d'un certain nombre de compétences en matière de police spéciale notamment en ce qui concerne la police de la circulation, le maire étant responsable de la police de la circulation sur les voies communales, ainsi que sur les voies, quel qu'en soit le statut, qui sont situées à l'intérieur des agglomérations, à l'exception des voies classées à grande circulation.

Les présidents des conseils généraux ont des pouvoirs limités en matière de police. Ces pouvoirs se résument à l'exercice de la police de la circulation sur les voies départementales, ainsi qu'à certaines compétences de police sur les ports gérés par les départements, c'est-à-dire les ports de commerce et de pêche, à l'exception des plus importants d'entre eux.

L'une des particularités majeures de l'exercice de la fonction de sécurité des biens et des personnes est que des décisions relevant d'un niveau de collectivité sont parfois mises en application par des services relevant d'un autre niveau de collectivités. Par exemple, la gendarmerie, service d'État, veille au respect de décisions de police municipale et le corps des sapeurs-pompiers, services relevant désormais d'un établissement public à caractère spécial, mêlant départements et communes, met en œuvre des décisions prises par le préfet. Il en résulte une certaine confusion.

Les services des collectivités territoriales participant à l'exercice de cette fonction sont essentiellement de deux ordres. Il s'agit des corps de police municipale qui prennent en milieu rural la forme traditionnelle du garde champêtre, mais qui en milieu urbain peuvent avoir une certaine importance : ces corps de police n'ont ni le même statut, ni les mêmes compétences que les agents de police nationale ou de gendarmerie.

La détermination des compétences des polices municipales est un sujet important, qui donne juridiquement lieu à des propositions de réformes.

L'organisation des secours a connu une évolution importante. Elle est restée pendant longtemps une responsabilité communale. Le préfet étant responsable de sa mise en œuvre, le département assure une mission de coordination et de renforcement des moyens.

Au terme d'une évolution progressive, les moyens ont été regroupés sous la responsabilité des départements, sous la direction des services départementaux d'incendie et de secours, établissements publics à caractère mixte, regroupant départements et communes, à raison d'un par département, les préfets demeurant compétents pour leur mise en œuvre opérationnelle.

Il faut enfin rappeler, car cette mission est indissociable de l'exercice de la sécurité préventive, que les communes sous le contrôle de l'autorité judiciaire sont responsables de l'accomplissement des formalités et procédures relatives à l'état civil.

2 / La fonction de *sécurité répressive* est une fonction qui relève de l'autorité judiciaire et qui, à ce titre, n'entre pas dans les compétences des collectivités territoriales. On notera cependant que les maires sont ès qualité officiers de police judiciaire, et ont ainsi compétence pour constater les infractions commises sur le territoire communal. Ils utilisent d'ailleurs cette possibilité de façon assez limitée.

2 | LA RÉGULATION DES RAPPORTS SOCIAUX

Les collectivités locales n'ont en principe pas de compétence particulière en ce qui concerne le fonctionnement des institutions politiques nationales. Il faut tout de même réserver le rôle que jouent les communes dans l'organisation matérielle des élections. S'il s'agit pleinement d'une compétence d'État, ce sont cependant les mairies, sous l'autorité du préfet et au nom de l'État, qui sont les instruments principaux de cette organisation. Elles sont en effet chargées de procéder à l'établissement des listes électorales et ont la charge d'assurer l'organisation et la tenue des bureaux de vote.

En revanche, les collectivités locales assurent de manière significative une fonction de régulation des rapports sociaux, laquelle comporte trois volets.

1 / Bien que les textes ne leur reconnaissent pas de compétence particulière en la matière, les collectivités locales sont fréquemment sollicitées pour apporter leur arbitrage dans les conflits sociaux. A vrai dire, leur intervention repose ici davantage sur la dimension politique du titulaire de la charge territoriale que sur le statut de la collectivité elle-même.

2 / Les difficultés particulières de certaines catégories sociales justifient que des mesures particulières de protection soient prises à leur égard. C'est l'objet de l'*action* et de l'*aide sociales,* auxquelles les collectivités locales apportent une contribution importante (l'expression action sociale est plutôt réservée aux activités et services pris en charge par la collectivité, l'expression d'aide sociale désignant plutôt les soutiens financiers accordés aux personnes en difficulté). Cette fonction comporte un aspect d'allocation qui sera évoqué plus loin, mais aussi un aspect d'édiction de règles destinées à organiser la protection, qui justifie qu'elle soit évoquée également ici.

Les collectivités locales ont toujours eu une intervention importante dans le domaine de l'action et de l'aide sociales, mais leur rôle a été renforcé par les réformes de décentralisation. La loi du 22 juillet 1983 a même fait des départements les principaux responsables de la mise en œuvre de l'action et de l'aide sociales.

Les conseils généraux ont aujourd'hui le pouvoir d'adopter un *règlement départemental d'aide sociale,* qui définit les conditions d'attribution de toutes les prestations d'aide sociale versées par le département. Ils établissent également un *schéma départemental des établissements et services sociaux et médico-sociaux,* lequel sert de support aux autorisations de création que délivrent les présidents de conseils généraux.

Les départements sont aussi chargés de rechercher les situations individuelles méritant une protection particulière, de fournir les informations nécessaires, d'assurer un certain nombre de mesures de protection et de préparer la délivrance de prestations à leur bénéfice : ils sont d'ailleurs aidés par les communes pour l'accomplissement de ces tâches Ceci vise en particulier certaines catégories de populations (famille, personnes handicapées, personnes âgées).

Ces missions sont assurées par les services sanitaires et sociaux des départements, issus de la partition des directions départementales des affaires sanitaires et sociales, et principalement, au sein de ces services, par le service social départemental, constitué du réseau des assistantes sociales. Dans leur action, ils bénéficient de l'appui des centres communaux d'action sociale – les anciens bureaux d'aide sociale –, qui sont à la fois des relais de l'action sociale départementale, et des instruments des mécanismes d'aide sociale placés entre les mains des communes, par le jeu en particulier des procédures de secours.

3 / Les administrations, qu'elles soient locales ou nationales, n'ont pas en principe à connaître des *conflits entre particuliers,* qui doivent être résolus par les moyens dont ces derniers conviennent entre eux, ou par le jeu des procédures de justice. Pourtant, il arrive que des autorités territoriales soient conduites à mener des actions de conciliation dans le cadre de conflits survenant entre particuliers. C'est un rôle que les maires sont fréquemment amenés à jouer, surtout en milieu rural, et qui, sans reposer sur le moindre texte, s'appuie sur l'autorité morale que confère la fonction. Il apparaît d'ailleurs périodiquement des projets visant à renforcer ce type de mission.

Le maire bénéficie d'un magistère moral. Il est, selon toutes les enquêtes d'opinion, l'élu de la nation le mieux considéré. Il est d'ailleurs significatif que certains projets de réforme du droit de la famille prévoient de confier au maire la charge de constater les divorces par accord amiable, au titre de ses responsabilités en matière d'état civil.

3 | LA RÉGULATION DES RAPPORTS ÉCONOMIQUES

En France, la puissance publique s'est toujours préoccupée des équilibres économiques. Le fort développement des interventions économiques de l'État au cours de la deuxième moitié du XXe siècle a conduit à ce que se constitue progressivement une importante administration économique. L'intervention croissante des collectivités locales a encore renforcé ce mouvement, même si la légitimité ou les modalités de cette intervention sont fréquemment remises en cause, surtout depuis que l'idéologie libérale s'est renforcée. Les collectivités locales participent à la régulation des rapports économiques à la fois sur le plan général et par des politiques sectorielles.

A / *La régulation générale de l'activité économique*

On peut, derrière ce terme, ranger un certain nombre de missions. Il s'agit tout d'abord de la programmation du développement économique. En France, les grands choix économiques sont de la compétence de l'État, et de plus en plus de l'Union européenne, et leur application est assurée au niveau central. Cependant, les mécanismes de planification font intervenir la région à laquelle la loi du 2 mars 1982 attribue une compétence particulière en ce domaine.

Les procédures mises en place par la loi du 13 juillet 1982 portant réforme de la planification concernent les régions à plusieurs titres.

La région est associée à la définition des grands objectifs de la planification nationale en étant consultée à plusieurs reprises, dans le cadre de la préparation des deux lois de plan : la loi sur les objectifs, la loi sur les moyens.

La région est compétente pour adopter son propre plan régional et définir ainsi les objectifs et les moyens de son développement. La région associe sa propre planification à celle de l'État, dans le cadre des *contrats de plan* qui sont conclus entre les préfets de région et les présidents de conseils régionaux, et qui permettent notamment d'assurer la compatibilité et la complémentarité entre les deux plans.

Les autres collectivités territoriales sont associées à ces procédures de planification par le jeu des contrats particuliers qui permettent de regrouper les moyens de différents niveaux de collectivités pour parvenir à la mise en œuvre des objectifs du plan.

La loi du 4 février 1995 a par ailleurs confirmé la responsabilité des régions en matière d'aménagement du territoire qui est le complément naturel de la politique de planification.

Les interventions économiques des collectivités locales en 1993

	Total		Communes	Départements	Régions
Total des interventions économiques en 1993 (en millions de francs)					
Aides directes, dont :	12 301	100,0 %	5 252	3 167	3 883
Subventions	8 762	71,2 %	3 056	2 477	3 229
Primes	144	1,2 %	8	22	114
(à la création d'entreprises)	(72)		(7)	(2)	(63)
(régionales à l'emploi)	(39)		(0)	(7)	(32)
Prêts et avances de l'année	2 661	21,6 %	1 818	370	473
Bonifications d'intérêts	251	2,0 %	3	241	7
Achats de bâtiments et terrains	484	3,9 %	368	57	60
Aides indirectes, dont :	2 716	100,0 %	1 458	558	700
Fonds de garantie	200	7,4 %	154	5	41
Prises de participation	417	15,3 %	227	104	85
Ventes à paiements échelonnés	330	12,1 %	252	77	0
Aménagement ZI	810	29,8 %	553	164	93
Autres	960	35,3 %	271	208	481
Total hors garanties d'emprunts :	15 017		6 710	3 725	4 583
Croissance 1993/1992	+ 5,4 %		+ 15,7 %	– 9,1 %	+ 5,5 %
Garanties d'emprunts :					
Encours au 31 décembre 1993	287 045		137 017	149 069	959
(auprès des SEM)	(34 792)		(23 911)	(10 841)	(40)
Garanties accordées en 1993	23 386		13 535	9 794	58
(auprès des SEM)	(4 678)		(3 889)	(784)	(5)
Répartition des aides directes des collectivités locales en 1993 (en %)					
Développement économique		99,2 %	100,0 %	97,9 %	99,1 %
Entreprises en difficulté		0,8 %	0,0 %	2,1 %	0,9 %
Total des aides directes		100,0 %	100,0 %	100,0 %	100,0 %
Répartition des aides totales (hors garanties) par secteur d'activité en 1993 (en %)					
Industrie-commerce-artisanat		33,4 %	25,9 %	40,0 %	39,0 %
Logement		26,8 %	41,2 %	17,9 %	12,9 %
Agriculture		11,4 %	0,4 %	16,5 %	23,2 %
BTP		7,5 %	13,3 %	1,4 %	3,9 %
Tourisme		6,2 %	4,9 %	10,0 %	5,2 %
Divers		14,7 %	14,4 %	14,3 %	15,7 %
Tous secteurs		100,0 %	100,0 %	100,0 %	100,0 %

Source : Direction de la comptabilité publique, *Les Notes bleues de Bercy* du 16 au 31 mars 1996.

La régulation générale de l'activité économique vise notamment à assurer un bon fonctionnement du marché de l'*emploi.* Les collectivités territoriales elles-mêmes n'ont pas de responsabilités spécifiques en matière d'emploi. Cependant, elles participent largement aux politiques mises en œuvre par l'État en la matière, soit en apportant leur concours au fonctionnement de l'Agence nationale pour l'emploi, soit en s'associant financièrement à un ensemble de programmes spécifiques visant à favoriser l'insertion de certaines catégories de demandeurs d'emploi, soit en procédant au recrutement de jeunes bénéficiant d'action particulière, comme les contrats emploi-solidarité (qui ont succédé aux travaux d'utilité collective), soit en apportant leur concours aux mécanismes d'insertion organisés au profit des bénéficiaires du revenu minimum d'insertion (RMI).

Depuis 1997, la politique de l'emploi prend également la forme des emplois-jeunes dont les collectivités locales sont d'importantes utilisatrices.

Enfin, la régulation générale d'activité économique peut prendre la forme d'*aides générales aux entreprises.* Le régime des aides des collectivités territoriales aux entreprises a été considérablement libéralisé par la loi du 2 mars 1982 (dont les dispositions sur ce point ont été précisées notamment par des décrets du 22 septembre 1982).

La loi du 9 janvier 1988 a limité quelque peu ces possibilités, qui demeurent cependant étendues. Les entreprises qui ne sont pas en difficulté peuvent recevoir des primes, primes régionales à l'emploi, primes régionales à la création d'entreprises. Ces primes sont de la compétence des régions, les départements et les communes ne peuvent intervenir que si la région participe, et dans la limite d'un plafond calculé en fonction du nombre d'emplois créés.

Les collectivités territoriales peuvent aussi accorder des prêts ou des bonifications d'intérêts, un certain nombre de règles limitant le risque pris par les collectivités en la matière, ainsi que des aides indirectes, comme la fourniture de terrains ou bâtiments industriels, assortie de rabais.

S'agissant du cas des entreprises en difficulté qui a pris une importance particulière du fait de la permanence de la crise économique, les collectivités locales peuvent intervenir sans limitation autre que l'interdiction de prendre une participation au capital et la nécessité de conclure une convention avec l'entreprise aidée. Depuis la loi du 9 janvier 1988, l'aide aux entreprises en difficulté n'est cependant plus ouverte aux communes, mais réservée aux départements et aux régions.

La juridiction administrative applique, de manière assez stricte, la législation relative aux aides aux entreprises. Elle a notamment soumis les sociétés d'économie mixte locale aux règles relatives aux aides aux entreprises en développement ou en difficulté alors que l'on pouvait penser que les rapports entre ces sociétés et les collectivités actionnaires n'étaient pas régis par ces règles.

B / *Les politiques de développement sectoriel*

La régulation des rapports économiques nécessite la mise en œuvre d'un certain nombre de politiques de développement sectoriel qui se sont considérablement développées au cours de la deuxième moitié du XXe siècle. La mise en œuvre des politiques sectorielles est d'abord et avant tout une compétence de l'État, mais les collectivités territoriales peuvent être conduites à s'y associer.

La *politique agricole* est une compétence de la communauté économique européenne et de l'État. Cependant, les collectivités territoriales interviennent fréquemment dans ce domaine sous forme de subventions. C'est en particulier le cas des départements qui ont pris le relais de l'État pour le financement d'un certain nombre d'actions de développement antérieurement assuré par l'État.

Dans certaines régions, existent des compagnies d'aménagement obéissant au droit privé, ou des offices à statut d'établissement public, comme ceux mis en place dans le cadre du statut particulier de la région Corse (Office d'équipement hydraulique de la Corse, Office de développement agricole et rural de la Corse), qui prennent en charge les problèmes spécifiques des régions considérées et assurent les travaux correspondants notamment en matière d'hydraulique.

Pour ce qui concerne la *pêche* et les *cultures marines,* les collectivités territoriales se sont vu attribuer une compétence par la loi du 22 juillet 1983. Les régions attribuent les aides au renouvellement et à la modernisation de la flotte de pêche côtière, et aux entreprises de culture marine. Les départements, pour leur part, apportent leur soutien aux travaux d'aménagement destinés aux cultures marines.

S'agissant des *activités industrielles,* les régions et les départements ne bénéficient pas d'une compétence particulière en la matière. Cependant, certaines régions ont mis en place des services de soutien technique ou des mécanismes d'aides à différents types d'activité.

Pour ce qui concerne les *activités commerciales,* aucune compétence particulière n'est également reconnue aux collectivités. Cependant, les départements et les communes participent à quelques actions de maintien de commerce en milieu rural dans les régions où ceux-ci ont tendance à disparaître (par exemple, en se rendant propriétaire de locaux commerciaux qui sont ensuite loués à des commerçants).

Les collectivités territoriales ont une compétence reconnue en matière d'organisation des *transports.* La loi d'orientation des transports intérieurs du 31 décembre 1982 reconnaît une compétence des collectivités locales en matière de transport public de voyageurs.

Ce sont en effet les communes ou groupements de communes qui ont le monopole de l'organisation des transports de voyageurs à l'intérieur des périmètres de transports urbains définis dans le cadre des plans départementaux de transport. Cette compétence prend la forme des réseaux de transport urbain. De plus, les régions et les départements définissent des schémas régionaux et départementaux de transport de voyageurs qui déterminent les mécanismes d'aides qu'elles apportent aux services de transport de personnes.

Leur rôle étant, à cet égard, renforcé par le fait que ces services de transports routiers de voyageurs ne sont plus aujourd'hui équilibrés par les recettes commerciales.

Pour ce qui concerne les autres systèmes de transport aérien, maritime, ferroviaire, les collectivités territoriales interviennent de façon plus limitée par le jeu d'aides apportées au maintien ou au développement de certaines dessertes.

En matière de *tourisme,* les régions, les départements et les communes sont amenés à jouer un rôle important consistant dans une politique de promotion, dont les vecteurs essentiels sont les comités départementaux du tourisme, les offices du tourisme et les syndicats d'initiative.

La loi du 23 juillet 1992, portant répartition de compétences en matière de tourisme, a tenté de clarifier la répartition des responsabilités entre les différentes collectivités et leurs institutions. Les régions créent des comités régionaux du tourisme, les départements des offices départementaux du tourisme, les communes peuvent créer soit des offices municipaux du tourisme à caractère d'établissement public, soit des offices de tourisme à statut associatif.

4 | LA RÉGULATION DU MILIEU

La politique de régulation du milieu est une fonction relativement récente des organisations administratives. Cependant, face aux conséquences de l'urbanisation et du progrès technique, elle a rapidement revêtu une importance considérable. Cette politique a été initiée par l'État qui, pendant longtemps, en a gardé la responsabilité presque exclusive. Mais les collectivités territoriales y ont depuis une période récente pris une part accrue.

A / *La réglementation de l'utilisation de l'espace*

La compétence locale en matière de réglementation de l'utilisation de l'espace porte sur la définition des normes locales d'*urbanisme* et la délivrance des autorisations d'occupation du sol. Jusqu'à la loi du 7 janvier 1983, la définition des normes locales d'urbanisme et la délivrance des autorisations d'occupation du sol étaient de la compétence de l'État, même si les communes participaient à divers titres à l'exercice de cette compétence.

Depuis la loi du 7 janvier 1983, la définition des règles locales d'urbanisme est de compétence communale. Ce sont elles en effet qui ont compétence pour élaborer les plans d'occupation des sols qui en constituent la référence principale. Les plans d'occupation des sols peuvent être intégrés dans un schéma directeur ou un schéma de secteur, qui est un document de référence élaboré dans le cadre intercommunal.

Un type particulier de syndicat de communes, le syndicat d'étude et de programmation, peut être constitué à l'effet d'élaborer des schémas directeurs ou des schémas de secteurs.

Les communes ont donc la responsabilité de la politique locale d'urbanisme. Elles ont également compétence pour délivrer les différents types d'autorisation d'occupation du sol. Cependant, cette compétence ne leur appartient que si elles sont dotées d'un plan d'occupation des sols approuvé.

Dans le cas contraire, les autorisations d'occupation des sols continuent d'être délivrées par l'État. Ainsi, la fonction locale d'urbanisme est-elle une fonction qui dépend du choix opéré par la commune de se doter ou de ne pas se doter d'un document d'urbanisme. Il faut cependant noter que les communes françaises se dotent de plus en plus de tels documents (voir encadré ci-dessous).

La diffusion des plans d'occupation des sols

Les plans d'occupation des sols sont les documents d'urbanisme fondamentaux. Lorsqu'une commune en est dotée, c'est dans le plan d'occupation des sols que l'on trouve l'essentiel des règles d'occupation de l'espace, en fonction desquelles, notamment, seront délivrées les autorisations d'urbanisme, et en particulier les permis de construire.

Toutes les communes ne sont pas dotées de plans d'occupation des sols. Mais les réformes de décentralisation se sont efforcées de les inciter à se doter de tels plans, notamment en faisant dépendre de leur présence de nombreux autres aspects de la décentralisation de l'urbanisme (notamment celui de l'octroi du permis de construire : là où il n'y a pas de plan d'occupation des sols, les permis de construire demeurent délivrés au nom de l'État, et non pas au nom de la commune).

Si bien que le nombre de plans d'occupation des sols a fortement crû depuis 1983, en 1995, le nombre de communes dotées d'un plan d'occupation des sols dépassait 14 700.

B / *La protection du patrimoine*

Les collectivités locales apportent une contribution à la fois à la protection du patrimoine naturel et à celle du patrimoine culturel.

1 / Les collectivités locales participent à la *protection du milieu naturel* par leur politique d'occupation des sols et peuvent délimiter des emplacements assurant la gestion de certains protégés. Si les parcs nationaux sont de la compétence de l'État, les parcs naturels régionaux sont gérés par les collectivités territoriales, fréquemment dans le cadre de syndicats mixtes. Il en va de même, dans un certain nombre de cas, des réserves naturelles.

La loi du 1er janvier 1995 relative à l'aménagement du territoire a transféré aux régions les compétences relatives aux parcs naturels régionaux.

2 / Les collectivités locales ont également un rôle important dans la *protection du patrimoine culturel.* Bien que la responsabilité des monuments historiques incombe principalement à l'État, les collectivités locales interviennent à la fois en gérant un nombre considérable de ces monuments, et, sur le plan normatif, avec leurs documents d'urbanisme de droit commun, ou en élaborant conjointement avec l'État des documents spécifiques que l'on appelle les zones de protection du patrimoine architectural, urbain et paysages (ZPPAUP).

Les collectivités locales ont également une responsabilité reconnue par la loi dans un autre type de protection qui est celui de l'archivage. En effet, elles sont tenues d'assurer la conservation et la protection de leurs archives. Ceci se fait dans des archives – régionales pour les régions, départementales pour les départements et les communes n'ayant pas d'archives municipales, et municipales pour les communes.

2 / Les fonctions d'allocation

Si les collectivités locales assument moins de missions de régulation que ne le fait l'État, elles sont par contre fortement présentes comme fournisseurs de prestations de biens et de services.

On évoquera en premier lieu les actions d'assistance et de redistribution, qui correspondent à des prestations de caractère financier destinées à compenser les difficultés liées à certaines situations individuelles, ou à garantir l'accès de tous à des services aujourd'hui considérés comme indispensables.

En second lieu, on passera en revue les autres prestations non marchandes, assez diverses, qu'offrent les collectivités locales.

On verra enfin les services marchands délivrés par les collectivités locales, c'est-à-dire ceux qui sont financés par un prix payé par les usagers, et qui se rapprochent ainsi des services fournis par les entreprises privées.

Notons au préalable que la distinction des prestations ou services marchands et des prestations ou services non marchands, si elle *est* proche de la distinction classique des services publics administratifs, des services publics industriels et commerciaux, ne doit pas lui être assimilée. Ne serait-ce que parce que la qualification administrative, ou industrielle et commerciale d'une activité donnée n'est pas nécessairement invariable. Il y a des services publics locaux qui sont toujours industriels et commerciaux, ou toujours administratifs, et d'autres qui sont, selon les contextes, administratifs ou industriels et commerciaux.

L'activité des caisses de crédit municipal est toujours administrative (Trib. confl., 15 janv. 1979, Caisse de crédit municipal de Toulon, *Lebon,* p. 658, *AJDA,* 1979.33, note L.-M. Pontier). Inversement, sont toujours des services industriels et commerciaux les abattoirs publics (Trib. confl., 8 nov. 1982, SA Maine-Viande, *Lebon,* p. 460) et l'assainissement (Cons. d'État, 20 janv. 1988, SCI, La Colline, *Lebon,* p. 21, *AJDA,* juin 1988, p. 407, obs. J.-B. Auby).

En revanche, il y a de nombreux autres services locaux qui, en fonction de leurs conditions locales d'organisation et de fonctionnement, en fonction en particulier de la manière dont ils sont financés (les services financés uniquement par des taxes fiscales ou des subventions ne pouvant être qu'administratifs : Cons. d'État, 17 avr. 1959,

Abadie, *Lebon,* p. 239, concl. Henry), peuvent changer de nature. C'est le cas, par exemple, de la distribution de l'eau, qui est parfois service industriel et commercial (Cons. d'État, 6 mai 1980, Mme Abdesselem, *Lebon,* p. 643), et parfois service administratif (Cons. d'État, 7 mai 1982, Verdier, *Lebon,* p. 565).

1 | LES ACTIONS D'ASSISTANCE ET DE REDISTRIBUTION

Les collectivités locales participent aux actions d'assistance et de redistribution dans l'ensemble du système national qui met également en jeu l'État et les organismes de protection sociale. Certes, leur contribution, à ce titre, n'a pas la dimension financière des actions menées par les institutions de Sécurité sociale ou les organismes d'indemnisation du chômage.

Cependant, leur action est d'une importance significative. Les départements en effet ont la charge des mécanismes d'*aide sociale.* L'aide sociale se présente sous la forme de prestations qui ne sont pas couvertes par des cotisations, mais par des recettes à caractère budgétaire. Elle vise plus particulièrement la famille, l'enfance, les personnes âgées et les personnes handicapées. Depuis la loi du 22 juillet 1983, c'est le département qui a la charge de l'ensemble des prestations légales d'aide sociale, à l'exception d'un nombre limité d'entre elles, énumérées à l'article 35 de cette loi, et qui demeurent à la charge de l'État (certaines aides aux adultes handicapés et aux personnes âgées). Les départements ont par ailleurs la charge des actions d'insertion liées au versement des allocations du RMI.

Les communes participent également mais de façon plus limitée à l'octroi de prestations d'aide sociale. Elles le font par l'intermédiaire des centres communaux d'action sociale, au bénéfice des personnes les plus démunies, le plus souvent sous forme de bons de nourriture ou de bons de transport. Les centres communaux d'action sociale participent au fonctionnement du système général d'aide sociale.

2 | LES AUTRES PRESTATIONS NON MARCHANDES

En dehors des actions d'assistance et de redistribution, les collectivités locales offrent à leur administrés de nombreux autres services non marchands, que l'on peut repérer dans le domaine de la formation, dans le secteur sanitaire et social, dans le secteur culturel, dans le secteur sportif et des loisirs, et dans le domaine des infrastructures de communication.

A / *Dans le domaine de la formation*

Les collectivités territoriales ont la charge de l'équipement et du fonctionnement de l'ensemble du système de formation initiale, à l'exception de renseignement supérieur. Cette responsabilité ne vise toutefois pas l'action pédagogique qui demeure de la compétence de l'État. L'enseignement élémentaire dispensé dans le cadre des écoles maternelles et primaires est de la responsabilité des communes qui en assurent, à l'exception de la rémunération des instituteurs, le financement. Les écoles sont des services dépourvus de personnalité juridique. L'enseignement secondaire dépend soit de la région, soit du département.

Le département a la charge des collèges, c'est-à-dire du premier cycle de l'enseignement secondaire.

La région, pour sa part, a la charge des lycées, c'est-à-dire du second cycle d'enseignement secondaire, ainsi que des établissements d'éducation spéciale, des écoles de formation maritime et agricole et des collèges d'enseignement technique maritime.

Les collèges, les lycées, les établissements d'éducation spéciale ont la qualité d'établissements publics locaux départementaux ou régionaux, selon les cas. L'enseignement supérieur, pour sa part, demeure à la charge de l'État, mais dans un certain nombre de cas, de plus en plus fréquents, les collectivités territoriales apportent des financements complémentaires pour le fonctionnement des établissements.

La compétence locale s'exerce également en matière de transports scolaires. Ce sont les départements qui ont la charge de l'organisation et du financement des transports scolaires. A cette fin, ils définissent un plan départemental de transport scolaire qui comprend des circuits spéciaux, et l'utilisation par les élèves des lignes régulières de transport. Ces circuits sont assurés dans le cadre de conventions par des entreprises de transport.

La responsabilité locale s'étend aussi au système de formation professionnelle continue. En effet, en application de la loi du 7 janvier 1983, ce sont les régions qui ont la charge du financement et de l'organisation des actions de formation professionnelle continue et d'apprentissage.

L'État, pour sa part, conserve comme en matière de formation initiale une compétence de caractère pédagogique. En outre, il a conservé la charge d'organiser et de financer, certaines actions de formation professionnelle d'intérêt national. Les actions de formation professionnelle continue sont dispensées dans des cadres variés, sous forme de conventions conclues avec les organismes dispensateurs de formation.

B / *Dans le secteur sanitaire et social*

1 / En matière de *prévention sanitaire,* ce sont les départements qui assurent les missions essentielles. En effet, la loi du 22 juillet 1983 leur a confié la plus grande part de la prévention sanitaire : vaccinations, prévention du cancer, protection maternelle et infantile... L'État s'est cependant réservé la protection de la santé mentale, la lutte contre la toxicomanie et l'alcoolisme et le dépistage anonyme et gratuit du SIDA.

2 / C'est également aux départements qu'a été confiée la responsabilité de gérer le système d'aide sociale. Ils organisent tout un ensemble de services d'action sociale (mineurs en danger, handicapés, personnes âgées). Ils les gèrent parfois. Mais ils ont surtout une responsabilité de planification et ont compétence pour autoriser les créations ou fermetures d'établissements.

Cela étant, les communes apportent une contribution importante. Elles ont une compétence particulière pour la mise en œuvre de services de proximité qui, s'ils ne sont pas à proprement parler des services sociaux faisant appel de façon importante aux prestations légales d'aide sociale, sont tout de même de véritables services à vocation sociale. C'est le cas des crèches, des haltes-garderies, des foyers du troisième âge, des réseaux de télé-alarme, qui sont fréquemment gérés par les communes ou par les centres communaux d'action sociale.

Nombre de maisons de retraite ou logements-foyers ont d'ailleurs le caractère d'établissements publics communaux.

3 / Les collectivités locales ont également des *liens avec les établissements publics hospitaliers.*

Il est vrai que les modifications de la législation hospitalière conduisent progressivement à détacher le service hospitalier des communes. La tutelle sur les établissements hospitaliers, qui était jusqu'à présent confiée aux services de l'État, Direction régionale et départementale des Affaires sanitaires et sociales, a été transférée à des services autonomes de l'État, agences régionales d'hospitalisation. Les maires ne sont plus de droit présidents des conseils d'administration des établissements hospitaliers de leurs communes.

Les établissements publics hospitaliers sont cependant quasiment tous des établissements publics locaux, et en grande majorité des établissements publics communaux.

C / *Dans le secteur culturel*

Par son caractère même, l'action culturelle repose pour une large part sur les collectivités publiques. Si l'État intervient de façon assez poussée dans le secteur culturel, la politique qu'il mène trouve son complément dans les actions engagées par les collectivités locales.

Régions, départements et communes suivent en effet des politiques culturelles spécifiques qui les conduisent à assurer le développement de la gestion d'un certain nombre d'équipements, et à mettre en place des mécanismes d'aide et de subvention. Les régions, départements et communes assurent, sous des formes variées, la gestion d'équipements de diffusion et d'enseignement culturels : musées, établissements d'enseignement de la musique, de la danse, de l'art dramatique, monuments.

Les bibliothèques sont de compétence soit départementale, soit communale. Les départements gèrent notamment les bibliothèques départementales de prêt qui ont vocation à couvrir les zones non couvertes par les bibliothèques municipales des communes urbaines. Les régions et les départements apportent également un concours financier technique aux actions de diffusion culturelle, qu'elles soient assurées par des structures publiques ou des structures privées. C'est à ce titre notamment qu'ils organisent des parcs de matériel mobile destinés à la diffusion des spectacles. Les communes, pour leur part, interviennent plus fréquemment en gérant des équipements qui permettent d'organiser des actions ou des spectacles, comme des salles d'exposition, des salles de théâtre, des auditorium.

D / *Dans le secteur sportif et des loisirs*

Le secteur de l'action sportive et récréative est également un secteur où les collectivités locales jouent un rôle majeur, l'exercice de cette compétence n'étant cependant pas réglé par des normes législatives ou réglementaires, mais relevant de traditions locales diverses. La région et le département apportent leur concours financier à la réalisation d'équipements sportifs et récréatifs, et au fonctionnement d'associations sportives. Ils n'assurent cependant que rarement la gestion d'équipement, si ce n'est de quelques bases de loisirs et centres de vacances.

La pratique sportive est assurée dans le cadre de clubs, au statut associatif, financièrement aidés par les collectivités locales, principalement les communes.

Les lois sur le sport, loi de 1985 modifiée à plusieurs reprises, ont prévu que les clubs sportifs professionnels adoptent une forme juridique spécifique, société anonyme à objet sportif ou société d'économie mixte à objet sportif.

La loi du 3 janvier 1992 a, par ailleurs, prévu la disparition à l'horizon de l'an 2000 des subventions aux clubs sportifs professionnels.

La prise en charge des infrastructures sportives est essentiellement assurée par les communes. Celles-ci assurent la création et la gestion des équipements sportifs et récréatifs : stades, salles de sport, gymnases, piscines, centres aérés, bases de loisirs, parcs municipaux, centres de vacances.

E / *Dans le domaine des infrastructures de communication*

A l'inverse du précédent, le secteur des voies de communication est organisé par des textes qui répartissent avec précision les compétences. Le plus connu est le secteur de la voirie. A l'exception du réseau d'autoroutes et du réseau des routes nationales, la création, l'amélioration et l'entretien de la voirie relèvent des collectivités territoriales.

La voirie départementale, issue pour une grande part du déclassement d'un réseau antérieurement de la compétence de l'État, relève des départements. Le reste de la voirie publique relève des communes, ce secteur de la voirie étant par ailleurs un des domaines privilégiés de la coopération intercommunale, tant en milieu rural qu'en milieu urbain.

Certains ouvrages de la voirie locale peuvent donner lieu à perception de péages.

Les voies navigables sont en principe de la compétence des régions, à l'exception d'un certain nombre d'entre elles qui, considérées comme étant d'intérêt national, sont demeurées de la compétence de l'État. Mais la plupart des régions ont choisi de ne pas exercer cette compétence (seules Bretagne, Pays de Loire, Picardie s'en sont saisies).

3 | LES SERVICES MARCHANDS

Il n'a pas été évident d'admettre que les collectivités locales puissent fournir des services marchands, et ainsi intervenir dans le secteur industriel et commercial. Historiquement, des débats très âpres ont opposé, au début du siècle, les tenants d'un respect rigoureux, par les collectivités locales, de la liberté du commerce et de l'industrie, aux tenants de ce que l'on a appelé le « socialisme municipal », qui prônaient la prise en charge par les collectivités de toutes sortes d'activités industrielles et commerciales correspondant aux besoins de la population locale (v. J.-J. Bienvenu et L. Richer, Le socialisme municipal a-t-il existé ?, *Revue historique de droit français et étranger,* n° 62, 1984, p. 205).

La jurisprudence, quant à elle, n'a admis la création de services publics de nature à concurrencer les activités privées que dans certaines limites, qui ont été rappelées (v. *supra,* p. 116).

Quoi qu'il en soit, les collectivités locales offrent finalement des services marchands assez nombreux, et les lois de décentralisation, tant dans leur contenu que dans leur esprit, n'ont fait qu'autoriser leur développement.

On trouve des services marchands locaux essentiellement dans les domaines de l'hygiène, de l'énergie, des transports, de la communication audiovisuelle, en matière d'animation économique, dans le secteur du logement, et en matière de services financiers.

A / *Dans le domaine de l'hygiène*

Les services traitant de l'hygiène et particulièrement liés aux impératifs de l'environnement ont connu, dans un passé récent, des modifications importantes. Depuis la loi du 15 juillet 1975, l'élimination des déchets incombait, d'une part, aux communes, d'autre part, aux départements chargés de l'élimination des déchets qui ne pouvaient être évacués par les services communaux.

Différents textes d'origine communautaire ou nationale ont modifié le mode de fonctionnement de ce service. Le service public des déchets vise désormais à assurer non seulement la collecte mais également l'élimination des déchets, soit par valorisation (incinération avec récupération d'énergie, compostage), soit par l'insertion dans une filière de recyclage.

Le service public des déchets est ainsi devenu une structure plus complexe intégrant différentes activités de technologies différentes et divers niveaux de collectivités.

Les régions ont en charge l'élimination de certains déchets spéciaux. Les départements sont chargés, en liaison avec l'État et ses établissements publics spécialisés, de concevoir le plan départemental d'élimination des déchets et de traiter certaines catégories de déchets spéciaux. Les communes conservent la responsabilité d'assurer la collecte et l'élimination des déchets ménagers et des déchets qui leur sont assimilables.

Le régime de l'eau et de l'assainissement a été modifié par la loi du 3 janvier 1992 sur l'eau. La distribution publique d'eau potable et le service d'assainissement constituent deux services publics communaux mais juridiquement distincts.

La législation impose désormais le traitement des eaux usées et s'appuie sur la notion de cycle de l'eau avec pour objectif de restituer au milieu naturel une eau épurée. Pour que cet objectif soit atteint, il faut encore que de grands efforts soient réalisés. Comme les réseaux de distribution d'eau appellent eux-mêmes des rénovations importantes pour répondre à des préoccupations techniques ou de santé publique (par exemple, la présence de plomb dans les tuyaux) et que la facture d'eau intègre les prix de l'eau et de l'assainissement, les prix payés par les usagers sont appelés à connaître dans l'avenir une évolution rapide alors même que leur niveau alimente d'importantes contestations.

Jusqu'en 1993, le service public des pompes funèbres était un monopole communal. Ce monopole communal qui datait de 1904 était, selon les cas, assuré en gestion directe, délégué à une entreprise privée ou non exercé.

Une loi de 1986 avait déjà assoupli les règles de ce monopole en donnant aux familles des défunts une plus grande liberté de choix.

La loi du 8 janvier 1993 a fondamentalement modifié le mode d'exécution de ce service. Elle en a fait un service public concurrentiel, les entreprises privées étant, sous réserve de bénéficier d'un agrément préfectoral, autorisées à proposer leurs prestations sur le territoire. Les régies communales peuvent subsister mais sont désormais soumises au régime concurrentiel.

En dépit de cette organisation, cette activité conserve, par décision de la loi, un caractère de service public. Cependant, selon un avis du Conseil d'État, ce service public qui était précédemment considéré comme administratif est désormais tenu pour industriel et commercial (avis 135102 du 19 janvier 1995).

Les collectivités locales procurent aux administrés d'importantes prestations en matière d'*hygiène*. C'est le cas spécialement des communes, qui sont souvent dotées, pour l'exercice des compétences correspondantes, de cellules spécialisées qui sont les services communaux d'hygiène et de santé – autrefois bureaux municipaux d'hygiène – et les services de désinfection.

B / *Dans le domaine de l'énergie*

Le secteur de l'énergie est très largement public en France. La part des collectivités locales y est plus importante qu'on ne croit ordinairement. S'agissant de l'électricité, la production est assurée par Électricité de France. Cependant, les collectivités locales participent à cette production dans le cadre de régies de production électrique communale, intercommunale ou syndicale qui sont exclues des lois de nationalisation.

De même, certaines communes ou groupements de communes sont amenés à participer à la production électrique soit dans le cadre d'usines de récupération des déchets, soit dans le cadre de l'exploitation de microcentrales. Mais cette part de la production locale est marginale par rapport à l'ensemble. Par contre, la distribution locale d'énergie électrique est une compétence communale. Dans la très grande majorité des cas, en application de la loi de nationalisation du 8 août 1946, cette distribution est concédée à l'Électricité de France.

Dans quelques cas, elle est assurée directement en régie par les communes. Par ailleurs, les communes sont, en milieu rural, maîtresses d'ouvrage de l'extension des réseaux. Dans cette hypothèse, elles bénéficient de subventions des départements et de participations du fond d'amortissement des charges d'électrification, qui permettent de financer des extensions de réseau et qui sont réparties par les départements, ce fonds étant alimenté par une taxe perçue sur la consommation d'électricité.

Ainsi les communes sont-elles parties prenantes à la distribution électrique, même si dans les faits, Électricité de France en assure la responsabilité essentielle.

Le régime du gaz est assez voisin de celui de l'électricité. La production de gaz est dans sa plus grande partie nationalisée et confiée à

Gaz de France et à ses filiales. Les régies de production des collectivités locales ont, avec la généralisation de l'utilisation du gaz naturel, disparu.

La distribution de gaz est, elle, une compétence des communes. Dans l'immense majorité des cas, celles-ci la confient, en application de la loi du 8 août 1946, dans le cadre des cahiers des charges de concession, à Gaz de France comme dans le cas de l'électricité ; il subsiste quelques régies communales ou intercommunales de distribution de gaz.

Les perspectives d'ouverture à la concurrence des marchés du gaz et de l'électricité, liées aux directives européennes établies ou en cours de négociation, pourraient se traduire par une limitation ou une régression des monopoles de production de transport et de distribution d'Électricité et Gaz de France permettant aux communes de retrouver un véritable pouvoir concédant.

Les réseaux de distribution publique d'énergie calorique existent depuis longtemps dans un certain nombre de communes. La crise de l'énergie et l'utilisation aux fins énergétiques de déchets ménagers et industriels, et des énergies nouvelles comme la géothermie, ont donné un nouvel élan à cette technique. Une loi de 1979 a permis de réserver une situation de monopole aux réseaux mis en place par les collectivités locales. Ces réseaux sont exploités soit en régie, soit par des entreprises extérieures dans le cadre de contrats.

C / *Dans le domaine des transports*

Si les voies de communication sont pour l'essentiel des services publics à caractère administratif, les moyens de communication sont, pour leur part, des services marchands. Une part de ces services est laissée au libre jeu de la concurrence, mais l'intervention publique est cependant, significative.

Dans le secteur des transports routiers, organisé selon le régime de coordination évoqué précédemment, la part des collectivités locales est importante. C'est notamment le cas des services de transport urbain, les plans départementaux de transports prévoyant la définition d'un périmètre de transports urbains, à l'intérieur desquels les communes et les groupements de communes ont le monopole de leur organisation. Ce sont donc des services communaux assurés directement ou dans le cadre de contrats, en principe de délégation de service public, qui assurent les transports routiers urbains.

Dans la région parisienne, c'est un établissement public d'État, la Régie autonome des transports parisiens, qui assure cette fonction (avec la SNCF et une entreprise privée, l'APTR) par convention avec le syndicat des transports parisiens. Les transports interurbains routiers sont en principe laissés à l'initiative privée. Il existe cependant un certain nombre de services interurbains assurés directement par des régies départementales de transport. En outre, dans le cadre des plans départementaux de transport, les lignes routières font l'objet de conventions d'exploitation qui garantissent des recettes financières en contrepartie d'obligation de desserte.

Les infrastructures d'accueil des voyageurs des transports routiers relèvent également pour partie des collectivités locales. Le fonctionnement des transports urbains ou interurbains justifie la création de gares routières de voyageurs dont les communes ont l'initiative et assurent la gestion, soit directement, soit par recours à une entreprise extérieure.

Les transports ferroviaires relèvent de la Société nationale des chemins de fer français. Cependant, un certain nombre de services font l'objet de conventions conclues avec les collectivités territoriales, ces dernières apportant les recettes permettant leur maintien. Il subsiste quelques lignes ferrées qui ne sont pas confiées à la SNCF. Leur exploitation relève des collectivités territoriales qui les exploitent le plus souvent par une convention avec une entreprise. Par ailleurs, les collectivités locales, et notamment les régions, aident aujourd'hui au financement du réseau de TGV.

En application des directives européennes, le patrimoine confié à la SNCF a été réorganisé. Les voies ferrées sont désormais gérées par un établissement public d'État, Réseau ferré de France. La SNCF conserve, pour sa part, la gestion du matériel roulant.

Ces dispositions visent à préparer le marché des chemins de fer à une ouverture progressive à la concurrence. Dans ce cadre, les collectivités locales, et principalement les régions, qui contribuent déjà largement au fonctionnement des transports ferroviaires régionaux, pourront trouver des nouveaux développements de compétences.

Les services de remontées mécaniques dans les stations de sports d'hiver relèvent de la compétence communale, en application de la loi Montagne du 9 janvier 1985. Cependant, quelques domaines skiables créés par des départements sont demeurés de leur compétence.

Le secteur des transports maritimes ne fait intervenir les collectivités locales que dans le cas spécifique des services maritimes qui fonctionnent entre les îles et le continent. Certains départements disposent en effet des régies de passage d'eau qui assurent les services correspondants.

Par contre, les collectivités locales interviennent de façon plus large pour les ports maritimes. Les ports maritimes de commerce et de pêche sont de la compétence des départements, à l'exclusion des ports autonomes et des ports considérés comme d'intérêt national, qui ont conservé un statut d'État. Les ports exclusivement réservés à la plaisance sont eux de compétence communale.

Dans le secteur des transports fluviaux, les collectivités locales jouent un rôle en matière de ports fluviaux. Depuis la loi du 22 juillet 1983, les ports fluviaux sont de la compétence des régions à condition qu'elles aient décidé de s'en charger, ce que n'ont fait que les régions Bretagne, Pays de Loire et Picardie. L'État, pour sa part, a conservé sa compétence pour deux ports fluviaux d'intérêt national : Paris et Strasbourg.

Le secteur aérien est un secteur qui relève pour l'essentiel de l'État. Les collectivités locales n'en sont pourtant pas absentes. Certaines lignes aériennes sont exploitées dans le cadre de conventions de délégation de service public conclues avec les collectivités territoriales, qui permettent d'assurer l'équilibre de leur exploitation. Par ailleurs, si les aérodromes ouverts à la circulation aérienne publique sont de la compétence de l'État, les collectivités locales en sont parfois les gestionnaires.

Il faut aussi évoquer le secteur du stationnement payant. Le stationnement payant effectué dans des parcs, en surface ou en structure spécialement aménagée à cet effet, est de la compétence communale, les communes pouvant l'assurer soit directement, soit dans le cadre d'un contrat.

D / *Dans le domaine de la communication audiovisuelle*

Le secteur de l'information est également un secteur laissé à l'initiative privée dans le cadre d'une organisation contrôlée par une autorité administrative indépendante, le conseil supérieur de l'audiovisuel. Cependant, les communes participent fréquemment à la gestion de radios locales le plus souvent organisées sous forme associative.

Les régions, départements et communes sont parties prenantes au réseau de télévision locale qui commence à se constituer. De la même façon, elles interviennent dans la mise en place des réseaux câblés qui, depuis la loi du 30 septembre 1986, sont de compétence communale.

Les réseaux câblés ne constituent cependant des services publics que s'ils ont pour objet de pallier les déficiences de la réception hertzienne (avis du Conseil d'État du 25 juillet 1995).

L'ouverture à la concurrence du secteur des télécommunications intéresse les collectivités locales. Ce sont en particulier celles qui disposent de réseaux câblés qui peuvent utiliser ces réseaux pour fournir directement ou par voie de gestion déléguée des services de télécommunications, en particulier le service téléphonique. Mais il n'est pas sûr que les communes soient, dans ce cadre, autorisées à fournir des services de téléphonie et autres services de télécommunication.

E / *En matière d'animation économique*

Le secteur de l'animation économique justifie également des interventions des collectivités locales : ainsi des marchés qui sont fréquemment organisés par les communes. Ils peuvent être de simples marchés d'approvisionnement organisés sur des places publiques ou dans des structures spécialement aménagées à cet effet. Ils peuvent également avoir une vocation plus large comme les marchés d'intérêt national ou une vocation plus spécialisée comme les foires.

Dans tous les cas, c'est aux communes ou à leurs établissements publics de coopération qu'en revient l'organisation. On retrouve la compétence communale en matière d'abattoirs, la construction et la gestion de ces derniers relevant des communes, de la même façon qu'un certain nombre d'entre elles exploitent des services de voie publique.

En matière d'accueil touristique, il existe de nombreux campings communaux ayant le caractère de services marchands. Enfin, l'intervention croissante des collectivités publiques dans le domaine économique les a conduit, au-delà de leur mécanisme d'incitation et d'aide, à développer des mécanismes d'accompagnement du secteur productif relevant normalement du secteur concurrentiel. C'est ainsi que sous des régimes et des statuts variés, se développent des prestations de services publics relevant en principe de l'initiative privée : transferts de technologie, audits, services d'informatique.

F / *Dans le secteur du logement*

Le secteur du logement est essentiellement une responsabilité de l'État. Cependant, les collectivités territoriales n'en sont pas absentes. La loi du 7 janvier 1983 a prévu la possibilité pour les collectivités territoriales de définir des *programmes locaux de l'habitat,* dans le cadre desquels des aides spécifiques à certaines formes ou modalités de logement peuvent être apportées.

Ce sont également les collectivités territoriales qui peuvent mettre en œuvre les procédures qui permettent de bénéficier d'aides spécifiques : c'est la fonction, notamment, des opérations programmées d'amélioration de l'habitat fréquemment organisées dans le cadre d'établissements publics de coopération intercommunale.

Dans un certain nombre de cas, les collectivités locales interviennent plus directement sur le marché du logement. Elles peuvent assurer l'ensemble des prestations nécessaires à la constructibilité et à la viabilité des terrains, et en assurer la commercialisation. Ce sont les opérations d'aménagement dont la responsabilité incombe aux communes. La forme la plus simple est le lotissement communal ; les zones d'aménagement concerté sont utilisées pour les opérations plus complexes.

Les collectivités publiques offrent également directement des logements aux particuliers sous forme locative ou sous forme d'accession à la propriété. C'est essentiellement le cas des constructions dites HLM qui bénéficient de procédures et de financement particuliers. Les organismes d'HLM ont des statuts variés mais les plus importants d'entre eux ont un statut public. Ce sont les offices publics d'HLM, établissements publics départementaux ou communaux selon les cas. Il convient également de noter que certaines collectivités locales sont d'importants propriétaires immobiliers, et utilisent cette situation pour mener des politiques de logement.

Enfin, les départements ont en charge l'aide au logement des plus démunis.

G / *En matière de services financiers*

Le secteur des services financiers est un secteur concurrentiel placé sous le contrôle de l'État. La loi bancaire garantit l'exclusivité de la fonction financière aux organismes ayant le statut d'établissement financier. Les collectivités locales y jouent un rôle limité.

On notera cependant que certaines régions participent au capital de sociétés de développement régional, organismes financiers chargés du financement d'opérations d'intérêt régional sous forme de prêts ou de participation au capital. Certaines régions ont prolongé cette action en créant des instituts régionaux de participation spécialisée dans la prise de participation dans des entreprises d'intérêt local. Dans un certain nombre de cas, les départements s'associent à ces actions.

Les collectivités interviennent également en qualité de banquier par l'intermédiaire des caisses de crédit municipal, anciens mont-de-piété. A l'origine destinées aux prêts sur gage, ces caisses de crédit municipal existent dans un certain nombre de communes importantes, et ont une compétence territorialisée. Elles assurent des crédits aux particuliers. Leur rôle dans l'ensemble bancaire est réduit.

BIBLIOGRAPHIE

Elie Alfandari, *Aide sociale, action sociale,* Dalloz, 1987.

Antoinette Ashworth, *Les attributions des collectivités locales en matière d'enseignement public,* Dalloz, Collectivités locales.

Jean-Bernard Auby, *Les attributions des communes en matière sociale et sanitaire*, Dalloz, Collectivités locales.

Jean-Bernard Auby et Hugues Périnet-Maquet, *Droit de l'urbanisme et de la construction,* Montchrestien, 5e éd., 1998.

Jean-François Auby, *Les services publics locaux,* Berger-Levrault, 1997.

Commissariat général du Plan, *Interventions économiques des collectivités locales,* La Documentation française, 1985.

Roland Debbasch, L'intervention économique des collectivités locales après les lois de décentralisation, *RDP,* 1986, n° 2, p. 497.

Denis Broussolle, *Les transports de personnes,* Dalloz, Collectivités locales.

Jean-Claude Helin, Le département et le droit de l'intervention économique, *PFDA,* 1985.719.

Henri Jacquot, *Droit de l'urbanisme,* Dalloz, 2e éd., 1989.

Jean-Pierre Jarnevic, Décentralisation et enseignement, in *Vertus et limites de la décentralisation,* Les Cahiers du droit public, 1985.

Charles Lapeyre, Les collectivités locales et le sport après les lois de décentralisation, *RDP,* 1987.1603.

Jean-Claude Nemery, Le nouveau régime juridique des interventions économiques des collectivités locales, *AJDA,* 1983, n° 2, p. 65.

Marie-Luce Pavia, La répartition des compétences dans le domaine de l'action sociale de la santé, *AJDA,* 1984.487.

Jean-Marie Pontier, Décentralisation et action culturelle, in *Vertus et limites de la décentralisation,* Les Cahiers du droit public, 1985.

Bernard Poujade, La loi du 5 janvier 1988 d'amélioration de la décentralisation et l'interventionnisme des collectivités locales, *JCP,* 1988.1.3554.

Robert Rezenthel, Le régime juridique des ports maritimes départementaux et communaux, *Le droit maritime français,* 1985.131.

Laurent Richer, *Droit des services publics,* Le Moniteur, 1995.

Singer, Le service départemental d'incendie et de secours, *Rev. adm.,* 1982.539.

Chapitre III

MODES D'EXERCICE DES FONCTIONS LOCALES

On distingue classiquement, dans la théorie du droit administratif, deux modes d'action de l'administration : la police administrative, et la gestion des services publics. Cette distinction se rapproche, sans l'épouser totalement, de la distinction faite dans le chapitre précédent, entre l'action de régulation et l'action d'allocation. Mais si la présentation utilisée dans le chapitre précédent a permis d'exposer les fonctions qu'assurent les administrations locales décentralisées, c'est-à-dire le rôle social qu'elles remplissent, le présent chapitre aura pour objet de présenter les modes d'exercice de ces fonctions, c'est-à-dire les techniques juridiques globales qui permettent de les assurer.

1 / La police administrative locale

La police administrative est le mode d'action de l'administration qui a pour finalité de réglementer les activités humaines afin d'assurer la sécurité des personnes et des biens, et le respect des diverses législations.

La police administrative a un caractère purement préventif, ce qui l'oppose à la police judiciaire, dont le but est de rechercher les auteurs des infractions pénales, en vue d'exercer, à leur encontre, une procédure répressive, ou éventuellement de prévenir la survenance d'une infraction déterminée.

On distingue classiquement la police administrative générale des polices administratives spéciales. La police générale a pour caractéristique d'être attribuée à des autorités administratives à compétence élargie, et de se fixer pour but la préservation de l'ordre public, conçu d'ailleurs dans un sens large, qui inclut la sécurité, la salubrité, la tranquillité. Les polices spéciales ont des objets et des buts particuliers, et il est fréquent qu'elles ne soient pas confiées aux mêmes autorités que la police générale.

Même si les pouvoirs de police les plus considérables appartiennent à des autorités d'État, et en particulier au premier ministre et aux préfets, les autorités locales décentralisées ont des compétences en pratique très importantes. Elles disposent d'ailleurs, pour la mise en œuvre matérielle de leurs décisions, de forces de police dont il faudra également dire un mot.

1 | LES AUTORITÉS LOCALES DE POLICE

Dans l'espace local, il existe traditionnellement deux autorités principales de police : le maire et le préfet. Ce dernier n'étant pas une autorité décentralisée, n'a pas à être évoqué ici. En revanche, il faudra évoquer le président du conseil général, que les réformes de décentralisation ont doté de quelques compétences.

A / *Les pouvoirs de police du maire*

Le maire est à la fois autorité de police générale et autorité de police spéciale. La combinaison de ces prérogatives se fait conformément aux règles habituelles des concours de police, c'est-à-dire que l'existence de ses pouvoirs de police spéciale ne fait pas obstacle à l'utilisation, en complément, de ses pouvoirs de police générale.

L'article L. 2212-1 du Code général des collectivités locales dispose que le maire est titulaire du pouvoir de police municipale, et l'article L. 2212-2 lui confère une compétence générale pour assurer « le bon ordre, la sûreté, la sécurité et la salubrité publiques ». Le même article L. 2212-2 énumère les principaux objets auxquels correspond cette fonction générale :

— la sûreté et la commodité des passants, dans les rues, quais, places et voies publiques ;
— la répression des atteintes à la tranquillité publique ;
— le maintien du bon ordre dans les rassemblements d'hommes ;

— le contrôle des débits de boissons et de la salubrité des produits alimentaires ;
— la prévention et le secours contre les accidents, les fléaux de la nature et les pollutions ;
— les mesures nécessaires contre les aliénés ;
— la lutte contre la divagation des animaux dangereux ;
— la réglementation de la fermeture des boulangeries.

Ce texte est complété par une série d'autres dispositions du Code général des collectivités locales qui attribuent aux maires compétence pour réglementer divers autres aspects de la vie municipale. C'est ainsi que lui sont notamment attribués :

— la police de la circulation sur l'ensemble des voies situées à l'intérieur des agglomérations, sous réserve des voies classées à grande circulation, sur lesquelles le préfet dispose aussi de prérogatives (CGCT, art. L. 2213-1) ;
— la police du stationnement sur la voie publique (CGCT, art. L. 2213-2) ;
— la police rurale, qui inclut un certain nombre d'attributions concernant la protection des récoltes, la lutte contre la divagation des animaux errants, la protection contre les pollutions agricoles ;
— la police des funérailles et des lieux de sépulture (CGCT, art. L. 2213-7 et s.) ;
— la police des ports maritimes communaux (CGCT, art. L. 2213-22) ;
— en application du Code minier, certains pouvoirs dans le cadre de la police des carrières ;
— en zone littorale, la police des baignades et des activités nautiques légères pratiquées à partir du rivage et jusqu'à une limite de 300 m, ainsi que la police à l'intérieur des ports de plaisance (CGCT, art. L. 2213-23) ;
— en zone de montagne, le pouvoir d'interdire l'accès de certains lieux aux véhicules afin d'assurer la protection ou la mise en valeur des sites.

Par ailleurs, un certain nombre de textes attribuent aux maires une part dans l'exercice de certaines polices spéciales. C'est ainsi, par exemple, qu'en vertu des articles 1 et 2 du Code de la santé publique les maires ont la possibilité de compléter les règlements sanitaires. D'autres textes confèrent, par exemple, aux maires diverses attributions dans le cadre de la police spéciale des installations classées, dans le cadre de celle des cours d'eau, ou de celle des terrains de camping et de caravaning.

L'exercice des pouvoirs de police du maire est assujetti à trois séries de limites. En premier lieu, il existe des communes dans lesquelles a été institué le régime dit de la police d'État. Cette étatisation est établie en fonction des besoins de la commune en matière de sécurité, besoins qui s'apprécient au regard de la population permanente et saisonnière, de la situation de la commune dans un ensemble urbain et des caractéristiques de la délinquance (CGCT, art. L. 2214-1). Elle est instituée par arrêtés conjoints des ministres compétents si la commune l'a demandée ou qu'elle a exprimé son accord, par décret en Conseil d'État en cas de désaccord (même article).

Dans les communes à police d'État, c'est au préfet, et non au maire, qu'appartient la police des atteintes à la tranquillité publique et des manifestations – c'est-à-dire la police de l'ordre public au sens strict et le plus courant du terme. Cependant, le maire reste compétent s'agissant de réprimer les bruits de voisinage.

En second lieu, le préfet est compétent pour prendre les mesures de police dont le cadre géographique d'application dépasse le territoire d'une seule commune (CGCT, art. L. 2215-1). Il est ainsi conduit, de fait, à se substituer à l'autorité municipale de police.

En troisième lieu, l'exercice par le maire de ses pouvoirs de police se fait sous la surveillance du préfet. Si un maire refuse de prendre les mesures de police qu'une situation particulière impose, le préfet peut, après mise en demeure, se substituer à lui (CGCT, art. L. 2215-1). Il dispose ainsi, par dérogation aux principes généraux qui régissent actuellement les rapports entre l'État et les collectivités territoriales, d'un véritable pouvoir de tutelle en la matière.

Par ailleurs, il convient d'indiquer que le maire est soumis aux règles traditionnelles de hiérarchie des actes en matière de police. Moyennant quoi il ne peut jamais qu'ajouter aux mesures prises par les autorités étatiques. Il ne peut ni les réduire, ni les modifier.

Il faut noter que l'exercice des pouvoirs de police municipale est placé sous un contrôle étroit de la juridiction administrative. Une jurisprudence classique (Cons. d'État, 19 mai 1933, Benjamin, *Lebon,* p. 541, *S.,* 1934.3.1, concl. Michel, note Mestre, *D.,* 1933.3.354, concl. Michel) a assujetti les mesures locales de police à un véritable contrôle de proportionnalité, dans lequel le juge se demande si les atteintes portées aux libertés publiques par ces mesures sont bien proportionnées à l'objectif qu'elles se fixent. On sait que, notamment, dans le cadre de cette jurisprudence, le Conseil d'État s'oppose aux interdictions présentant un caractère trop général et absolu (par ex., si la vente de glaces peut être interdite, en fonction des circonstances, sur une plage donnée, il n'est pas possible d'interdire cette vente de manière systématique sur toutes les plages et sur tout le domaine public : Cons. d'État, 26 juillet 1985, Sté Glace service, *Lebon,* p. 236, *Dr. adm.,* n° 495 ; 21 févr. 1986, Commune d'Agde, et du même jour, Commune de Fleury-d'Aude, *Lebon,* p. 425 ; 16 janv. 1987, Auclair, *Lebon,* p. 603, *Dr. adm.,* n° 65).

Enfin, il faut rappeler qu'à Paris l'essentiel des pouvoirs de police appartient au préfet de police, ceux du maire étant très réduits.

B / *Les pouvoirs de police du président du conseil général*

Le président du conseil général est, depuis la loi du 2 mars 1982, autorité de police spéciale, à un double titre.

Il dispose du pouvoir de police de la circulation sur les voies départementales, sauf à l'intérieur des agglomérations, et sur celles qui sont classées routes à grande circulation.

Il dispose du pouvoir de police dans les ports départementaux, c'est-à-dire les ports de commerce et de pêche, à l'exception des ports autonomes et de certains ports considérés comme d'intérêt national.

2 | LES FORCES LOCALES DE POLICE

L'exécution des mesures de police des autorités locales relève, pour l'essentiel, de personnels d'État. Ce sont, en milieu urbain, la Police nationale, c'est-à-dire les commissariats de police, unités dépendant du ministère de l'Intérieur, et, en milieu rural, la Gendarmerie nationale, ensemble d'unités à caractère militaire dépendant du ministère de la Défense (brigades, compagnies, groupements, légions, régions). La répartition des attributions entre Police nationale et Gendarmerie fait l'objet de textes précis, régulièrement remis en question par les uns ou les autres.

Les autorités locales disposent également de corps de police municipale. Ce sont des corps d'agents municipaux, agréés par le procureur de la République, et qui ont pour mission de veiller à l'exécution des arrêtés locaux de police. Ils ne disposent pas des mêmes compétences que les agents de Police nationale, notamment en ce qui concerne les pouvoirs de police judiciaire. (Ils peuvent cependant se voir reconnaître la qualité d'agents de police judiciaire adjoints.) Le statut de ces corps de police municipale, qui sont parfois étoffés et fort bien équipés, suscite régulièrement débats et projets de réforme. Un important projet de réforme est d'ailleurs actuellement sur les rails.

En milieu rural, la police municipale prend la forme traditionnelle des gardes champêtres, qui ont des compétences comparables à celles des policiers municipaux.

2 / La gestion des services publics locaux

Il revient aux administrations d'assurer, au bénéfice des citoyens, un certain nombre de services. Ces services se sont considérablement développés au cœur du XXe siècle, en même temps que se formait la théorie juridique du service public, qui est devenue la pierre angulaire de notre droit administratif.

Cette théorie est aujourd'hui contestée, mais, quoi qu'il en soit du débat théorique, il reste que c'est au travers de la notion de service public que sont définis les cadres juridiques essentiels de l'activité administrative.

On a vu, dans le chapitre précédent, en quoi consistent, quant à leur objet, les services publics locaux. Il s'agit ici d'indiquer de quelle manière, selon quelles techniques juridiques ils sont gérés.

Trois séries de remarques préliminaires doivent cependant être faites.

En premier lieu, de même que les services publics des autres personnes publiques, les services publics locaux se divisent en *services publics administratifs* et *services publics industriels et commerciaux.* Comme on le sait, la distinction est importante en ce que les services publics administratifs sont soumis au droit public tant en ce qui concerne leur organisation qu'en ce qui concerne les rapports avec les usagers, alors que les services publics industriels et commerciaux, s'ils sont soumis au droit public sur le plan de leur organisation, sont en revanche régis par le droit privé en ce qui concerne les rapports avec les usagers.

On a eu l'occasion d'indiquer, dans le chapitre précédent (voir chap. 11), que certains services publics sont difficiles à classer au regard de cette distinction, car ils peuvent changer de nature selon le contexte, selon la manière dont ils sont organisés et fonctionnent dans une collectivité déterminée.

On peut cependant faire le classement suivant.

Sont en principe des services publics industriels et commerciaux :

— en matière d'hygiène, la distribution d'eau, l'assainissement, l'enlèvement et le traitement des ordures ménagères ;
— en matière d'énergie, la distribution d'électricité, la distribution de gaz, le chauffage urbain ;
— en matière de communication, les transports publics urbains et interurbains, le stationnement payant, les réseaux câblés ;
— en matière d'action économique : les abattoirs, les foires et marchés, les remontées mécaniques, les campings, les régies thermales, les établissements frigorifiques publics, les bureaux de poids publics ;
— le service des pompes funèbres.

Sont en principe des services publics administratifs :

— en matière d'éducation, les écoles, les lycées, les collèges, les transports scolaires, les cantines scolaires ;
— en matière d'action sociale, les crèches, les garderies, les logements-foyers, les maisons de retraite, les centres de vaccination et de médecine préventive, les centres de protection maternelle et infantile (PMI), les établissements spécialisés sociaux ou médico-sociaux ;
— en matière d'hygiène, les bureaux municipaux d'hygiène, les services de désinfection ;
— les services culturels et sportifs ;
— les services d'entretien de la voirie et relatifs au stationnement sur la voirie ;
— le service des cimetières ;
— les services administratifs divers, comme l'état civil, les services d'urbanisme ou des affaires électorales.

En second lieu, il faut noter que, fréquemment, la règle de droit laisse aux collectivités locales la liberté du choix du mode de gestion de leurs services publics. Ce n'est cependant pas le cas général. Il y a des services publics, par exemple, qui doivent nécessairement être gérés en régie directe : c'est le cas de la voirie et de l'aide sociale.

Il y a des activités que les collectivités locales ne sont pas autorisées à déléguer.

Ce sont tout d'abord, pour la part de responsabilité qui les concerne, les missions exercées au titre des fonctions régaliennes (justice, police, défense, relations extérieures).

Certaines activités à caractère administratif ne peuvent pas non plus être déléguées, tout au moins pour ce qui concerne l'exercice de ce qui fait le cœur de ces missions : c'est le cas des services éducatifs et sanitaires.

Par ailleurs, le fait de déléguer la gestion d'un service n'autorise pas les collectivités locales à confier à un tiers le soin d'exercer des pouvoirs de police ou de percevoir des recettes à caractère fiscal (la distinction entre recettes à caractère fiscal et non fiscal est importante ; mais elle n'est pas toujours facile à opérer).

Les conventions de délégation de service public doivent donc être conçues en fonction de ces interdictions.

Il y a des services qui doivent nécessairement être concédés : c'est le cas, sous certaines réserves qui ont été évoquées, de la distribution d'électricité et de la distribution de gaz.

Sur un plan plus général, il y a des modes de gestion qui sont en principe réservés aux services publics administratifs : c'est le cas de la régie directe, par exemple. D'autres qui sont au contraire en principe réservés aux services publics industriels et commerciaux : c'est le cas de la régie autonome ou de la régie personnalisée (mais le Code général des collectivités territoriales autorise désormais que ces deux types de régie soient utilisées pour des services publics à caractère administratif).

En troisième lieu, les choix que fait une collectivité locale quant au mode de gestion de ses services publics et quant à l'organisme à qui elle les confie ne sont que partiellement soumis aux règles du droit de la concurrence. Un arrêt de la cour d'appel de Paris, qui soumettait les décisions des collectivités locales à ces règles (C. appel Paris, 30 juin 1988, Société d'exploitation et de distribution d'eau c/ SA Lyonnaise des eaux et Ville de Pamiers, *PFDA,* 1989, n° 1, p. 80, note R. Chapus), s'est trouvé contredit par le tribunal des conflits (Trib. confl., 6 juin 1989, préfet de la région d'Ile-de-France, *RFDA,* 1989, n° 3, p. 457, concl. B. Stirn).

Cependant, la loi du 8 février 1995 indique que les dispositions de l'ordonnance du 1er décembre 1986, relative à la concurrence, sont désormais applicables aux délégations de service public, dans des conditions que la jurisprudence commence à préciser (CE, 3 novembre 1997, Société Million et Marais, *Dr. adm.,* n° 372).

Quoi qu'il en soit, les modes de gestion auxquels peuvent faire appel les collectivités locales pour leurs services publics peuvent être classés en deux catégories principales : ceux qui relèvent de la gestion directe et ceux qui relèvent de la gestion déléguée.

1 | LA GESTION DIRECTE

Par gestion directe, ou régie, on entend les cas dans lesquels la collectivité locale assure elle-même le service public, ou lui donne pour support un établissement public étroitement rattaché à elle.

On distingue trois formes de gestion directe, ou de régies, qui se distinguent par le degré d'individualisation du service.

Les trois systèmes ont été remaniés par le décret n° 88-621 du 6 mai 1988 (*JO,* 8 mai).

Les régies autonomes et personnalisées sont normalement réservées à la gestion des services publics à caractère industriel et commercial. Cependant, les articles L. 2221.10 et L. 2221.14 du CGCT permettent d'en constituer pour gérer des services publics à caractère administratif.

De manière générale, les rapports entre les services exploités en régie et les usagers, tout au moins lorsque ces rapports présentent, en tout ou en partie, un caractère commercial, sont organisés par des « règlements de service ». Ces règlements de service devaient, pour les services à caractère industriel et commercial, et jusqu'à la loi du 2 mars 1982, respecter des règlements types élaborés par l'État. Depuis lors, ces règlements ont perdu leur force obligatoire et ne sont plus que des modèles.

A / *La régie directe*

Dans ce système, le service est fondu dans l'activité directe de la collectivité, il ne s'y manifeste par aucune individualisation administrative ou financière. La régie directe, c'est la collectivité elle-même en tant qu'elle se consacre au service considéré.

En principe, la régie directe est réservée aux services publics administratifs. Dans la réalité, on trouve fréquemment des services publics industriels et commerciaux gérés ainsi dans les petites communes. Au total, la régie directe est le mode de gestion de loin le plus utilisé. L'organisation et la direction du service sont assurées par les autorités normales de la collectivité.

Le service n'a en principe pas de budget distinct de celui de la collectivité.

B / *La régie autonome*

Dans la régie autonome, le service n'est pas toujours assorti de la personnalité morale, et il ne se distingue donc pas toujours, juridiquement, de la collectivité. Mais il est doté de l'autonomie financière, et d'organes de gestion propres, qui viennent s'ajouter aux organes normaux de la collectivité.

La conduite du service est partagée entre les autorités normales de la collectivité, et deux organes particuliers : un conseil d'exploitation, nommé par l'autorité délibérante de la collectivité, et un directeur, nommé par son exécutif.

La régie autonome dispose d'une individualisation financière au sein du budget de la collectivité, sous la forme d'un budget annexe.

Ce budget doit être équilibré, comme d'ailleurs celui de tous les services publics industriels et commerciaux, en vertu des articles L. 2224.1 et L. 2224.2 du CGCT (applicable aux départements en vertu du décret du 6 mai 1988), selon lequel « les budgets des services publics à caractère industriel ou commercial exploités en régie, affermés ou concédés, doivent être équilibrés en recettes et en dépenses. Il est interdit aux communes de prendre en charge dans leur budget propre des dépenses au titre de ces services publics ».

Toutefois, il est permis de déroger au principe d'équilibre :

« 1 / Lorsque les exigences du service public conduisent la collectivité à imposer des contraintes particulières de fonctionnement ;

« 2 / Lorsque le fonctionnement du service publie exige la réalisation d'investissements qui, en raison de leur importance et eu égard au nombre d'usagers, ne peuvent être financés sans augmentation excessive des tarifs ;

« 3 / Lorsque, après la période de réglementation des prix, la suppression de toute prise en charge par le budget de la commune aurait pour conséquence une hausse excessive des tarifs. »

C / *La régie personnalisée*

La régie personnalisée, ou régie dotée de l'autonomie financière et de la personnalité morale, est un établissement public local, doté d'organes de gestion propres.

C'est un mode de gestion réservé en principe aux services publics industriels et commerciaux, mais il arrive qu'il soit utilisé pour des services publics administratifs. Il l'est, par exemple, pour un certain nombre de services sociaux.

La conduite du service est assurée par des organes propres : un conseil d'administration de 3 à 15 membres, nommés par l'organe délibérant de la collectivité, et un directeur, nommé par l'exécutif de la collectivité sur proposition du conseil d'administration.

La régie personnalisée dispose d'un budget autonome, régi par le principe d'équilibre évoqué ci-dessus.

Elle est soumise à la comptabilité publique, mais avec des assouplissements, notamment la possibilité de bénéficier du régime des effets de commerce.

Les règles d'équilibre budgétaire sont identiques à celles de la régie autonome.

2 / LA GESTION DÉLÉGUÉE

L'expression « gestion déléguée » peut être entendue en deux sens.

Dans un sens large, il s'agit de tout dispositif contractuel ou non par lequel une collectivité confie à une entreprise le soin de gérer pour son compte et sous son contrôle une activité de service public.

Un second sens, plus restreint dans sa portée, est lié à la mise en œuvre de la loi Sapin du 29 janvier 1993, qui a introduit une mutation fondamentale dans le droit des services publics. Jusqu'à l'intervention de cette loi, les conventions de délégation de service public, que l'on appelait plus volontiers conventions de concession, étaient négociées et signées librement entre les collectivités et leurs partenaires. C'était là l'application de la règle de l'*intuitu personae,* règle traditionnelle du droit français de la concession.

La loi du 29 janvier 1993 a soumis les conventions de délégation de service public à un certain nombre de règles de publicité et de mise en concurrence.

Dans le même temps, le législateur ayant omis de le faire, il a fallu que la jurisprudence détermine ce qu'il fallait entendre par « délégation de service public ». L'arrêt de référence en la matière est la décision du Conseil d'État du 2 avril 1996, préfet des Bouches-du-Rhône contre Commune de Lambesc. Cette décision définit la délégation de service public comme un contrat dans lequel la rémunération du cocontractant est substantiellement assuré par les résultats de l'exploitation.

Cette définition provoque de nombreuses difficultés d'interprétation, car elle ne recouvre pas la définition qui était traditionnellement donnée des contrats de concession caractérisés par des redevances directement payées par les usagers.

Les contours exacts de la délégation de service public ne sont donc pas très clairement identifiés.

Naturellement, comme on l'a indiqué, tous les services publics locaux ne sont pas susceptibles d'être ainsi délégués. Il y a des tâches que les collectivités locales doivent absolument assurer elles-mêmes, dont elles ne peuvent se décharger sur personne : c'est le cas, comme l'a rappelé une circulaire du 7 août 1987 (*JO,* 20 déc. 1987) suscitée par un avis du Conseil d'État relatif aux cantines scolaires, de l'état civil, du recensement, des activités relatives aux élections, de la police, de la délivrance des autorisations d'urbanisme des activités pédagogiques et de surveillance des élèves...

Il faut savoir, qu'existent quelques grandes sociétés spécialisées que l'on retrouve fréquemment en position de gestion déléguée de services publics locaux : c'est le cas en particulier de Suez - Lyonnaise des eaux, de la Compagnie générale des eaux, et de leurs filiales.

Signalons par ailleurs que les contrats passés par les collectivités avec les entreprises qu'elles chargent de services publics sont généralement assortis de « cahiers des charges », qui définissent très précisément les obligations de ces dernières. Jusqu'à la loi du 2 mars 1982, il existait des « cahiers des charges types », que les collectivités locales devaient respecter, sauf à obtenir une dérogation préfectorale. Depuis cette loi, les cahiers des charges types sont simplement des modèles, que les collectivités sont libres de suivre ou ne pas suivre. L'État – le ministère chargé des collectivités locales – a cependant continué à en publier, ce afin d'aider les collectivités dans leurs négociations avec les entreprises spécialisées.

A / *Les types de contrat*

On distingue plusieurs formes de gestion déléguée (on entend ici par gestion déléguée les contrats conclus avec des entreprises pour la gestion des services publics, qu'ils relèvent des marché publics ou du droit des délégations de service public).

1 / *La concession.* — Dans la concession, la collectivité charge une entreprise extérieure de gérer le service pendant une durée déterminée,

à ses risques et périls, l'entreprise concessionnaire étant rémunérée par les tarifs payés par les usagers.

Souvent, le concessionnaire est préalablement chargé de construire des ouvrages : on est alors en présence d'une concession de travail et de service publics.

Le système de la concession est utilisé notamment en matière de transports publics d'intérêt local (loi du 29 juin 1979), de distribution d'eau, de gaz ou d'électricité, de théâtres et de casinos municipaux (cf. Cons. d'État, 8 juillet 1987, Société d'exploitation du casino de Capvern-les-Bains, *Lebon,* p. 961), de parcs de stationnement.

Son appartenance à la catégorie des délégations de service public ne fait pas de doute.

2 / *L'affermage.* — L'affermage est un mode de gestion dans lequel la collectivité remet à une entreprise extérieure un équipement et la charge de l'exploiter à ses risques et périls. Le « fermier » perçoit les tarifs payés par les usagers, et il verse une redevance fixe à la collectivité : la différence constitue sa rémunération.

L'affermage est un mode de gestion répandu, notamment en ce qui concerne ces services importants que sont la distribution d'eau (v. Cons. d'État, 29 avr. 1987, Commune d'Élancourt, *Lebon,* p. 152, *AJDA,* 1987.543, obs. X. Prétot, *Dr. adm.,* n° 343) et l'assainissement.

Son appartenance à la catégorie des délégations de service public ne fait pas de doute non plus.

3 / *La régie intéressée.* — La régie intéressée est un mode de gestion dans lequel la collectivité charge une entreprise extérieure de faire fonctionner un service, mais tout en en conservant la responsabilité financière. Le régisseur perçoit de la collectivité une rémunération qui est fonction des résultats de la gestion.

Son appartenance à la catégorie des délégations de service public est discutée.

4 / *La gérance.* — La gérance est un mode de gestion dans lequel la collectivité charge une entreprise extérieure de faire fonctionner un service mais en conserve la responsabilité des investissements et le risque financier.

Le gérant perçoit de la collectivité une rémunération qui n'est pas fonction des résultats de la gestion.

Il s'agit d'un mode de gestion assez proche de la régie intéressée.

Son appartenance à la catégorie des délégations de service public est assez fortement discutée.

5 / *Le bail emphythéotique administratif.* — Le bail emphythéotique administratif a été institué par la loi du 5 janvier 1988 dite d'amélioration de la décentralisation.

Il donne la possibilité à des collectivités de consentir des droits réels immobiliers sur leur domaine public selon la formule du bail emphythéotique emprunté au droit rural.

Cette possibilité est ouverte pour des activités de service public ou des opérations d'intérêt général. Elle permet au cocontractant de construire des équipements sur des dépendances du domaine public et de les donner en garantie à des prêteurs.

Bien que parfois présenté comme tel, le bail emphythéotique administratif n'est pas en soi un mode de gestion d'un service public. Mais il constitue le support de modes de gestion qui sont souvent des conventions de concession.

6 / *Le marché d'entreprise de travaux publics.* — Le marché d'entreprise de travaux publics est une formule déjà ancienne, mais qui a connu une forte expansion au cours des années 1980. Il s'agit, pour une entreprise, de construire, pour le compte d'une collectivité, un équipement et de se rémunérer en percevant de la collectivité un loyer et le droit d'exploiter un service public.

Selon les cas, le marché d'entreprise de travaux publics peut ressembler à un contrat de crédit-bail ou à un affermage dans lequel l'équipement serait réalisé par le fermier et payé à tempérament par la collectivité.

Certains ont voulu voir, dans le marché d'entreprise de travaux publics, un mode de gestion déléguée. La juridiction administrative et la doctrine ministérielle en ont fait une catégorie de marché public. Les nouvelles orientations de la jurisprudence pourraient éventuellement conduire à y voir parfois une convention de gestion déléguée.

7 / *Les autres contrats.* — Il existe des formules contractuelles dans lesquelles un cocontractant peut se voir confier l'exécution totale ou partielle d'un service public, sans pour autant que ces contrats soient qualifiés de délégations de service public, au sens de la loi Sapin et de la jurisprudence administrative qui y est attachée.

Ces contrats sont notamment des marchés publics, en particulier des marchés publics de services. Il résulte de l'évolution actuelle de la jurisprudence que, lorsqu'un contrat confiant l'exécution d'un service n'est pas classé dans la catégorie des conventions de délégation de service public, il relève de la catégorie des marchés publics.

Il peut également survenir que l'activité de service public soit l'annexe d'un contrat administratif ayant un autre objet. On peut ainsi concevoir que des conventions d'occupation du domaine public aient comme accessoire la gestion d'un service public. C'est ainsi que certains analysent les contrats de mobilier urbain.

B / *Les procédures*

La loi du 29 janvier 1993 soumet les délégations de service public à des procédures spécifiques, inspirées du Code des marchés publics, mais qui s'en différencient sur deux points essentiels :

— la décision quant au choix du cocontractant et au contenu du contrat incombe essentiellement à l'autorité exécutive, alors qu'en matière de marchés publics la décision incombe d'abord et avant tout à la commission d'appel d'offres ;

— les offres présentées servent à alimenter une négociation postérieure, alors que, dans la procédure des marchés, candidats et collectivités sont liés par les offres.

Le tableau ci-dessous donne un exemple d'une procédure de délégation de service public.

Procédure. Collectivité locale avec directive européenne

I / Décision de l'assemblée délibérante de recourir à la DSP.
II / Avis d'appel à candidatures.
*BOEAMP** + *BOAMP*** + une revue spécialisée.
37 jours. 52 jours pour un contrat factuel sur des activités de services.
III / Réception des candidatures.
IV / Établissement de la liste des entreprises admises à concourir.
V / Envoi du document de consultation (délai raisonnable : de l'ordre de deux mois).
VI / Réception des offres.
VII / Avis de la commission de délégation de service public.
VIII / Choix du candidat par l'exécutif.
IX / Avis de la commission des usagers.
X / Délibération de l'assemblée (au moins deux mois après l'avis de la commission de DSP).
XI / Signature du contrat.

BOEAMP : Bulletin officiel européen d'annonces des marchés publics.
BOAMP : Bulletin officiel d'annonces des marchés publics (publication française).

Il convient de préciser :

— que si une délégation de service public entre dans le champ d'application d'une des directives européennes en matière de marchés publics, les obligations qui en résultent pour la collectivité s'ajoutent à celles issues du droit interne ;
— que si le contrat ne relève pas d'une délégation de service public, il doit normalement être conclu selon les dispositions du Code des marchés publics.

BIBLIOGRAPHIE

Jean-Bernard Auby, Bilan et limites de l'analyse juridique de la gestion déléguée du service public, *RFDA,* numéro spécial, 1997.

Jean-François Auby, *La délégation de service public,* PUF, « Que sais-je ? », 1995 ; *La délégation de service public. Guide pratique,* Dalloz, 1997 ; *Les services publics locaux,* Berger-Levrault, 1997 ; *Les services publics en Europe,* PUF, « Que sais-je ? », 1998.

Pierre Bon, Les lois de décentralisation et la police locale, in *Les nouvelles compétences locales,* sous la direction de Franck Moderne, Economica, 1983.

Jean-François Lachaume, Décentralisation et régies locales, *PFDA,* 1989, n° 3, p. 432.

Alain-Serge Mescheriakoff, *Droit des services publics,* PUF, « Droit fondamental », 2e éd., 1997.

Olivier Raymundie, *Gestion déléguée des services publics en France et en Europe,* Le Moniteur, 1995.

Laurent Richer (dir.), *Droit des services publics locaux,* Le Moniteur, 1995.

QUATRIÈME PARTIE

Les moyens de l'action administrative locale

Pour accomplir les fonctions qui viennent d'être décrites, le droit reconnaît aux collectivités locales certains moyens. Il s'agit tout d'abord de structures, de services, que l'on peut appréhender au travers des organigrammes locaux (chap. I). Également de moyens en personnels (chap. II). De moyens financiers (chap. III). Et enfin, de moyens patrimoniaux (chap. IV).

Chapitre Premier

LES ORGANIGRAMMES LOCAUX

Nous avons appris de la théorie des organisations que les facultés d'action d'une institution sont tributaires, tout autant que des moyens financiers ou des pouvoirs juridiques dont elle dispose, de la manière dont elle s'organise, se structure pour agir sur son environnement.

Cela est vrai pour les collectivités locales, et c'est pourquoi il convient ici d'indiquer quelle est la structuration interne des administrations locales. Ou, en d'autres termes, quels sont les services que l'on trouve dans les administrations locales : mais le terme de « service » doit être ici conçu dans un sens organique, dans le sens de segment d'administration locale, et non dans un sens matériel, dans le sens d'activité qui est le sien lorsqu'on parle des services publics locaux, comme nous l'avons fait précédemment.

Avant d'examiner les modes d'organisation de chacun des niveaux de collectivités, il est nécessaire de préciser quelques orientations générales.

La première tient à ce que l'organisation des communes, départements et régions n'est soumise à aucune norme législative ou réglementaire. Il est conforme au principe de libre administration des collectivités territoriales posé par l'article 72 de la Constitution que l'État s'interdise d'imposer à celles-ci un mode d'organisation de leurs services administratifs et techniques. Il ne le fait qu'indirectement en fixant les modalités d'exercice des compétences obligatoires ou les modalités d'application du statut général de la fonction publique territoriale.

La seconde est que seule l'institution communale dispose de services structurés de façon ancienne. En effet, le département, jusqu'en 1982, avait le préfet pour autorité exécutive et n'était pas conduit, de ce fait, à se doter d'une structure administrative précise. Quant à la région, outre le fait qu'elle était placée dans la même situation, elle constitue une institution jeune, qui n'avait pas eu le temps de se doter de structures très substantielles.

La troisième est que si la commune a constitué ses services de façon autonome, région et surtout département ont largement fait appel, pour la structuration de leurs organes administratifs, à des services qui leur ont été transférés par l'État en application des transferts de compétences organisés par les lois des 2 mars 1982, 7 janvier 1983 et 22 juillet 1983. Leur liberté de constitution administrative s'est trouvée, de ce fait, quelque peu réduite. Ces facteurs historiques expliquent les différences entre les services communaux, les services départementaux et les services régionaux, qui exigent de les traiter de façon distincte.

1 / Les organigrammes communaux

1 / Il faut parler *des* organigrammes communaux, et non pas d'un organigramme communal type. En effet, s'il existe bien des facteurs communs qui conditionnent la structuration interne des administrations communales, d'autres facteurs la font varier d'une collectivité à l'autre de manière très sensible.

Trois principaux facteurs communs méritent d'être signalés :

- le premier est la tutelle que l'État a longtemps exercée sur le recrutement des agents communaux, et donc de façon indirecte sur les organisations en résultant, par le jeu du tableau des emplois communaux, qui limitait en nombre la création d'emplois, grade par grade, en fonction de la taille de la commune ;
- le second est la conséquence de la structure politique locale : maires, municipalité, conseil municipal – qui induit de façon indirecte certains modes d'organisation ;
- le troisième est le statut général de la fonction publique territoriale qui, en faisant référence à certaines catégories d'emplois, induit également, de façon indirecte, des modes de structuration des services.

A côté de ces facteurs communs existent des facteurs de différences :

- le premier est la taille de la commune. Il n'y a rien de comparable entre l'administration d'une grande ville et celle d'un village qui se limite à un secrétaire de mairie à mi-temps ;

— le second est le choix fait par la commune de confier un certain nombre de tâches à des entreprises extérieures ou à des établissements publics – de coopération ou autres – ou au contraire de les assurer en gestion directe. La structuration qui peut en résulter ne peut être que différente ;
— le troisième est le choix que font certaines communes d'organiser, par rupture avec le modèle antérieur, leurs services sur un mode inspiré de l'entreprise privée. Ce choix qui s'accompagne parfois de l'introduction de méthodes de management auxquelles la fonction publique n'est pas encore très habituée induit des structures et des modes de fonctionnement particuliers.

2 / Compte tenu de ces facteurs – communs et de différences –, on peut distinguer, pour la façon dont elles organisent leurs services habituellement, trois catégories de communes en fonction de leur taille.

Dans les petites communes, qui constituent l'immense majorité, il n'y a pas véritablement de structure administrative, mais plutôt un fonctionnaire : le secrétaire de mairie. Personnage polyvalent, à plein temps ou à temps partiel (il existe plus de 10 000 instituteurs-secrétaires de mairie), le secrétaire de mairie est l'adjoint du maire dans les tâches multiples que celui-ci doit assurer. Il est aidé, le plus souvent, par une assistante et quelques agents d'exécution (le cantonnier municipal).

Naturellement, ces petites communes sont conduites à solliciter l'assistance des services techniques de l'État, et depuis peu des départements, ce qui les place en situation de dépendance à leur égard.

Dans les communes ayant déjà une certaine importance on trouve de véritables structures administratives. Ces structures, placées sous l'autorité d'un secrétaire général de la mairie, sont généralement divisées en deux branches : les services administratifs et les services techniques. Les services administratifs correspondent à l'acception la plus large donnée à ce terme, et traitent des affaires financières, comptables, des problèmes de gestion du personnel, de l'état civil et de toutes les affaires qui n'ont pas un caractère technique. Les services techniques, quant à eux, s'occupent des tâches traditionnelles des communes, telles que la voirie, l'urbanisme, l'hygiène, la protection contre l'incendie, d'un certain nombre de services à caractère industriel et commercial ainsi que parfois d'actions techniques plus novatrices (économies d'énergie). S'ajoutent, auprès des maires, des cabinets composés de collaborateurs personnels du maire.

Un exemple d'organigramme d'une commune moyenne :

Maire	Cabinet Directeur de cabinet Chargé de mission
Secrétaire général Secrétaire général adjoint	
Directeur des services administratifs	Service du personnel Service financier Centre communal d'action sociale Service scolaire État civil et étrangers
Directeur général des services techniques	Voirie Service communal d'hygiène et de santé Urbanisme Logement Transports Bâtiments communaux Lutte contre l'incendie

Les services publics que la commune gère (le terme « service » étant pris ici dans son sens matériel, et non plus dans son sens organique) peuvent être, comme on l'a vu (v. IIIe partie, chap. III), assurés soit par un établissement public communal lorsque la loi a prévu sa constitution, soit directement par la commune. Cela n'empêche pas, dans ce dernier cas, que le service apparaisse de façon individualisée dans l'organigramme de la commune et qu'un agent communal soit spécifiquement chargé de sa direction. Ainsi fonctionnent les services de lutte contre l'incendie (corps municipaux des sapeurs-pompiers), les centres communaux d'hygiène et de santé, les dispensaires communaux, les crèches, les haltes-garderies, les services de la voirie...

C'est dans les grandes communes que l'on rencontre les structures les plus complexes. La fonction de secrétaire général y existe toujours, mais son titulaire exerce une autorité sur des structures beaucoup plus sophistiquées qui se caractérisent le plus souvent par la multiplication des services, l'existence de niveaux hiérarchiques intermédiaires assurant une fonction de synthèse secondaire, et la présence de structures hors hiérarchie telles que des agences, des offices ou des postes de chargés de mission.

C'est également dans les grandes communes que les cabinets des maires prennent une dimension particulière suscitant parfois des conflits entre leurs titulaires et les secrétaires généraux de mairie. Les grandes communes offrent de plus le cadre privilégié d'application de modes d'organisation inspirés de l'entreprise privée, avec le développement de fonctions non traditionnelles – à caractère horizontal, d'inspection ou très sectorisées –, la mise en place de responsables ayant la charge des concepts inspirés du management moderne – prospective, contrôle de gestion, qualité –, et la recherche de l'allégement des structures traditionnelles. Par ailleurs, une structuration en fonction des usagers (une structuration de type commercial) commence à apparaître dans certaines communes.

Le mode de fonctionnement qui résulte de ces structures est, sauf cas d'utilisation d'une organisation inspirée de l'entreprise privée, un mode de fonctionnement hiérarchisé. Le secrétaire général est le personnage central de la structure administrative, mais il est soumis à l'autorité des élus, principalement du maire et de ses adjoints, qui forment la municipalité.

Ce mode de gouvernement local repose sur l'implication directe du maire et des adjoints dans la gestion, reléguant les responsables administratifs à une tâche d'administration plus effacée que dans des structures du même type. Ce n'est que récemment, et de façon assez limitée, que l'on a vu apparaître dans les communes des secrétaires généraux ou des directeurs de cabinet visant à occuper auprès du maire une place directement concurrente de celle des adjoints.

3 / Les services directs ne sont pas seuls à constituer l'organisation administrative des communes. Il faut, en effet, considérer les « périphériques communaux », structures de droit public ou privé liées aux communes et assurant pour leur compte un certain nombre de missions.

Les communes peuvent en effet utiliser la *technique de l'établissement public.*

Le plus connu est le centre communal d'action sociale – ancien bureau d'aide sociale –, établissement public communal à caractère administratif et qui a la double charge d'apporter du secours aux personnes les plus nécessiteuses et de participer à l'instruction des allocations d'aide sociale relevant de la compétence du département ou de l'État. Dans les grandes communes, le CCAS gère des sommes importantes et assure la gestion de services de proximité, tels que des crèches, garderies, logements-foyers ou réseaux de télé-alarme.

Très répandues également sont les caisses des écoles, établissements publics communaux à caractère administratif, prenant en charge un certain nombre d'actions liées à l'action éducative, comme la gestion des cantines scolaires.

Les autres établissements publics communaux ont un caractère moins systématique mais sont assez nombreux.

— La gestion d'un certain nombre de services publics à caractère industriel et commercial (eau, assainissement, pompes funèbres, gaz, électricité, ordures ménagères, transports publics, halles...) peut être assurée par des régies personnalisées, qui sont des établissements publics locaux à caractère industriel et commercial (v. *supra,* p. 156).

— Les stations touristiques peuvent disposer d'un office municipal de tourisme, qui est un établissement public communal à caractère industriel et commercial, chargé d'assurer la promotion et le développement des activités touristiques.

Les grandes communes peuvent créer des offices publics municipaux d'habitations à loyer modéré (HLM) qui sont également des établissements publics. Elles peuvent créer des Offices publics d'aménagement et de construction (OPAC), qui sont une variété d'offices d'HLM, dont les attributions sont étendues à la mise en œuvre d'opérations d'aménagement.

Les établissements hospitaliers (centres hospitaliers régionaux, centres hospitaliers généraux, centres hospitaliers, hôpitaux locaux) sont le plus souvent des établissements publics communaux. Cependant, en dehors du fait que le maire en préside les conseils d'administration, ce qui n'est plus aujourd'hui systématique, la commune dispose de peu de moyens d'action à leur endroit.

La variété des possibilités d'utilisation de ces formules de droit public n'exclut pas le recours aux *formules issues du droit privé.*

C'est le cas, lorsque sont utilisées les possibilités issues du droit commercial, sous la forme de *sociétés d'économie mixte.* La loi du 7 juillet 1983 a réformé les règles qui gouvernent le fonctionnement des sociétés d'économie mixte locales, en leur permettant d'agir avec la même souplesse que les sociétés de droit privé.

Les sociétés d'économie mixte locales :

— leur régime est défini par la loi du 7 juillet 1983 ;
— les sociétés d'économie mixte locales ont un capital qui appartient, à 51 % au moins, à des collectivités locales ;
— leur mode de fonctionnement s'inspire de celui des sociétés anonymes ;
— elles ne sont pas soumises aux règles de la comptabilité publique ;
— leur président est, en principe, un élu, issu de la collectivité majoritaire au capital ;
— les décisions qui ont des conséquences financières pour les collectivités supports doivent être transmises au préfet.

Dans le cadre communal, on rencontre la formule de la société d'économie mixte dans deux domaines principaux :

— celui de l'urbanisme et de l'aménagement : un certain nombre de sociétés d'économie mixte d'aménagement ont été constituées avec les filiales de groupes financiers publics ou privés, en particulier la Caisse des dépôts et consignations ;
— celui des transports publics : les transports urbains sont souvent gérés par des sociétés d'économie mixte constituées avec quelques grandes sociétés de niveau national liées par des conventions avec les collectivités locales organisatrices des transports dans les périmètres de transport urbain.

Les communes peuvent également utiliser la formule de l'*association de la loi de 1901.* Cette formule, particulièrement souple et qui permet notamment d'échapper aux contraintes des règles de la comptabilité publique, est fréquemment utilisée en matière culturelle ou de loisirs, les communes subventionnant ou contrôlant des associations culturelles ou des « Comités des fêtes ». Cette formule est également utilisée en matière de promotion et de communication. C'est ainsi que les offices du tourisme et les syndicats d'initiative, qui associent les différents partenaires de la promotion touristique, sont constitués sous forme associative.

Le problème des périphériques communaux se pose depuis quelques années en des termes tout à fait nouveaux. Dans les années 1970-1980, les communes ont largement utilisé les formules de société d'économie mixte locale et d'association pour exercer des missions relevant de leur responsabilité ou prolonger le champ de leurs compétences.

Cette formule juridique était traditionnellement soumise à un régime très libéral. Depuis, les contraintes juridiques se sont fortement resserrées. L'utilisation de la formule de la société d'économie mixte a été rendue moins aisée par l'intervention d'un certain nombre de textes, en particulier ceux soumettant leurs marchés, dans certains cas, au Code des marchés publics, et la loi du 29 janvier 1993 dont les règles s'appliquent aux conventions de délégation de service public conclues entre les collectivités et ces organismes.

L'utilisation des associations paraadministratives s'est, pour sa part, heurtée au développement de la jurisprudence financière sur la gestion de fait, qui les a particulièrement visées. Comme la reconnaissance de la gestion de fait peut entraîner l'inégibilité de l'élu responsable de l'association, il s'agit d'un risque lourd et nouveau pour les élus communaux.

A cette évolution, il faut ajouter les risques d'engagement de la responsabilité pénale qui vise tout particulièrement les cas dans lesquels un périphérique communal intervient : prise illégale d'intérêt, abus de bien social, favoritisme, etc.

C'est pour cela que les périphériques communaux sont aujourd'hui soumis à une double logique : une logique de contrôle, indispensable pour des raisons de sécurité juridique et de qualité de gestion, une logique de suppression de nombreuses communes cherchant à réorganiser l'activité de ces périphériques selon d'autres modalités juridiques.

Le nombre et la dimension de ces « périphériques » exigent, au niveau politique comme au niveau administratif, des procédures de contrôle dont la définition et la mise en œuvre ne sont pas aisées.

4 / Les services des établissements publics de coopération intercommunale sont organisés sur le même mode que les services des communes. Bien souvent, c'est le secrétaire d'une des mairies membres qui assume, à temps partiel, la fonction de secrétaire du syndicat de commune correspondant. Quand l'organisme de coopération intercommunal dispose d'une structure propre, elle est organisée selon les mêmes principes et règles que les services des communes. C'est en particulier le cas des structures administratives et techniques des districts et des communautés urbaines.

2 / Les organigrammes départementaux

Jusqu'à la loi du 2 mars 1982, les départements ne connaissaient pas la nécessité de disposer de structures administratives propres, puisque le préfet assurait la fonction d'exécutif départemental et ce au moyen des services de l'État dans le département. La seule structure proprement et directement départementale consistait dans les cabinets – ou secrétariats des assemblées – placés directement auprès des présidents des conseils généraux, structures le plus souvent réduites à quelques personnes.

La loi du 2 mars 1982 et les lois relatives aux transferts de compétences, du 7 janvier 1983 et du 27 juillet 1983, ont eu pour principe de doter les départements, au même titre que les autres collectivités locales, de structures administratives propres et, pour ce faire, de procéder à la partition des services de l'État ayant en charge des compétences départementales de façon à transférer aux départements les parties de services correspondant à leurs attributions (cf. *supra*, p. 121). Ces services transférés ont été complétés par des structures nouvelles, créés par les départements.

1 / Ce sont donc des *transferts de services* qui ont constitué le fondement principal de la constitution des services départementaux. Le premier transfert opéré fut celui des *préfectures.*

La loi du 2 mars 1982 avait prévu que les services des préfectures devaient être divisés de façon à transférer au président du conseil général les services ou parties de services nécessaires à l'exercice des fonctions d'exécutif départemental.

Ce transfert fut alors opéré sur la base des conventions conclues en 1982 entre les commissaires de la République (c'est ainsi que l'on désignait à l'époque les préfets) et les présidents des conseils généraux. Ce partage des préfectures se traduisit par le transfert d'environ un tiers des effectifs des préfectures, soit 13 000 agents, sous l'autorité des présidents de conseils généraux. Il concerna soit des services entiers, soit des parties de services correspondant pour l'essentiel aux directions des affaires départementales et communales des préfectures, ainsi qu'à un certain nombre de services d'intendance (garage, service intérieur, imprimerie, informatique).

Les transferts de services liés aux transferts de compétences (entendu au sens strict) ont concerné trois grandes catégories de services.

Il s'est agi en premier lieu des *services de l'action sanitaire et sociale.* Les directions départementales des Affaires sanitaires et sociales ont été divisées au début de l'année 1985, de manière à tenir compte de la répartition des compétences introduite par la loi du 22 juillet 1983, répartition qui a confié aux départements la charge de l'essentiel de l'action sociale et du secteur sanitaire à titre préventif. La partition des directions départementales des Affaires sanitaires et sociales s'est traduite par le transfert au bénéfice des départements d'environ 70 % du personnel des services, correspondant à un effectif de l'ordre de 43 000 agents.

Ces services transférés ont été regroupés dans des structures portant des dénominations variées (direction départementale de l'action sociale, direction de la solidarité départementale...).

Les transferts ont concerné, en second lieu, les *services de l'Équipement*. En application des lois du 7 janvier et du 22 juillet 1983, les services des directions départementales de l'Équipement devaient également être divisés pour tenir compte de la responsabilité des départements en matière de gestion du domaine – la voirie départementale essentiellement – et des compétences qui leur ont été transférées. C'est un décret du 31 juillet 1985 qui a défini les modalités de ces transferts. Les dispositions qu'il prévoyait ayant été jugées trop défavorables aux départements par une majorité de présidents de conseils généraux, seuls une vingtaine de départements ont accepté de discuter et de conclure des conventions sur leur fondement. C'est pourquoi le décret du 31 juillet 1985 a été modifié par un décret en date du 13 février 1987 qui, sans modifier les bases du partage, a apporté un certain nombre de satisfactions aux présidents de conseils généraux. C'est sur le fondement de ce décret modifié que les autres conventions ont été conclues. Elles se traduisirent par le transfert d'un effectif d'environ 10 000 agents, correspondant à un peu plus de 10 % du total de l'effectif des directions départementales de l'Équipement. Ce transfert a présenté une particularité, qui est que les parcs et les subdivisions territoriales, bien qu'exerçant des tâches pour le compte des départements, sont demeurés unifiés sous l'autorité de l'État. Ces services sont « mis à la disposition » des départements. Cette solution a été choisie pour éviter de rompre leur unité fonctionnelle. Il reste aujourd'hui à régler les modalités selon lesquelles les départements auront recours aux parcs et aux subdivisions.

Ces transferts ont concerné enfin les *services de l'Agriculture et de la Forêt.* C'est un décret en date du 29 avril 1988 qui a organisé le transfert des services et parties de services des directions départementales de l'Agriculture et de la Forêt correspondant aux compétences exercées par les départements.

Ces transferts ont concerné des effectifs beaucoup plus réduits que dans le cas de l'Action sanitaire et sociale ou de l'Équipement.

A ces trois transferts de services, il convient d'ajouter les transferts de personnels, très limités en nombre, liés à la prise en charge par les départements de la pleine responsabilité en matière de transports scolaires. Cette prise en charge a pris effet en septembre 1984.

Les services éducatifs demeurent mis à la disposition, en tant que de besoin, des départements et des régions.

2 / Pour compléter les services transférés, les départements ont été amenés à constituer de nouvelles structures et à recruter à cet effet un certain nombre d'agents. Pour leurs services directs, les départements ont procédé soit à des recrutements directs, soit à des détachements de la fonction publique d'État, pour procéder à des réorganisations générales de leurs services. C'est notamment pour leurs emplois supérieurs

(emplois de direction) que les détachements de la fonction publique d'État ont été utilisés.

3 / *La structuration de l'administration départementale* ainsi composée de services transférés et de services créés est très variable d'une collectivité à l'autre.

En effet, pour son organisation administrative, le département n'est soumis qu'à des règles réduites. Il subit cependant l'influence d'un certain nombre de modèles.

Pour les services qui sont entièrement placés sous l'autorité du président du conseil général, les départements ne sont soumis à aucune norme, de caractère légal ou réglementaire, ou même issue de recommandations qui émaneraient de l'État.

A cet égard, en termes d'organisation, les seules contraintes qui pèsent sur le département sont celles relatives à l'organisation des services de l'État qui participent au fonctionnement de l'administration départementale. Ces services de l'État sont de deux types. D'une part, les services comptables : chaque département est doté d'un payeur départemental, qui assure l'exécution des dépenses et le recouvrement d'un certain nombre de recettes (à l'exception des recettes à caractère fiscal pour lesquelles cette mission est assurée par les services d'État traditionnels, comptables du Trésor ou comptables des Impôts). Ce payeur départemental, comptable public, appartenant au réseau du Trésor, est soumis au contrôle du trésorier-payeur général du département. D'autre part, des services mis à disposition : ce sont pour l'essentiel les subdivisions et le parc de l'Équipement ; s'y ajoutent, dans un certain nombre de cas, des services d'État qui apportent leur contribution au fonctionnement du département (Jeunesse et sports, académie), le caractère limité des compétences départementales en la matière n'ayant pas justifié que l'on procédât encore à la partition desdits services. L'organisation de ces services est de la pleine et entière compétence de l'État ; ce dernier a l'obligation d'assurer au bénéfice du département les compétences auxquelles il est astreint, soit par la loi, soit du fait des conventions.

Le président du conseil général n'a aucune maîtrise sur leur organisation. Il adresse cependant directement ses instructions aux chefs des services mis à sa disposition.

Pour le reste, les départements décident librement de la structuration de leurs services. Mais on constate qu'en pratique ils s'inspirent de trois modèles.

Au premier rang de ces modèles figure le modèle préfectoral qui a inspiré les conseils généraux dans la mesure où c'était celui qu'ils avaient toujours connu. Dans le modèle préfectoral il existe une séparation, sans hiérarchisation, entre la fonction administrative qu'incarne le secrétariat général de la préfecture et la fonction politique qu'incarne le cabinet. Ce modèle a inspiré un assez grand nombre de départements qui ont dissocié les deux fonctions dans cet esprit.

Le deuxième type de modèle auquel il a été fait référence est le modèle ministériel. Dans le modèle ministériel, la fonction politique incarnée par le cabinet domine la fonction administrative incarnée par les directions. Ce modèle a également inspiré un certain nombre de départements.

Enfin, le troisième modèle est le modèle communal. Dans le modèle communal, le secrétaire général est le véritable responsable administratif, sous l'autorité du maire, de l'ensemble des services communaux, la fonction politique incarnée par un cabinet y occupant une place beaucoup plus réduite.

Naturellement, ces modèles d'organisation doivent s'accommoder du poids des situations antérieures. Les services qui ont été transférés et, notamment, les services des directions départementales des Affaires sanitaires et sociales et de l'Équipement avaient un certain nombre de traditions et de règles de fonctionnement auxquelles ils étaient habitués.

En dépit de la volonté d'un certain nombre de conseils généraux de rompre avec les usages antérieurs, ils furent naturellement contraints de tenir compte de ce passé pour ne pas affecter l'efficacité de fonctionnement des services concernés.

Enfin, il faut tenir compte des volontés propres des conseils généraux d'inventer des modes d'organisation plus novateurs ou tout simplement plus en rapport avec les compétences exercées dans les départements. Ces volontés d'innovation et de changement se sont manifestées dans un certain nombre de départements qui se sont inspirés des principes d'organisation issus de l'entreprise privée.

Ainsi, absence de normes, influence de certains modèles, héritage et volonté de changement ont-ils formé les sources de la constitution des organisations départementales. Pour variable qu'elle soit, cette organisation présente toutefois un certain nombre de constantes.

La quasi-totalité des administrations départementales séparent la fonction politique de la fonction administrative. L'exercice de la fonction politique repose sur un service, le cabinet, ayant à sa tête un directeur de cabinet. Dans la majorité des cas, le directeur de cabinet constitue avec le directeur général des services l'un des deux collaborateurs principaux du président du conseil général. Il n'est pas placé en situation de subordination ou d'autorité vis-à-vis du directeur général.

On trouve également autour de la fonction politique des chargés de mission. Ces chargés de mission ont, par définition, des compétences sectorielles. Leur mission peut être alors d'une double nature. Soit couvrir un secteur de compétences du département qui ne bénéficie pas à ce titre d'un service administratif spécialisé – ce peut être le cas, par exemple, en matière culturelle –, soit couvrir un secteur de compétences du département pour lequel il existe un service spécialisé, mais dont il est nécessaire de contrôler, sur un plan politique, l'activité.

La fonction administrative nécessite, à son sommet, l'exercice d'une coordination. Dans la majorité des cas, la coordination des services administratifs est confiée à un directeur général des services, dont la mission, comparable à celle d'un secrétaire général de commune, est de coordonner l'activité de l'ensemble des services administratifs et d'être leur interlocuteur auprès du pouvoir exécutif. Ces directeurs généraux de service, dans la période de mise en place des services départementaux, ont pris une place déterminante dans l'organisation et le fonctionnement des départements (un grand nombre d'entre eux est issu du corps préfectoral).

4 / Une question centrale, dans l'organisation départementale, concerne la *place des élus dans le fonctionnement administratif.*

Si le président du conseil général, titulaire du pouvoir exécutif, dispose de l'ensemble des attributions qui y répondent, il peut choisir de s'appuyer pour les exercer, soit plutôt sur des élus, soit plutôt sur des fonctionnaires.

Cette problématique soulève la question de la place des élus, et notamment des vice-présidents, dans le fonctionnement du pouvoir exécutif. De très nombreuses configurations sont envisageables et observées, mais on peut distinguer à cet égard deux catégories de modèles :

— un modèle à caractère politique, dans lequel l'essentiel des délégations consenties par le président du conseil général l'est au bénéfice d'élus : vice-présidents, questeurs, rapporteurs... Ce modèle, plus politique, a pour conséquence de faire du bureau une sorte de gouvernement. Il s'accompagne, le plus, souvent, d'un effacement de la fonction administrative, dont l'exercice devient beaucoup plus délicat ;
— le deuxième modèle est plus administratif. Dans ce modèle, le président du conseil général cherche plus volontiers à s'appuyer sur sa

structure proprement administrative et lui consent, à cet effet, les plus larges délégations. Ce modèle a pour conséquence de donner des attributions plus réduites aux membres du bureau. Il correspond le plus souvent à la volonté du président du conseil général d'exercer ses attributions de façon plus autonome et plus complète.

L'observation de la pratique des départements montre que ce deuxième modèle, que l'on a qualifié de plus administratif, est beaucoup plus pratiqué que le premier. Il correspond à une centralisation du pouvoir départemental au bénéfice du président du conseil général.

5/ Autour des services départementaux proprement dits gravitent, comme dans le cas de la commune, un certain nombre d'organismes « périphériques ».

Avant la loi du 2 mars 1982, les départements disposaient déjà d'un certain nombre d'organismes qui leur étaient rattachés selon des modalités juridiques variables.

Les départements avaient mis en place des *établissements publics* départementaux, conformément aux dispositions légales existantes. Les principaux domaines concernés étaient les suivants :

— la construction et l'aménagement : c'est ainsi que fonctionnaient, dans la plupart des départements, les offices publics départementaux d'HLM (anciennement offices d'habitation à bon marché), chargés de la construction et de la gestion de l'habitat social, et les offices publics d'aménagement et de construction, à la compétence étendue à l'aménagement urbain ;
— l'action sanitaire et sociale : c'est ainsi que l'on rencontrait diverses institutions telles que les centres d'aide à l'enfance, les sanatoriums, les centres de vacances ainsi que des établissements hospitaliers spécialisés (hôpitaux psychiatriques) ;
— la gestion d'un certain nombre de services à caractère industriel et commercial, sous forme de régies départementales dotées de la personnalité juridique et de l'autonomie financière, c'est-à-dire d'établissements publics à caractère industriel et commercial. Cette formule était notamment utilisée en matière de transports publics.

L'utilisation de ces formules de droit public n'était d'ailleurs pas exclusive de l'utilisation des *formules de droit privé.* Quelques sociétés d'économie mixte avaient ainsi été constituées. On les rencontrait notamment dans le domaine de l'urbanisme, avec les sociétés d'économie mixte d'aménagement et de construction. On les rencontrait également dans le domaine des transports publics.

De la même façon, la formule associative était utilisée. On la rencontrait notamment pour développer les actions de promotion économique ou touristique, sous la forme de bureaux d'action et de promotion économiques ainsi que pour des actions de développement culturel.

La réforme de 1982 et les textes qui l'ont suivie ont grandement facilité le développement de ces organismes départementaux.

— La loi du 2 mars 1982 avait consacré le service départemental d'incendie et de secours comme établissement public départemental. Il est depuis devenu un établissement public mixte dépendant du département et des communes.

— La loi du 2 mars 1982 a autorisé la création d'une nouvelle catégorie d'établissement public, les *agences départementales d'aide aux collectivités locales.* Les agences départementales d'aide aux collectivités locales sont des établissements publics à caractère administratif, constitués entre les départements et les communes (ils sont, de ce fait, des établissements publics départementaux, puisque l'initiative de leur création appartient au département, mais d'une configuration un peu particulière), et qui sont chargés d'apporter aide et assistance, dans tous les domaines, aux communes et aux gouvernements des communes qui le demandent.

En fait, seuls quelques départements ont mis en place des agences départementales d'aide aux collectivités locales, mais d'autres ont créé des structures comparables, en régie ou sous forme d'associations.

— La loi du 22 juillet 1983 a qualifié les établissements d'enseignement secondaire d'établissements publics locaux. Les collèges financés, construits et gérés par les départements sont donc des établissements publics départementaux. Cette caractéristique s'applique également à un certain nombre d'établissements d'éducation spéciale.

— Cette même loi du 22 juillet 1983 confie clairement au département la responsabilité de gérer un certain nombre de services relevant de l'action sociale et de la santé (aide sociale à l'enfance, prévention de certaines affections, protection de la famille, etc.). Pour assurer la gestion de ces services, dont un grand nombre étaient déjà des services départementaux, les départements peuvent utiliser plusieurs formules juridiques, dont la formule de l'établissement public.

— La loi citée ci-dessus consacre la compétence départementale pour gérer un certain nombre de services à vocation culturelle (concurremment avec d'autres collectivités territoriales) : musées, établissement d'enseignement public de la musique, de la danse, de l'art dramatique, de l'art plastique.

De plus, la loi consacre la compétence départementale en matière d'archives et de bibliothèques départementales de prêt. De la même façon, le département est désormais compétent pour la gestion des ports maritimes de commerce et de pêche.

Tous ces transferts de compétences suscitent la création de « périphériques » départementaux régis, selon le cas, par le droit public ou le droit privé. Les départements ont parfois du mal à organiser efficacement leur contrôle sur ces « périphériques ». Ce contrôle est pourtant bien nécessaire au regard du plein exercice de la responsabilité politique, et de la cohérence de l'action administrative.

La problématique des périphériques départementaux se pose dans les mêmes termes que celle des périphériques communaux.

3 / Les organigrammes régionaux

Avant la loi du 2 mars 1982, les régions se trouvaient dans une situation comparable à celle des départements. La fonction exécutive étant assurée par les préfets de région, au moyen des services de l'État, les régions n'étaient pas conduites à se doter de services propres. Seuls existaient des cabinets de présidents de conseils régionaux, structures numériquement limitées, à la fonction très directement politique (bien que certains de ces cabinets aient, dans les années 1980, commencé à devenir des structures numériquement importantes).

La loi du 2 mars 1982 et les lois sur les transferts de compétences ont fixé, pour les régions, des principes identiques à ceux retenus pour les départements, à savoir qu'elles devraient assumer leurs compétences au moyen de services sur lesquels elles auraient pleine autorité et au moyen, dans un certain nombre de cas, de transferts de services de l'État.

1 / C'est sur cette base qu'ont été organisés des *transferts de services* au bénéfice des régions. Cependant, la nature des compétences régionales, centrées sur le développement économique, la planification et la formation, n'appelait que des transferts réduits en nombre en comparaison de ceux dont ont bénéficié les départements. Deux méritent d'être signalés :

— le transfert issu de la division des missions régionales, structures antérieurement placées auprès des préfets de région, et dont le rôle était de suivre, pour leur compte, l'ensemble des problèmes régio-

naux, qu'ils concernent l'État ou les établissements publics régionaux. Une large portion de ces missions régionales a été transférée sous l'autorité des présidents des conseils régionaux, la partie restant sous l'autorité de l'État prenant le titre de secrétariats généraux pour les affaires régionales (SGAR) ;
— le transfert issu de la division des délégations régionales à la Formation professionnelle, services spécifiques qui étaient en fait, le plus souvent, intégrés aux « Missions régionales ».

Mais ces transferts ont été quantitativement limités.

2 / Cela explique que les régions aient été amenées à recourir, pour structurer leurs services, à de nombreux recrutements extérieurs. Elles l'ont fait soit en recrutant par la voie du détachement des fonctionnaires de l'État, soit en procédant à des recrutements directs. C'est sur cette base que les régions ont été amenées à structurer leurs services.

Le faible poids des services transférés, la jeunesse de l'institution, le caractère des compétences exercées leur permettaient de recourir à des structurations de services originales. En fait, elles l'ont assez peu fait, préférant utiliser des formules comparables à celles retenues par les départements, avec des services administratifs et techniques placés sous l'autorité d'un directeur général des services, et des fonctions plus politiques assumées par le cabinet du président du conseil régional.

On doit cependant, de façon générale, noter quelques différences avec les structurations retenues par les départements :

— un rôle souvent plus important du cabinet, tenant à la dimension politique des présidents de conseils généraux et aux effets du système électoral qui ne permet pas, dans la plupart des cas, de dégager une majorité homogène : cabinets plus fournis en nombre, et disposant souvent de nombreux chargés de mission à compétence sectorielle ;
— la multiplication de structures parallèles, type agences ou missions non systématiquement dotées de la personnalité juridique mais affirmant une grande indépendance vis-à-vis de la structure administrative classique (tels les comités régionaux du tourisme).

Au même titre que les départements, les régions bénéficient de la mise à disposition de certains services de l'État – Jeunesse et sports, Travail... Cette mise à disposition, après avoir suscité quelques difficultés lors de sa mise en place, ne suscite plus aujourd'hui de problèmes majeurs.

3 / De par la nature des compétences exercées, et du poids des individus qui composent les assemblées régionales, les régions ont été ame-

nées à privilégier le *rôle des élus* dans le fonctionnement de l'institution. De ce fait, les régions ont choisi le plus souvent un mode de fonctionnement plus politique, dans lequel le bureau de l'institution fonctionne comme un gouvernement et contribue ainsi à un relatif effacement de la structure administrative proprement dite. Cela est également lié à une certaine tendance à la professionnalisation du mandat de conseiller régional.

Le poids des élus dans l'institution régionale est aussi lié au mode de scrutin. La représentation proportionnelle nécessite une gestion du pouvoir régional prenant appui sur des coalitions, ce qui favorise les systèmes de pouvoir plus éclatés privilégiant les élus.

Les impératifs de la représentation départementale, le scrutin proportionnel, s'organisant dans ce cadre, ont des effets dans le même sens.

Cela étant, les fonctions de direction générale des services ont revêtu une importance particulière. Comme dans le cas des départements, elle est souvent assurée par des membres du corps préfectoral.

4 / Comme au niveau communal ou départemental, on trouve, autour des administrations régionales *stricto sensu,* un certain nombre d'organismes « périphériques ».

Dans le cadre de la loi de 1972 créant les établissements publics régionaux, il n'était pas prévu qu'il puisse exister des organismes de statut public ou privé, rattachés aux régions. La loi du 2 mars 1982 a ouvert des possibilités en ce domaine. De ce fait, sont apparus des établissements publics destinés à privilégier tel ou tel aspect des compétences régionales. C'est ainsi que sont apparues, dans certaines régions, des agences régionales du Plan ou des agences régionales de l'Énergie.

D'autre part, les lois sur la répartition des compétences ont classé dans la catégorie des établissements publics régionaux des organismes qui étaient auparavant des établissements publics nationaux. C'est le cas notamment d'établissements scolaires. La loi du 22 juillet 1983 ayant confié aux régions la charge de financer, de construire et de gérer les lycées, les établissements d'éducation spéciale, les lycées agricoles, les établissements de formation maritime et aquacole, ceux-ci sont devenus, depuis le 1er septembre 1985, des établissements publics régionaux.

De la même façon, la loi du 22 juillet 1983 ayant disposé que les ports fluviaux, à l'exception des ports fluviaux d'intérêt national, étaient de la compétence de la région, la formule de l'établissement public peut y trouver à s'appliquer (mais le transfert de compétences en matière de voies d'eau, qui présentait un caractère optionnel, n'a concerné jusqu'à présent que trois régions : Bretagne, Pays de Loire et Picardie).

On notera par ailleurs que les régions à statut particulier ont la possibilité de développer la formule de l'établissement public plus largement que les régions de droit commun.

La région de Corse a vu la création de l'Office d'équipement hydraulique de la Corse, de l'Office du développement agricole et rural de la Corse et d'un Office des transports de Corse. Les régions d'outre-mer, pour leur part, bénéficient d'une compétence élargie pour mettre en place des établissements publics dans leurs secteurs de compétences.

Mais la formule de l'établissement public n'est pas le seul moyen offert aux collectivités régionales pour organiser des structures périphériques. La loi du 22 juillet 1983 lui confère la charge d'organiser un certain nombre de services à vocation culturelle : musées, établissements d'enseignement public de la danse, de la musique, de l'art dramatique, des arts plastiques, services d'archives. Dans nombre de cas, la formule de l'association est utilisée pour leur gestion.

Il existe par ailleurs un certain nombre de sociétés d'économie mixte régionales. La formule du droit privé est également utilisée par les sociétés de développement régional, ou les instituts régionaux de participation, institutions de financement au capital desquelles les régions participent.

Enfin, la loi du 2 mars 1982 a ouvert la voie à une déconcentration territoriale de l'action régionale. Certaines régions désireuses de renforcer leur implantation sur le territoire ont tenté de constituer des antennes départementales. Ces structures ont été très mal accueillies par les départements et n'ont connu de ce fait qu'un développement réduit.

La mise en cohérence de l'ensemble de ces périphériques pose aux régions les mêmes problèmes que ceux que connaissent les départements. Les problèmes sont renforcés par le mode de fonctionnement de la majorité des assemblées régionales, dans lesquelles de nombreux élus participent au phénomène décisionnel.

BIBLIOGRAPHIE

Jean-François Auby, *Les services publics locaux,* Berger-Levrault, 1997.

Étienne Fatome *et al.*, L'établissement public territorial, *AJDA,* décembre 1988, p. 699.

Jacques Moreau, *Administration régionale, départementale et municipale,* Mémento Dalloz, 1995.

Laurent Richer (sous la dir. de), *Droit des services publics locaux,* Le Moniteur, 1995.

Chapitre II

LE PERSONNEL DES COLLECTIVITÉS LOCALES

Les collectivités locales sont des employeurs importants. En effet, il existe plus de 1 million d'agents travaillant pour elles.

Pourtant, jusqu'à la loi du 26 janvier 1984, il n'existait pas de statut général de la fonction publique territoriale. Les garanties qui étaient offertes aux agents territoriaux différaient selon les collectivités, et étaient en retrait par rapport à celles offertes aux agents de l'État.

En effet, s'il existait un statut général du personnel communal, construit de façon progressive, il n'existait pas de statut général du personnel départemental, en dépit des nombreux recrutements auxquels les départements avaient été conduits à procéder pour compléter, en particulier, les effectifs des services de l'État. Seule la tutelle préfectorale permettait, sur la base d'instructions ministérielles, de donner aux règles applicables à ces agents une certaine homogénéité.

Le personnel, régional, quant à lui, ne bénéficiait d'aucune disposition statutaire. Enfin, les personnels de nombreux établissements publics locaux étaient régis par des règles particulières, sans cohérence véritable avec celles applicables aux agents des collectivités.

Sur le fond, la situation des agents des collectivités territoriales était nettement moins favorable que celle des agents de l'État. Cela était dû à un certain nombre de facteurs :

— l'existence d'un grand nombre d'agents non titulaires, auxiliaires, contractuels ou vacataires, ne disposant pas de garanties statutaires ;
— l'absence de reconnaissance, au niveau des emplois de responsabilité, du principe de séparation du grade et de l'emploi, absence pla-

çant les agents de direction des collectivités locales dans une situation particulièrement délicate au moment des changements d'exécutifs ;
— le caractère imparfait de la garantie d'emploi reconnue aux agents des collectivités territoriales ;
— un recrutement trop personnalisé, ne laissant qu'une place insuffisante à la technique des concours administratifs ;
— les insuffisances de la formation, organisée tardivement et selon des modalités parfois peu satisfaisantes.

Ces carences ont justifié la mise en place, dans le cadre des lois de décentralisation, d'un statut général de la fonction publique territoriale. Cette mise en place s'est fondée sur un certain nombre de textes.

Le principal a été la loi du 26 janvier 1984 portant dispositions statutaires relatives à la fonction publique territoriale, ensuite modifiée par une loi du 13 juillet 1987 qui, sans bouleverser l'économie du système, a considérablement renforcé l'autonomie des collectivités dans la gestion de leurs personnels.

Désormais, la fonction publique territoriale est gouvernée par un statut général, qui concerne à la fois les agents des communes, ceux des départements, ceux des régions, et ceux de leurs établissements publics à caractère administratif, y compris les offices publics d'habitation à loyer modéré et les caisses de crédit municipal.

Cependant, ce statut ne s'applique pas aux agents des établissements hospitaliers. Il ne s'applique pas non plus aux agents de droit privé des collectivités, non plus qu'à leurs agents publics non titulaires : les règles applicables à ces derniers sont, pour l'essentiel, fixées par un décret du 15 février 1988.

Le nouveau statut intègre la fonction publique territoriale dans l'ensemble de la fonction publique, à côté de la fonction publique de l'État et de la fonction publique hospitalière. D'ailleurs la loi du 26 janvier 1984 portant statut de la fonction publique territoriale constitue le titre III de l'actuel statut général de la fonction publique. Le titre I, issu d'une loi du 13 juillet 1983, fixe une série de principes communs à l'ensemble de la fonction publique. Le titre II, issu d'une loi du 11 janvier 1984, concerne la fonction publique de l'État. Et le titre IV, issu d'une loi du 9 janvier 1986, concerne la fonction publique hospitalière.

Malgré cette insertion dans un ensemble commun, la fonction publique territoriale, comme d'ailleurs la fonction publique hospitalière, se distingue de la fonction publique de l'État par la pluralité des employeurs. Les fonctionnaires de l'État relèvent d'une personne morale unique, alors que les fonctionnaires territoriaux relèvent de plus de 36 000 communes, de 100 départements (en comptant Paris), de 26 régions, de plus de 15 000 établissements publics intercommunaux, et d'un bon nombre d'autres établissements publics locaux.

Cette multiplicité d'employeurs fait toute la difficulté de la définition du statut de la fonction publique territoriale, dans lequel il faut concilier l'autonomie de chaque employeur avec la volonté de garantir un ensemble de règles homogènes aux fonctionnaires territoriaux. Le statut doit réaliser un compromis entre le principe de libre administration des collectivités territoriales qui trouve sa source dans l'article 72 de la Constitution du 4 octobre 1958, et le principe de définition d'une fonction publique territoriale unique.

Toutes les particularités des règles applicables aux agents des collectivités territoriales, par rapport à celles applicables aux agents de l'État, trouvent leur source dans ce compromis, que l'on devra avoir présent à l'esprit en analysant l'organisation de la fonction publique territoriale (sect. 1), puis la carrière des fonctionnaires territoriaux (sect. 2), et enfin les droits et obligations des fonctionnaires territoriaux (sect. 3).

1 / L'organisation de la fonction publique territoriale

Il conviendra de s'interroger sur les catégories d'agents territoriaux avant d'évoquer les institutions de la fonction publique territoriale.

1 | LES CATÉGORIES D'AGENTS TERRITORIAUX

Conformément à un clivage habituel dans la fonction publique, les personnels territoriaux se divisent en fonctionnaires territoriaux et en agents publics territoriaux non titulaires.

A / *Les fonctionnaires territoriaux*

La catégorie la plus importante des agents territoriaux est constituée par les personnels titulaires, c'est-à-dire les fonctionnaires territoriaux. La définition du fonctionnaire territorial est la suivante : c'est un agent qui a été nommé dans un emploi permanent à temps complet ou à temps non complet, et qui a été titularisé dans un grade de la hiérarchie d'une des collectivités ou d'un des établissements publics couverts par le statut de la fonction publique territoriale.

Ce qui caractérise le fonctionnaire, et le distingue des agents non titulaires, est qu'il a été titularisé dans un grade, qui lui confère, dans les conditions que l'on verra, une stabilité d'emploi tout à fait importante. Une particularité de la fonction publique territoriale est toutefois qu'on peut parfaitement y être fonctionnaire titulaire alors que l'on n'est employé qu'à temps incomplet : c'est dans cette situation que se trouvent fréquemment les secrétaires de mairie - instituteurs.

En dehors des personnels de la Ville de Paris, les fonctionnaires territoriaux ne sont pas organisés en corps, comme leurs homologues de l'État, mais en « cadres d'emplois ». La différence entre les deux notions tient essentiellement aux procédures de gestion.

Chaque cadre d'emplois est doté d'un statut particulier qui est constitué de l'ensemble des règles qui en précisent l'organisation spécifique, en application, naturellement, du statut général. Depuis 1988, de nombreux décrets sont intervenus pour définir les statuts particuliers des cadres d'emplois. Les cadres d'emplois sont répartis en filières, correspondant à la nature des fonctions exercées : filières administrative, technique, culturelle, sanitaire et sociale, sportive.

On classe les cadres d'emplois de fonctionnaires territoriaux en quatre catégories en fonction du niveau de recrutement et de qualification : A, B, C, D.

A l'intérieur de chaque cadre d'emplois, la situation de carrière du fonctionnaire territorial est déterminée par deux paramètres. En effet, chaque cadre d'emplois est structuré en un certain nombre de grades (parfois divisés en classes, ce qui permet d'introduire un seuil supplémentaire d'avancement au choix), chaque grade étant lui-même divisé en un certain nombre d'échelons. On pourra distinguer un grade initial et des grades d'avancement. Le grade détermine le niveau d'importance atteint à l'intérieur du corps, niveau qui est fonction du mérite, et en partie de l'ancienneté. L'échelon, qui est essentiellement déterminé par l'ancienneté dans le grade, détermine la rémunération du fonctionnaire.

Selon un principe traditionnel dans la fonction publique de l'État, et que le nouveau statut général a importé dans la fonction publique territoriale, le grade d'un fonctionnaire territorial est distinct de son emploi. Ce qui a les implications suivantes.

Un fonctionnaire territorial appartenant à un cadre d'emplois de fonctionnaires territoriaux y dispose d'une situation qui n'est pas déterminée par l'activité qu'il occupe au sein d'une collectivité territoriale.

Pour exercer son activité professionnelle, il occupe un emploi au sein d'une collectivité.

Mais, quoi qu'il arrive, le fonctionnaire conserve sa position propre au sein de son cadre d'emplois, indépendamment de cet emploi ; notamment, lorsqu'il quitte l'emploi, il conserve son grade.

L'intérêt de cette distinction réside dans la double possibilité qu'elle offre. D'une part, les collectivités territoriales peuvent affecter un agent territorial sur un emploi, sans avoir à craindre, s'il ne donne pas satisfaction, de ne pas pouvoir s'en défaire. Cette possibilité est particulièrement importante en raison des modifications d'exécutif des collectivités territoriales liées aux consultations électorales, qui suscitent de la part des maires et présidents le désir de disposer de responsables qui bénéficient de leur confiance. La mobilité des emplois de direction indissociable du principe de séparation du grade et de l'emploi permet de satisfaire ce désir.

D'autre part, la distinction offre pour des raisons comparables des garanties aux fonctionnaires territoriaux : garantie de pouvoir bénéficier d'une possibilité de reclassement en cas de difficulté – quelle qu'en soit la nature – dans une collectivité, et garantie corrélative de bénéficier d'une espérance de carrière organisée sur plusieurs emplois.

Le principe de séparation du grade et de l'emploi a pour conséquence d'ouvrir un droit à la mobilité au sein de la fonction publique territoriale. Le fait de bénéficier d'un grade au sein d'un cadre d'emplois de la fonction publique territoriale ouvre la possibilité, pour l'agent concerné, de réaliser une carrière au sein des collectivités couvertes par le statut de la fonction publique territoriale. De ce fait, les agents en cause peuvent postuler à l'ensemble des emplois créés au sein de ces collectivités et qui correspondent à leur grade.

B / *Les agents non titulaires*

Traditionnellement, le personnel des collectivités locales, spécialement celui des départements, comporte une large part d'agents non titulaires, notamment d'auxiliaires. Les réformes statutaires des années 1980 se sont efforcées de réduire le phénomène. D'une part, des procédures de titularisation – on dit aussi d'intégration – des agents non titulaires existants ont été organisées. D'autre part, le statut général a limité les hypothèses dans lesquelles il est possible de recruter de nouveaux non-titulaires.

Comme on l'a indiqué, les agents non titulaires ne sont pas régis par le statut général, mais par des règles propres formulées notamment dans le décret du 15 février 1988.

Depuis la loi du 27 décembre 1994, le statut général impose que tout recrutement d'agent non titulaire – sauf dans le cas de remplacement de titulaires momentanément indisponibles – soit précédé d'une délibération de l'assemblée locale précisant le motif du recours à un non-titulaire, la nature des fonctions, et le niveau de recrutement et de rémunération.

On peut discerner, en dehors des situations existant au moment de la parution du nouveau statut, deux variétés principales d'agents non titulaires : les agents issus de recrutements directs, les agents occupant des emplois saisonniers ou de remplacement.

1 / *Les agents issus des recrutements directs.* — Les possibilités de recrutement direct, c'est-à-dire la faculté de pourvoir des emplois sans recourir au personnel appartenant aux cadres d'emplois de la fonction publique territoriale recruté par concours, sont limitées. La loi ne l'autorise que pour les emplois suivants :

— les emplois de cabinet, chaque exécutif pouvant recruter librement au moins un collaborateur pour exercer une fonction de cabinet ;
— certains emplois de direction. Les emplois concernés sont les suivants : directeur général et directeur général adjoint des services des départements et des régions, secrétaire général et directeur général des services techniques des communes de plus de 80 000 habitants, secrétaire général adjoint des communes de plus de 150 000 habitants, directeur de certains établissements locaux dont l'importance le justifie ;

— certains emplois peuvent également être pourvus par voie contractuelle lorsque les conditions qui sont exigées pour les emplois contractuels d'État sont remplies ;
— en outre, les communes de moins de 2 000 habitants ou les groupements de communes dont la moyenne arithmétique du nombre d'habitants ne dépasse pas 2 000 habitants peuvent utiliser des contrats pour pourvoir des emplois permanents correspondant au maximum à un mi-temps.

Les agents recrutés par voie directe n'ont aucun droit à titularisation dans la fonction publique territoriale.

2 / *Les emplois saisonniers ou de remplacement.* — Les collectivités territoriales peuvent également recruter par voie directe des agents non titulaires dans les cas suivants :

— pour assurer le remplacement momentané de titulaires autorisés à exercer leurs fonctions à temps partiel ou indisponibles ;
— pour assurer des emplois saisonniers correspondant à un besoin maximal de six mois pendant une année ;
— pour assurer des emplois occasionnels.

2 | LES INSTITUTIONS DE LA FONCTION PUBLIQUE TERRITORIALE

La fonction publique territoriale est encadrée par un certain nombre d'organes de gestion, et d'institutions de formation ; mais, comme la fonction publique de l'État, elle comporte aussi des instances au sein desquelles s'exprime le droit de participation des fonctionnaires.

A / *Les organes de gestion*

1 / *Les principaux pouvoirs de gestion de la fonction publique territoriale* sont à vrai dire confiés aux autorités locales de droit commun.

Bien que leurs pouvoirs aient été un peu réduits par le statut général de 1984, au profit notamment des centres de gestion et du centre national qui seront évoqués ci-après, c'est tout de même d'elles que dépend toujours l'essentiel des décisions relatives à la carrière des fonctionnaires territoriaux.

La répartition des rôles entre les organes exécutifs et les assemblées est la suivante. C'est aux conseils régionaux, généraux ou municipaux qu'il appartient, par exemple, de préciser le statut sur les points délaissés par le pouvoir réglementaire national, ainsi que de créer et supprimer les emplois. C'est aux présidents de conseils régionaux et généraux, et aux maires, qu'il appartient de recruter et de prendre toutes les mesures individuelles intéressant les fonctionnaires de la collectivité.

2 / *Le Centre national de la fonction publique territoriale.* — Le Centre national de la fonction publique territoriale est un établissement public à caractère administratif. Il regroupe l'ensemble des collectivités territoriales au sens du statut général de la fonction publique territoriale.

Il est dirigé par un conseil d'administration comprenant des représentants élus par les maires, les présidents des conseils généraux et les présidents des conseils régionaux.

Il est assisté d'un conseil d'orientation qui intervient en matière de formation professionnelle. Il est financé par des cotisations versées par les collectivités et établissements publics.

Le Centre national de la fonction publique territoriale n'assure de missions de gestion qu'envers les fonctionnaires de catégorie A et certains fonctionnaires de catégorie B dont le statut particulier du cadre d'emplois le prévoit. Il exerce, à ce titre, les missions suivantes :

— il organise les concours de recrutement et les examens professionnels ;
— il assure la prise en charge des fonctionnaires momentanément privés d'emploi ;
— il procède également au reclassement des fonctionnaires devenus physiquement inaptes à l'exercice de leurs fonctions ;
— il assure la publicité des vacances d'emploi ;
— il assure la publicité des tableaux d'avancement établis par les collectivités et établissements.

3 / *Au plan local existent des centres de gestion.* — Les centres de gestion sont des établissements publics à caractère administratif. Ils sont organisés, en principe, au niveau de chaque département, sous réserve de quelques spécificités.

Les communes et établissements employant moins de 350 fonctionnaires titulaires et stagiaires, à temps complet, de catégories A, B, C et D sont obligatoirement affiliés aux centres de gestion. D'autre part, toutes les autres collectivités ou établissements peuvent choisir de s'y affilier volontairement.

Les centres de gestion sont administrés par des conseils d'administration élus composés de représentants des collectivités.

Ils assurent les missions suivantes :

— pour l'ensemble des fonctionnaires des collectivités et établissements affiliés – catégorie A, B, C, D –, ils assurent le fonctionnement des commissions administratives paritaires compétentes et du conseil de discipline ;
— pour les fonctionnaires de catégories B, C, D des collectivités et établissements affiliés, ils assurent les mêmes missions que le Centre national de la fonction publique territoriale vis-à-vis des fonctionnaires de catégorie A ;
— pour les fonctionnaires de catégories B, C, D des collectivités et établissements non affiliés, ils assurent la publicité des vacances d'emploi ;
— pour l'ensemble des collectivités et établissements, affiliés ou non, ils assurent la publicité des tableaux d'avancement établis par les collectivités et établissements.

Les collectivités et établissements qui ne sont pas affiliés aux centres de gestion, soit les régions et départements et leurs établissements publics, et les communes et leurs établissements publics employant plus de 350 fonctionnaires titulaires et stagiaires, à temps complet, assurent l'intégralité des actes de gestion de leurs personnels, à l'exception de la publicité des tableaux d'avancement.

En outre, leur échappent certains actes de gestion des personnels de catégorie A.

En revanche, les collectivités et établissements qui sont affiliés aux centres de gestion, c'est-à-dire les communes et établissements qui emploient moins de 350 fonctionnaires titulaires et stagiaires à temps complet des catégories A, B, C, D, ainsi que les collectivités et établissements ne répondant pas à cette exigence mais ayant décidé de s'affilier volontairement, assurent les tâches de gestion de leurs personnels à l'exception des fonctions suivantes :

— organisation des concours et examens ;
— fonctionnement des commissions administratives paritaires et du conseil de discipline ;
— prise en charge des fonctionnaires momentanément privés d'emploi ;
— reclassement des fonctionnaires devenus physiquement inaptes à l'exercice de leurs fonctions ;
— publicité des vacances d'emploi.

B / *Les institutions de formation*

La loi du 12 juillet 1984 relative à la formation des agents de la fonction publique territoriale a consacré, au bénéfice des agents territoriaux, un véritable droit à la formation.

C'est au Centre national de la fonction publique territoriale, qui prend ainsi à sa charge les missions précédemment exercées par le Centre de formation des personnels communaux (CFPC), qu'il revient de mettre en œuvre ce droit.

Cette mise en œuvre se fait dans le cadre d'une politique générale de formation professionnelle des agents de la fonction publique territoriale. Elle se traduit par les actions suivantes :

— l'organisation des formations initiales préalables à la titularisation dans la fonction publique territoriale ;
— la préparation aux concours d'accès et examens professionnels de la fonction publique territoriale ;
— la formation continue dispensée en cours de carrière, soit au regard des fonctions exercées, soit dans le but d'accéder à un nouveau cadre d'emplois, à un nouveau grade ou à un nouvel emploi ;
— la formation personnelle menée par les agents de la fonction publique territoriale ;
— la mise en place d'actions de recherche en matière de formation des agents de la fonction publique territoriale.

Pour l'exécution de ses missions en matière de formation, le conseil d'administration du Centre national de la fonction publique territoriale est assisté d'un conseil d'orientation.

Le conseil d'orientation assiste le conseil d'administration dans la définition de la politique générale de formation menée vis-à-vis des agents territoriaux.

Pour l'exercice de ses missions en matière de formation, le Centre national de la fonction publique territoriale dispose de délégations. Ces délégations, créées par le conseil d'administration, ont un caractère interdépartemental ou régional.

Chaque délégation est placée sous l'autorité d'un délégué, qui est un élu local désigné par le conseil d'administration du Centre national de la fonction publique territoriale. Ce délégué est assisté d'un conseil d'orientation, qu'il préside.

L'essentiel de la mission de formation des agents de la fonction publique territoriale incombe au Centre national de la fonction publique territoriale. Cependant les collectivités et établissements participent également à l'action de formation, et ce, à un double titre :

— ils élaborent un plan de formation. Ces plans de formation sont élaborés soit directement par les collectivités et établissements non affiliés à un centre de gestion, soit par les centres de gestion dans les autres cas. Ils sont transmis à la délégation du Centre national de la fonction publique territoriale. Ces plans de formation servent au conseil d'orientation de la délégation pour établir le rapport relatif aux besoins exprimés en la matière, et définir le programme des formations ;
— ils peuvent organiser, pour leur propre compte, des actions de formation complémentaires pour leurs personnels. Ils en assurent alors l'entière prise en charge.

C / *Les instances de participation*

Comme l'ensemble de la fonction publique aujourd'hui, la fonction publique territoriale est dotée d'une panoplie d'instances au sein desquelles des représentants des fonctionnaires sont appelés à donner leur avis sur divers aspects de la gestion des personnels. Bien qu'elles n'aient à peu de choses près que des attributions consultatives, ces instances ont souvent en pratique un poids très important.

1 / *Le Conseil supérieur de la fonction publique territoriale.* — Le Conseil supérieur de la fonction publique territoriale est un organisme consultatif, constitué au niveau national et qui est l'interlocuteur du gouvernement dans sa mission de proposition de lois et de réglementation de la fonction publique territoriale. Il est composé pour moitié de représentants des collectivités territoriales élus par les exécutifs des collectivités, et pour moitié de représentants du personnel des collectivités territoriales désignés par des organisations syndicales les plus représentatives.

Le Conseil supérieur de la fonction publique territoriale dispose d'attributions consultatives et d'un pouvoir de proposition. Il est consulté sur l'ensemble des textes législatifs et réglementaires relatifs à la fonction publique territoriale. Il peut faire des propositions en matière statutaire.

2 / *Les commissions administratives paritaires.* — Les commissions administratives paritaires sont consultées, ou sont susceptibles de l'être à propos de très nombreuses questions d'ordre individuel concernant les fonctionnaires territoriaux : cumuls, promotions internes, mutations, mises à disposition, détachements, notations, avancements, discipline, licenciements...

Il existe une commission administrative paritaire par catégorie (A, B, C, D) auprès de chaque centre de gestion, et auprès de chacune des collectivités non affiliées à un centre de gestion.

Les commissions administratives paritaires comprennent, en nombre égal, des représentants des fonctionnaires (en principe, deux titulaires et deux suppléants pour chaque grade du corps) élus sur des listes présentées par les organisations syndicales représentatives, et des représentants des collectivités, désignés par leurs exécutifs. Lorsque la commission siège en tant que conseil de discipline, elle est présidée par un magistrat de l'ordre administratif.

3 / *Les comités techniques paritaires.* — Les comités techniques paritaires sont consultés non pas sur les problèmes individuels, mais sur les questions d'organisation des services, sur les méthodes de travail, et sur l'hygiène et la sécurité lorsqu'il n'existe pas de comité d'hygiène et de sécurité.

Il existe un comité technique paritaire auprès de chaque centre de gestion, et dans chaque collectivité employant 50 agents ou plus (le seuil de création étant calculé par rapport au nombre cumulé d'agents de la commune et de ses établissements publics).

Les comités techniques paritaires, qui comprennent entre 6 et 30 membres, réunissent à part égale des représentants des collectivités et des représentants des personnels élus sur des listes présentées par les organisations syndicales.

4 / *Les comités d'hygiène et de sécurité.* — Des comités d'hygiène et de sécurité doivent être créés dans les collectivités occupant un effectif d'au moins 200 agents dans un ou plusieurs services comportant des risques professionnels spécifiques.

Composés à part égale de représentants des collectivités et de représentants élus des personnels, les comités d'hygiène et de sécurité sont consultés sur les règlements, consignes et autres documents intéressant l'hygiène et la sécurité, et ils ont la possibilité de procéder à des enquêtes à l'occasion des accidents de service et de la survenance de maladies professionnelles.

2 / La carrière des agents territoriaux

1 | LE RECRUTEMENT DES AGENTS TERRITORIAUX

La forme normale de recrutement des agents territoriaux est le concours. Les dérogations à cette règle sont limitées.

A / *Le recrutement par concours*

Il y a lieu de procéder à l'ouverture d'un concours lorsque, pour un emploi vacant ou créé par une collectivité territoriale, il n'y a pas eu nomination d'un fonctionnaire par un autre moyen : mutation d'une autre collectivité territoriale, détachement d'un agent, promotion interne ou avancement de grade, intégration directe d'un agent de la fonction publique d'État dans le cadre des procédures spécifiques prévues à cet égard.

La nécessité d'organiser le concours apparaît donc en fonction des vacances d'emplois constatées, après utilisation de ces possibilités de recrutement.

L'autorité chargée d'organiser le concours varie selon les cadres d'emplois, mais le Centre national de la fonction publique territoriale organise en principe les concours de recrutement des agents de catégorie A et de catégorie B.

L'autorité chargée d'ouvrir le concours doit procéder à un certain nombre d'actes :

— elle doit fixer le nombre de places mises au concours. Le nombre de places est calculé en fonction du nombre d'emplois à pourvoir et du nombre de personnes qui, reçues à un précédent concours, n'ont toujours pas trouvé d'emploi, et demeurent inscrites, de ce fait, sur la liste d'aptitude. Le nombre cumulé des personnes demeurant inscrites sur la liste d'aptitude et des candidats admis par le jury doit dépasser d'au moins une unité le nombre d'emplois vacants, mais ne doit pas être supérieur à 120 % de ce chiffre ;
— elle doit déterminer le caractère du concours. Il peut s'agir en effet soit d'un concours externe, soit d'un concours interne ;

— elle doit préciser les dates et conditions de réception des candidatures, ainsi que le calendrier des épreuves ;
— elle doit nommer le jury ;
— elle doit recevoir les candidatures.

Le jury du concours. — Le concours lui-même fait intervenir le jury qui note et classe les candidats. Le jury est désigné par l'autorité chargée d'organiser le concours.

A l'issue du concours, le jury établit une liste d'aptitude. Cette liste d'aptitude comprend d'une part les lauréats du concours, d'autre part les lauréats des concours précédents qui n'ont pas trouvé d'emploi et qui remplissent les conditions pour demeurer inscrits sur la liste d'aptitude.

Le fait pour un candidat d'être inscrit sur une liste d'aptitude lui offre la possibilité d'accéder aux emplois qui ont été déclarés vacants et non pourvus par d'autres voies. Il ne lui en offre pas la garantie absolue, la nomination relevant exclusivement de l'autorité territoriale. Dès lors, l'affectation suppose d'une part que le candidat y postule, d'autre part que l'autorité territoriale soit d'accord pour le nommer. Le jeu de ces mécanismes aboutit progressivement au « placement » des candidats inscrits sur la liste d'aptitude.

Lorsque la collectivité ou l'établissement et le candidat sont d'accord, l'affectation est prononcée. C'est l'autorité territoriale qui procède à la nomination. Avant d'être titularisé, l'agent, tout en exerçant ses nouvelles responsabilités professionnelles, est placé en situation de stagiaire.

Depuis que la loi du 26 juillet 1991 a posé, en application du droit communautaire, le principe d'une ouverture aux ressortissants des autres États de la Communauté des corps ou cadres d'emploi ne comportant pas de participation à l'exercice de prérogatives de puissance publique, des décrets statutaires sont venus ouvrir un certain nombre de cadres d'emploi aux citoyens de ces États.

B / *Le recrutement sans concours*

Le statut général prévoit certaines exceptions au principe du concours. Elles concernent la constitution initiale des cadres d'emplois ou corps, le recrutement des fonctionnaires de catégories C et D lorsque le statut particulier le prévoit, et l'application de la législation sur les emplois réservés, qui s'applique à certains blessés de guerre et handicapés. En outre, le recrutement des agents non titulaires, dans les cas où il est possible (voir *supra,* p. 193 et s.), se fait généralement sans concours.

2 | LE DÉROULEMENT DE LA CARRIÈRE DES FONCTIONNAIRES TERRITORIAUX

Le déroulement de la carrière des fonctionnaires territoriaux fait l'objet de règles complexes, qui régissent notamment trois problèmes spécialement importants : celui des positions, celui de l'avancement, et celui des changements de cadres d'emplois.

A / *Les positions*

La position normale d'un fonctionnaire territorial est d'être en activité dans un emploi correspondant au grade dont il est titulaire, mais il peut se trouver dans un certain nombre de situations différentes que le statut général des fonctionnaires territoriaux réglemente pour conserver les droits des fonctionnaires sans pénaliser les collectivités territoriales.

1 / *La position d'activité.* — C'est la position normale du fonctionnaire qui, titulaire d'un grade, exerce effectivement un emploi correspondant à ce grade.

2 / *Le congé parental.* — Le congé parental n'est pas une forme de congé, mais une position du fonctionnaire. Il est accordé, à la mère fonctionnaire ou au père fonctionnaire, à la suite d'une naissance ou de l'adoption d'un enfant de moins de trois ans.

3 / *La mise à disposition.* — Les fonctionnaires territoriaux peuvent être mis à la disposition d'une collectivité, d'un établissement public local, ou d'un organisme privé sans but lucratif Comme dans les autres secteurs de la fonction publique, la mise à disposition n'est en réalité qu'une variante de la position d'activité : le fonctionnaire demeure rémunéré par sa collectivité, et continue à y faire carrière.

4 / *Le détachement.* — Le détachement est possible tant vers les cadres d'emplois et emplois de la fonction publique territoriale que vers les corps et emplois de la fonction publique d'État.

On distingue deux catégories de détachement :

— d'une part, le détachement de courte durée (six mois au plus, sans possibilité de renouvellement). A son expiration, le fonctionnaire est réintégré dans son cadre d'emplois d'origine sur son emploi antérieur ;
— d'autre part, le détachement de longue durée (cinq ans au plus, mais avec une possibilité de renouvellement par périodes de cinq ans maximum). A l'expiration de ce détachement, l'agent est réintégré à la première vacance dans son cadre d'emplois et réaffecté dans un emploi correspondant à son grade, au sein de sa collectivité ou établissement d'origine.

5 / *La position hors cadre.* — La position hors cadre est la position qui fait suite à un détachement lorsque la durée de celui-ci est expirée. Elle permet au fonctionnaire territorial concerné de conserver son emploi auprès de la même administration ou organisme à l'issue de cette période.

6 / *La disponibilité.* — La disponibilité est la position du fonctionnaire territorial qui, placé hors de son administration ou service d'origine, cesse de bénéficier dans cette position de ses droits à l'avancement et à la retraite. Il y a en fait deux catégories de disponibilité :

— la disponibilité sur demande du fonctionnaire (elle peut d'ailleurs constituer un droit pour celui-ci : hypothèse de la disponibilité demandée pour élever un enfant, suivre le conjoint astreint à une mobilité professionnelle, soigner un proche) ;
— la disponibilité d'office à l'expiration d'un congé de maladie, de longue maladie ou de longue durée lorsque le fonctionnaire n'est pas en état de reprendre ses fonctions.

A l'issue de la période de disponibilité, le fonctionnaire peut être réintégré, les modalités de cette réintégration étant plus restrictives que dans le cas du détachement.

7 / *Le congé spécial.* — Comme dans les autres secteurs de la fonction publique, il existe un congé spécial, qui peut être accordé, pour cinq ans maximum, à des agents occupant des emplois fonctionnels. A l'issue de ce congé – qui est assimilable à une position –, l'intéressé est automatiquement admis à la retraite.

8 / *Le service national.* — Durant l'accomplissement de son service national, le fonctionnaire perd son droit au traitement. A l'expiration de l'accomplissement du service national, il est obligatoirement réintégré.

B / *L'avancement*

Les règles d'avancement varient selon les statuts particuliers de chaque cadre d'emplois.

L'avancement d'échelon est décidé par l'autorité territoriale après avis de la commission administrative paritaire du cadre d'emplois.

Il existe trois possibilités d'avancement de grade :

— l'inscription sur un tableau annuel d'avancement ;
— l'examen professionnel préalable à l'inscription sur un tableau d'avancement ;
— le concours professionnel.

C / *Les changements de cadres d'emplois*

Le changement de cadres d'emplois correspondra souvent à une promotion : il permettra à un agent d'intégrer un cadre d'emplois de catégorie supérieure ouvrant droit à des rémunérations plus importantes et à de plus grandes responsabilités. Il peut aussi consister dans le passage dans un cadre d'emplois de niveau équivalent, mais auquel l'agent souhaite accéder pour des raisons diverses : intérêt des fonctions ou raisons de santé par exemple.

Le statut prévoit plusieurs types de procédures de changement de cadre d'emplois. Outre le concours interne, il envisage des procédures de promotion interne sans concours, ainsi que l'intégration du fonctionnaire après détachement dans le cadre d'emplois convoité. Est également prévu le changement de cadre d'emplois des fonctionnaires reconnus inaptes à l'exercice de leurs fonctions par suite de l'altération de leur état physique.

3 | LA CESSATION DES FONCTIONS

Il faut envisager séparément la cessation définitive des fonctions et la simple perte d'emploi.

A / *La cessation définitive des fonctions*

La cessation définitive des fonctions peut procéder de trois types d'événements.

1 / *La retraite.* — L'âge à partir duquel les fonctionnaires territoriaux peuvent faire valoir leurs droits à la retraite est de 60 ans pour les agents de catégorie A, 55 ans pour les autres agents, à l'exception de ceux des services insalubres, qui peuvent être admis à la retraite dès 50 ans. En tout état de cause, l'âge limite d'admission à la retraite est de 65 ans pour les agents de catégorie A, de 60 ans pour les autres agents. Le fonctionnaire a droit alors à une pension de retraite.

2 / *Le licenciement.* — Si le licenciement des agents non titulaires demeure toujours possible, le licenciement des agents titulaires est un cas exceptionnel.

Il peut cependant survenir dans les hypothèses suivantes : le licenciement pour insuffisance professionnelle ; le licenciement des titulaires d'emplois fonctionnels ; le licenciement pour refus d'occuper un poste.

3 / *La démission.* — La démission doit résulter de la demande écrite du fonctionnaire. Elle doit être acceptée par l'autorité investie du pouvoir de nomination et prend effet à la date fixée par cette autorité. La décision de cette autorité doit intervenir dans le délai d'un mois. Dès que la démission est acceptée, elle devient irrévocable.

B / *La perte d'emploi*

Le statut prévoit des mécanismes particuliers de prise en charge des fonctionnaires dans deux types d'hypothèses de perte d'emploi.

Il prévoit en premier lieu le cas où le titulaire d'un emploi dit fonctionnel (directeur général et directeur général adjoint des services des départements et des régions, secrétaire général et secrétaire général adjoint des communes de plus de 5 000 habitants, directeur général ou directeur des services techniques des communes de plus de 20 000 habitants, directeur, directeur adjoint et secrétaire général de certains établissements publics) est déchargé de ses fonctions. Si la collectivité ne lui propose pas d'emploi correspondant à son grade, il est pris en charge par le Centre national de la fonction publique territoriale, et bénéficie d'une procédure de reclassement.

Le statut envisage en second lieu le cas où l'emploi qu'occupe un agent est purement et simplement supprimé. Si la collectivité ne peut pas lui proposer un autre emploi, le fonctionnaire est alors pris en charge par le centre de gestion (s'il appartient à la catégorie B, à la catégorie C, ou à la catégorie D), ou par le Centre national de la fonction publique territoriale (s'il appartient à la catégorie A).

3 / Les droits et obligations des agents territoriaux

1 | LES DROITS DES AGENTS TERRITORIAUX

On distingue classiquement les droits individuels des droits collectifs.

A / *Les droits individuels*

On peut distinguer sept catégories de droits individuels : le droit à la rémunération, le droit à la garantie d'emploi, le droit à une pension de retraite, le droit aux congés ou aux autorisations d'absence, le droit à la formation, le droit à la liberté d'expression, le droit à la protection.

1 / *La rémunération.* — Les fonctionnaires territoriaux ont droit, après service fait, à une rémunération. Cette rémunération n'est pas déterminée librement entre la collectivité ou l'établissement et le fonctionnaire. Elle est soumise à des règles très strictes, aboutissant à ce que les fonctionnaires de même grade ou occupant des emplois équivalents perçoivent la même rémunération.

En principe, la rémunération des fonctionnaires territoriaux est équivalente à celle des fonctionnaires de l'État exerçant les mêmes responsabilités. Elle ne peut lui être supérieure. Cette rémunération comprend plusieurs composantes.

a / Le traitement principal est calculé en fonction d'un indice. A chaque indice correspond une rémunération brute annuelle fixée par décret, les valeurs étant identiques pour l'ensemble de la fonction publique. A chaque grade de chaque cadre d'emplois de la fonction publique territoriale correspond un indice, l'avancement de grade – de classe ou d'échelon – permettant au fonctionnaire de bénéficier d'une rémunération supérieure.

b / L'indemnité de résidence se calcule en pourcentage du traitement annuel, le taux variant en fonction de la localisation de l'emploi.

c / Le supplément familial de traitement est un système d'allocations familiales propre à la fonction publique, qui vient en complément des prestations familiales obligatoires. Son mode de calcul qui dépend de la rémunération de l'agent et du nombre d'enfants est fixé de façon uniforme pour l'ensemble de la fonction publique.

d / Les indemnités doivent avoir été instituées par un texte législatif ou réglementaire.

Une autorité territoriale ne peut verser que des indemnités dont le régime a été défini soit par une loi, soit par un décret. Cependant, des possibilités de modulation ont été admises par la loi du 28 novembre 1990 qui a introduit à l'article 88 du titre III du statut général une disposition en vertu de laquelle « l'assemblée délibérante de chaque collectivité territoriale fixe, par ailleurs, les régimes indemnitaires dans la limite de ceux dont bénéficient les différents services de l'État » (v. le décret n° 91-875 du 6 sept. 1991 pour les modalités d'application de cette disposition).

2 / *La garantie d'emploi.* — La notion de garantie d'emploi peut être entendue de deux façons différentes. Dans un premier sens, il s'agit de la garantie pour un fonctionnaire de conserver l'emploi qu'il occupe. Dans le principe, cette garantie n'existe pas. Cependant, on doit tempérer cette affirmation, compte tenu des procédures particulières relatives aux changements d'emplois.

On peut aussi entendre la garantie d'emploi au sens de la garantie qui serait accordée à un fonctionnaire de conserver, quoi qu'il arrive, un emploi dans la fonction publique.

Pour les fonctionnaires titulaires, cette garantie est quasi absolue. Seules exceptions : le licenciement pour insuffisance professionnelle très rarement utilisé, le licenciement d'un fonctionnaire qui, à la suite d'une période de disponibilité ou d'une prise en charge à l'issue d'un détachement de longue durée ou de la suppression de l'emploi, a successivement refusé trois postes dans le ressort du centre de gestion dont il dépend, le licenciement d'un stagiaire, soit en cours de stage pour insuffisance professionnelle ou faute disciplinaire, soit à la fin du stage, pour n'avoir pas donné satisfaction.

3 / *Le droit à une pension de retraite.* — Les agents territoriaux admis à la retraite ont droit à une pension. Cette pension leur est servie par une institution particulière, la Caisse nationale de retraite des agents des collectivités locales. Son montant est fonction du nombre d'années de services. En principe chaque année de services donne droit à 2 % du traitement de base, la limite maximale de la pension de retraite étant de 75 % du dernier traitement : de ce fait, il est nécessaire, pour les agents territoriaux, d'avoir assuré trente-sept années et demie de services pour pouvoir prétendre à la retraite au taux maximal (certaines situations – services à caractère militaire, nombre d'enfants – permettent cependant d'obtenir des taux de retraite un peu plus élevés).

Les fonctionnaires titulaires d'un emploi à temps non complet sont affiliés à la Caisse nationale de retraite des agents des collectivités locales si cet emploi correspond au moins à un mi-temps. Dans le cas contraire, ils sont affiliés à une institution de retraite complémentaire.

4 / *Les droits à congés.* — Les fonctionnaires territoriaux ont droit, selon les circonstances, à plusieurs types de congés :

— congés annuels (le principe de base étant que les fonctionnaires territoriaux ont droit à un congé annuel d'une durée égale à cinq fois leurs obligations hebdomadaires de service, des congés bonifiés étant organisés au profit des fonctionnaires originaires des départements d'outre-mer) ;
— congés de maladie, dont il existe trois types : le congé de maladie simple, dont la durée totale peut atteindre un an, le congé de longue maladie, d'une durée maximale de trois ans, et le congé de longue durée, qui concerne certaines maladies, et qui peut durer cinq ans, dont trois à plein traitement, et deux à demi-traitement ;
— congés de maternité et d'adoption, accordés dans les mêmes conditions que pour les salariés du secteur privé ;
— congés de formation professionnelle ;
— congés de formation syndicale, d'une durée maximale de douze jours ouvrables par an ;
— congés pour participer aux activités dirigées des organisations de jeunesse et d'éducation populaire ou des associations sportives en vue de la formation d'animateurs.

Des congés peuvent être rapprochés des différentes autorisations d'absence qui peuvent être accordées aux fonctionnaires territoriaux exerçant des fonctions publiques électives (pour la durée des sessions des assemblées), syndicales, mutualistes, ou appartenant à des organismes statutaires de la fonction publique territoriale, et de celles qui sont accordées pour les événements familiaux.

5 / *Le droit à la formation.* — Les fonctionnaires territoriaux se sont vus reconnaître un véritable droit à la formation. Ce droit à la formation est régi par la loi du 12 juillet 1984 qui leur permet de bénéficier de la formation dispensée en cours de carrière soit en relation avec les fonctions exercées, soit en vue d'accéder à un nouveau corps ou un nouvel emploi, et d'une formation personnelle correspondant à leurs goûts ou à leurs centres d'intérêt.

L'existence de ce droit à la formation permet aux fonctionnaires territoriaux de demander à suivre les actions de formation qui sont organisées à leur bénéfice, notamment par le Centre national de la fonction publique territoriale. Ce droit ne trouve sa limite que dans les nécessités du service.

6 / *La liberté d'opinion.* — L'article 6 de la loi du 13 juillet 1983 garantit la liberté d'opinion à l'ensemble des fonctionnaires. Il dispose dans son deuxième alinéa qu' « aucune distinction ne peut être faite entre les fonctionnaires en raison de leurs opinions politiques, syndicales, philosophiques ou religieuses, de leur sexe ou de leur appartenance ethnique ».

Comme celle des fonctionnaires de l'État, la liberté d'opinion des fonctionnaires territoriaux trouve sa limite dans l'obligation de réserve. Dans la pratique, le droit à la liberté d'expression s'apprécie de façon différente selon les responsabilités occupées par le fonctionnaire. Il est plus réduit pour les fonctionnaires qui occupent des responsabilités importantes en raison de l'obligation de loyalisme qui pèse sur eux.

7 / *Le droit à la protection.* — Les agents territoriaux ont droit à être protégés par la collectivité dont ils relèvent. Cette protection est tout d'abord reconnue par le Code pénal qui prévoit qu'un certain nombre de crimes ou délits exercés à l'encontre des fonctionnaires sont passibles de peines spécifiques.

La collectivité publique doit protéger les fonctionnaires contre les menaces, violences, voies de fait, injures, diffamations ou outrages dont ils pourraient être victimes à l'occasion de leurs fonctions et réparer, le cas échéant, le préjudice qui leur a été causé. Cela signifie qu'elle peut se substituer au fonctionnaire pour intenter les actions de caractère judiciaire qu'appellent les attaques ou menaces et, qu'en tout état de cause, elle doit veiller à la réparation du préjudice subi, soit en assistant le fonctionnaire, soit en assurant la réparation dudit préjudice et en exerçant à sa place les actions judiciaires. Enfin, le droit à la protection inclut également le droit pour le fonctionnaire territorial d'être couvert des condamnations civiles qui seraient prononcées contre lui alors que la faute qui lui est reprochée constituait en réalité une faute de service.

B / *Les droits collectifs*

1 / *Le droit syndical.* — Le droit syndical est garanti aux fonctionnaires territoriaux. Ceux-ci peuvent librement créer des organisations syndicales, y adhérer, et y exercer des mandats. Les règles essentielles sont ici fixées par le décret du 3 avril 1985 relatif à l'exercice du droit syndical dans la fonction publique territoriale, modifié par le décret du 4 mars 1994.

Les organisations syndicales peuvent saisir les juridictions compétentes, tant des actes réglementaires concernant le statut des personnels que des décisions individuelles, dès lors qu'elles portent atteinte aux intérêts collectifs des fonctionnaires. En revanche, elles ne peuvent pas se substituer aux agents dans la défense de leurs droits individuels (CE, 9 nov. 1983, Saerens, *Lebon,* p. 453). Elles constituent les interlocuteurs naturels du gouvernement et des autorités territoriales pour la définition des règles applicables aux fonctionnaires territoriaux. Cette fonction d'interlocuteur leur est assurée du fait de leur participation à différents organes de la fonction publique territoriale, notamment le Conseil supérieur de la fonction publique territoriale et les conseils d'orientation du Centre national de la fonction publique territoriale. Cette participation est réservée aux syndicats dits représentatifs, qui ont ainsi une exclusivité de représentation syndicale des agents territoriaux.

Les agents territoriaux bénéficient de la liberté d'appartenance syndicale. Aucune discrimination ne peut être faite en raison de cette appartenance. La jurisprudence administrative est abondante à cet égard.

Les représentants syndicaux, pour leur part, bénéficient, ainsi qu'on l'a vu précédemment, du droit à congé de formation syndicale, et du droit à certaines autorisations d'absence.

2 / *Les droits d'expression collective.* — L'article 9 de la loi du 13 juillet 1983 dispose : « Les fonctionnaires participent par l'intermédiaire de leurs délégués siégeant dans des organismes consultatifs à l'organisation et au fonctionnement des services publics, à l'élaboration des règles statutaires et à l'examen des décisions individuelles relatives à leur carrière. Ils participent à la définition et à la gestion de l'action sociale, culturelle, sportive et de loisirs dont ils bénéficient ou qu'ils organisent. »

Ce droit d'expression collective, qui est d'ailleurs, en vertu du préambule de la Constitution de 1946, un attribut de tous les salariés, trouve sa traduction dans la présence de représentants des fonctionnaires dans de nombreuses instances de participation qui ont été évoquées (voir *supra,* p. 198 et s.).

3 / *Le droit de grève.* — Le droit de grève est reconnu aux fonctionnaires territoriaux, comme aux autres fonctionnaires.

Les restrictions au droit de grève que prévoit la loi du 31 juillet 1963 (préavis de cinq jours, interdiction des grèves tournantes) leur sont également applicables : du moins ce texte concerne-t-il les agents des départements, des communes de plus de 10 000 habitants, et des régions.

En outre, l'autorité territoriale peut limiter la grève en interdisant à certains agents d'y participer (Cons. d'État, 9 juill. 1965, Pouzenc, *Lebon,* p. 421) de manière à assurer le maintien de certaines activités indispensables comme celles qui concernent la sécurité des locaux municipaux.

Le non-respect de toutes les restrictions légales ou réglementaires à la grève expose à des sanctions disciplinaires.

Enfin, la grève entraîne une réduction du traitement proportionnelle au temps de cessation du travail (TA Versailles, 22 déc. 1988, Jadet, *Rev. fr. dr. adm.,* 1990, n° 3, p. 440, concl. Xavier Prétot).

2 | LES OBLIGATIONS DES AGENTS TERRITORIAUX

A / *Le contenu des obligations*

On peut distinguer six catégories d'obligations : l'obligation d'exécuter le service, l'obéissance, la neutralité, la probité, la discrétion professionnelle, la réserve dans la vie privée.

1 / *L'exécution du service.* — Le service d'un fonctionnaire territorial correspond, en règle générale, à la durée légale du travail. Cette durée est en principe de trente-neuf heures par semaine (pour les agents de service, elle s'établit à quarante et une heures).

Lorsqu'il s'agit d'agents à temps non complet, la durée du service est celle qui est déterminée par les actes fixant la situation de l'agent en cause. De plus, certains agents peuvent être autorisés à exercer leurs fonctions à temps partiel. Ce temps partiel n'est accordé que sous réserve des nécessités du service. Il ne peut être inférieur au mi-temps.

2 / *L'obéissance.* — Le fonctionnaire territorial doit se conformer aux instructions de son supérieur hiérarchique, sous réserve des dispositions générales de l'article 28 de la loi du 13 juillet 1983, qui permettent aux fonctionnaires de ne pas se conformer aux instructions de leurs supérieurs hiérarchiques lorsque l'ordre donné est manifestement illégal et de nature à compromettre gravement un intérêt public.

3 / *La neutralité.* — L'obligation de neutralité est une obligation qui fait fréquemment problème dans les collectivités territoriales dans lesquelles les fonctionnaires se trouvent placés tout près des autorités politiques.

Elle impose aux agents de prendre leur décision et de traiter les administrés, abstraction faite de leurs préférences politiques, syndicales ou religieuses.

4 / *La probité.* — Les manquements à l'obligation de probité sont non seulement sanctionnés par des procédures disciplinaires, mais relèvent également de l'application du Code pénal (délits de corruption, de prise illégale d'intérêts...).

L'article 25 de la loi du 13 juillet 1983 dispose que les fonctionnaires consacrent l'intégralité de leur activité professionnelle aux tâches qui leur sont confiées et qu'ils ne peuvent exercer à titre professionnel une activité privée lucrative de quelque nature que ce soit.

Cela forme une règle générale dont les exceptions sont prévues par un décret-loi du 29 octobre 1936.

5 / *Le secret et la discrétion professionnels.* — Ceux des fonctionnaires territoriaux qui ont à connaître des informations confidentielles sur les personnes (cela concerne notamment les fonctionnaires des services sanitaires et sociaux) sont astreints à l'obligation de secret. La violation de cette obligation les expose à la fois à des sanctions disci-

plinaires et aux sanctions pénales que prévoit l'article 378 du Code pénal.

En outre, comme tous les fonctionnaires, les fonctionnaires territoriaux sont liés par une obligation de discrétion professionnelle en ce qui concerne, de manière générale, les faits, informations et documents dont ils ont connaissance dans leurs fonctions. Le non-respect de cette obligation, dont ils peuvent au demeurant être déliés par l'autorité hiérarchique, ne les expose qu'à des sanctions disciplinaires.

L'application de la règle de discrétion est délicate. Les textes prévoient qu'elle a pour limite la liberté d'accès des citoyens aux documents administratifs, et ces deux impératifs ne sont pas faciles à concilier.

Dans les faits, l'intérêt croissant manifesté par les citoyens pour les décisions publiques conduit à ce que d'éventuels manquements à l'obligation de discrétion professionnelle, théoriquement sanctionnables, ne puissent guère l'être dans la pratique.

Le fonctionnement des collectivités territoriales révèle fréquemment des difficultés de cette nature.

6 / *La réserve dans la vie privée.* — L'obligation de réserve dans la vie privée est une obligation traditionnelle, liée à la notion de service public. Elle se matérialise par des obligations tenant au comportement que la population est en droit d'attendre de ceux qui occupent des charges publiques.

Dans la pratique, c'est une obligation dont l'application se fait essentiellement vis-à-vis des fonctionnaires de responsabilité. Pour les autres fonctionnaires, les éventuels manquements à cette obligation ne paraissent plus guère sanctionnables.

B / *La sanction des obligations*

Les manquements des fonctionnaires territoriaux à leurs obligations justifient l'application de sanctions disciplinaires, ainsi que, parfois, l'application de sanctions pénales.

Pour ce qui concerne les sanctions pénales – qui ne seront pas développées ici –, on doit simplement indiquer que la procédure correspondante est totalement indépendante de la procédure disciplinaire. Il peut y avoir sanction disciplinaire sans sanction pénale, sanction pénale sans sanction disciplinaire, sanction disciplinaire et sanction pénale.

Pour examiner les sanctions disciplinaires, il faut tout d'abord indiquer quelles sont les différentes catégories de sanctions disciplinaires avant de préciser la procédure qu'il convient de respecter pour les mettre en œuvre.

1 / *Les différentes catégories de sanctions disciplinaires.* — Les sanctions disciplinaires sont réparties en quatre groupes :

— 1er groupe : l'avertissement, le blâme, l'exclusion temporaire de fonctions pour une durée maximale de cinq jours ;
— 2e groupe : l'abaissement d'échelon, l'exclusion temporaire de fonctions pour une durée de six à quinze jours ;
— 3e groupe : la rétrogradation (abaissement de grade), l'exclusion temporaire de fonctions pour une durée de seize jours à six mois ;
— 4e groupe : la mise à la retraite d'office, la révocation.

L'exclusion temporaire de fonctions peut être assortie d'un sursis. Cette hiérarchie des sanctions disciplinaires va donc de la plus simple à la plus lourde.

Les sanctions disciplinaires les plus légères s'appliquent aux infractions les plus bénignes ; les sanctions les plus lourdes, d'ailleurs assez exceptionnelles, concernent les cas les plus graves, mais ni la loi, ni le règlement ne prévoient de tableau de concordance entre faute et sanction.

2 / *La procédure disciplinaire.* — C'est l'autorité territoriale dont relève l'agent qui détient le pouvoir disciplinaire. Cependant, de par des dispositions législatives et de par la jurisprudence, les fonctionnaires territoriaux bénéficient d'un certain nombre de garanties de procédure.

La première de ces garanties est le droit à la communication du dossier. Chaque fonctionnaire territorial, susceptible de faire l'objet d'une sanction disciplinaire, a droit à la communication de son dossier (v. art. 4 du décret du 18 sept. 1989).

La deuxième garantie de procédure est le droit à la consultation d'un conseil de discipline. Ainsi, l'autorité territoriale qui envisage de sanctionner un agent doit recueillir l'avis de la commission administrative paritaire qui siège à cette occasion en formation disciplinaire. Ainsi constitué, le conseil de discipline comporte en nombre égal des représentants du personnel et des représentants des collectivités territoriales, et il est présidé par un magistrat de l'ordre administratif en activité ou honoraire, désigné par le président du tribunal administratif.

Cette consultation du conseil de discipline est nécessaire pour toutes les sanctions des 2e, 3e et 4e groupes. Elle n'est pas requise pour les sanctions du 1er groupe qui sont l'avertissement, le blâme et l'exclusion temporaire des fonctions pour une durée maximale de cinq jours.

La troisième garantie est le droit à exercer un recours. Ce recours s'exerce devant un conseil de discipline de recours. Il en existe un par région, comprenant en nombre égal des représentants des personnels désignés par les organisations syndicales représentées au conseil supérieur de la fonction publique territoriale, et des représentants des collectivités tirés au sort. L'autorité disciplinaire ne peut pas retenir une sanction plus sévère que celle proposée par le conseil de discipline de recours. L'avis du conseil de discipline de recours est une décision susceptible de faire l'objet d'un recours, du moins lorsqu'il propose une sanction plus sévère que celle qui avait été choisie (CE, 9 déc. 1994, Ville de Toulouse, *Dr. adm.*, juill. 1995, p. 1, concl. S. Fratacci).

En dehors de ce recours, les fonctionnaires ayant fait l'objet d'une décision disciplinaire peuvent toujours saisir la juridiction administrative d'une demande en annulation de ladite sanction. La jurisprudence est, à cet égard, particulièrement importante. Lorsque la sanction disciplinaire est annulée, la collectivité doit en effacer les conséquences et procéder, s'il y a lieu, à une reconstitution de carrière.

BIBLIOGRAPHIE

Jean-Bernard Auby, Le personnel départemental et la réforme de la fonction publique territoriale, *RFDA*, 1985, p. 332 ; France : entre la carrière et l'emploi, in *Les fonctions publiques locales, comparaisons européennes*, Institut international d'administration publique, 1992.

Jean-Bernard Auby et Jean-Marie Auby, *Droit de la fonction publique : État, collectivités locales, hôpitaux*, Dalloz, 3e édition, 1997.

Jean-François Auby, *Initiation à la gestion du personnel des collectivités territoriales*, Berger-Levrault, 1987.

Aimé Bellina, La loi Hoeffet : une réforme consensuelle de la fonction publique territoriale, *RFDA*, 1995, p. 1017.

Jacques Bourdon *et al.*, *La nouvelle fonction publique territoriale*, Presses Universitaires de Lyon, 1985 ; La loi du 27 décembre 1994, *AJDA*, 1995, p. 171.

Anne-Marie Escoffier et Nicolas Boulouis, Les statuts particuliers de la fonction publique territoriale, *AJDA*, octobre 1988, p. 563.

Louis Favoreu, Les sources du droit de la fonction publique territoriale, *RFDA*, 1985, p. 309.

Jacques Fialaire, La réforme du statut de la fonction publique territoriale par la loi du 27 décembre 1994, *Dr. adm.,* 1995, chron. 5.

Bernard Perrin, Le droit syndical dans la fonction publique territoriale, *AJDA,* janv. 1990, p. 15.

Serge Salon et Jean-Charles Savignac, La fonction publique territoriale après la loi du 13 juillet 1987, *AJDA,* novembre 1987, p. 619.

Olivier Schrameck, *La fonction publique territoriale,* Dalloz, 1995.

Chapitre III

LES FINANCES LOCALES

Comme toutes les structures publiques, les collectivités territoriales trouvent l'ensemble de leurs moyens de financement à travers les mécanismes de contributions obligatoires. Pendant longtemps, la part des finances locales dans l'ensemble des finances publiques est apparue réduite. Mais la croissance du rôle des collectivités territoriales dans l'ensemble des institutions publiques, accélérée par le processus de décentralisation, a provoqué un accroissement de leur part dans l'ensemble des finances publiques.

En 1994, les dépenses des collectivités locales (communes, départements, régions) représentaient 721,1 milliards de francs, soit 46,4 % des dépenses de l'État et près de 10 % du Produit intérieur brut.

Les collectivités locales sont le premier investisseur public. Leurs dépenses d'équipement brut représentaient 141 milliards de francs, contre un peu plus de 100 milliards pour l'État (en additionnant investissements civils et subventions aux investissements civils).

L'étude des finances locales doit être conduite selon la méthode classique de l'analyse des finances publiques. Il convient d'évoquer en premier lieu les documents budgétaires et leur exécution avant d'analyser les conditions de réalisation de l'équilibre.

1 / Les procédures budgétaires et comptables

Les collectivités territoriales sont soumises aux règles générales de la comptabilité publique, règles d'annualité, d'unité, d'universalité et de spécialité budgétaires (sur ce point, on se référera aux ouvrages spécialisés en matière de finances publiques).

1 | LES BUDGETS

Les budgets sont des documents de prévision qui retracent l'ensemble des dépenses et des recettes de la collectivité. Ils sont aussi des documents d'autorisation dans la mesure où l'exécutif local ne peut engager les dépenses et les recettes que pour autant qu'elles aient été prévues dans le budget.

1 / Les budgets des collectivités locales retracent, par année, l'ensemble des dépenses et recettes. Ils se présentent sous une forme constante, imposée par ces instructions comptables à caractère général :

— les budgets des groupements de communes ont une structure comparable à ceux des communes ;
— les budgets des départements, comme ceux des régions, sont présentés selon un mode uniforme.

Dans tous les cas, les budgets des collectivités territoriales distinguent, en dépenses comme en recettes, le fonctionnement et l'investissement.

Leur structure générale est la suivante :

— une section de fonctionnement, dans laquelle on trouve :
  • au titre des recettes, les produits fiscaux, les transferts, les produits de l'exploitation du domaine ;
  • au titre des dépenses, les dépenses de personnel, les dépenses de fonctionnement courant, les transferts, les intérêts de la dette ;
— une section d'investissement, dans laquelle on trouve :
  • au titre des recettes, les emprunts, les subventions, les excédents de la section de fonctionnement (qui sont dégagés, en dépenses, de la gestion de fonctionnement, et servent ainsi de recettes à la section d'investissements) ;
  • au titre des dépenses, les dépenses d'équipement, le remboursement de la dette en capital.

Les dépenses et les recettes sont présentées par chapitre, et, à l'intérieur de chaque chapitre, par article. De plus, dans les grandes communes, les départements et les régions, la présentation du budget permet d'affecter les dépenses à chaque catégorie de services, et de répartir les recettes et les dépenses d'investissement en fonction des programmes auxquels elles correspondent. Si la structure générale est commune, il existe plusieurs nomenclatures comptables, correspondant aux différentes catégories de collectivités, à différentes tailles de communes ou adaptées à la gestion de certains services particuliers. Les représentations comptables portent des sigles M plus un numéro, par exemple M 14 pour les communes.

2 / Les budgets sont préparés par les exécutifs locaux avec l'aide de leurs services techniques compétents (pour les petites communes ce sont souvent les comptables, fonctionnaires d'État, qui assument cette tâche). Ils sont votés par les assemblées délibérantes, qui ne peuvent déléguer cette compétence (notamment pas à leurs commissions permanentes).

On distingue les budgets primitifs des budgets supplémentaires. Le budget primitif est le document qui, établi en début d'année, doit en principe retracer l'ensemble des dépenses et des recettes de l'année. Le ou les budgets supplémentaires sont des documents modificatifs (d'où la qualification fréquemment utilisée de décision modificative), destinés à apporter les inflexions nécessaires au document initial et à intégrer les reports de la gestion précédente.

Si les budgets primitifs sont obligatoires, les budgets supplémentaires sont facultatifs.

3 / Le budget doit respecter un certain nombre de règles. Il doit être voté en équilibre réel (ce qui signifie que les dépenses et les recettes doivent être évaluées de manière sincère et véritable) : il doit comporter les dépenses obligatoires ; il doit, s'il s'agit du budget primitif, être voté avant le 31 mars de l'année à laquelle il s'applique et être précédé, au moins deux mois avant son adoption, d'un débat en assemblée sur ses orientations. L'inobservation de ces règles conduit à la mise en œuvre d'une procédure de contrôle particulière, le contrôle budgétaire (voir chap. premier, V^e^ partie).

Le budget primitif permet à l'exécutif local d'engager les dépenses et de recouvrer les recettes. Son adoption est donc nécessaire pour que la collectivité puisse fonctionner. Cependant, pour tenir compte des habitudes aux termes desquelles les budgets locaux sont votés en début d'exercice et non à la fin de l'exercice précédent, et des différents incidents qui peuvent retarder le vote du budget, les ordonnateurs locaux ont la possibilité de prendre, dans l'attente du vote, un certain nombre d'actes permettant à la collectivité de fonctionner :

— mettre en recouvrement les recettes qui n'exigent pas une décision annuelle de l'assemblée délibérante (perception de certains impôts ou taxes : produits de l'exploitation du domaine) ;

— mandater les dépenses de fonctionnement dans la limite des crédits ouverts au budget de l'année précédente ;
— mandater le remboursement des annuités d'emprunt ;
— avec l'autorisation de l'assemblée délibérante, mandater les dépenses d'investissement dans la limite d'un quart des crédits de l'année précédente (voir circulaire du ministre de l'Intérieur en date du 11 janvier 1988).

4 / Il existe une règle spécifique pour l'adoption des budgets des régions. Un budget présenté par un exécutif régional est désormais considéré comme adopté, même s'il n'a pas été voté à la majorité, si le conseil régional n'a pas adopté un autre budget en désignant le nom d'un président de conseil régional destiné à remplacer celui qui est en fonction. Cette disposition, qui s'inspire de l'article 49.3 de la Constitution du 4 octobre 1958, est destinée à remédier à l'absence de majorité absolue dans la plupart des conseils régionaux.

2 | LES PROCÉDURES D'EXÉCUTION DES BUDGETS

Les budgets des collectivités territoriales sont exécutés sous la forme d'opérations de dépenses et de recettes. Pour les unes comme pour les autres, s'applique le principe fondamental de la comptabilité publique de séparation des ordonnateurs et des comptables.

A / *Les procédures de dépenses*

La dépense s'effectue en deux phases : une phase administrative et une phase comptable.

La phase administrative. — La phase administrative comporte :

— l'engagement : c'est l'acte administratif qui a pour effet de rendre une collectivité territoriale débitrice ;
— la liquidation : c'est l'acte administratif préparatoire, et qui implique l'examen de la réalité de l'engagement et d'un crédit ouvert à cet effet dans le budget et la vérification de la réalité de la fourniture et de son prix ;
— l'ordonnancement, qui est l'acte administratif par lequel l'ordonnateur enjoint au comptable de payer la dépense.

Dans la pratique, liquidation et ordonnancement sont concomitants.

La phase comptable. — La phase comptable comporte une opération de vérification du mandatement, et une opération de paiement proprement dit. Elles sont toutes deux le fait d'un comptable. Le comptable de la collectivité est un comptable direct du Trésor, agent de l'État, nommé par le ministre chargé du Budget après information de l'exécutif. Il doit avoir prêté serment devant la Chambre régionale des comptes. Comme comptable, il doit produire ses comptes devant ladite Chambre qui statue par voie d'arrêt.

Le comptable doit en premier lieu s'assurer de la régularité des opérations antérieures. En particulier, il va vérifier si l'ordre de paiement, ou ordonnancement, est accompagné des pièces justificatives exigées, s'il est exactement imputé au chapitre concerné, si des crédits sont disponibles, si le service a été réellement « fait » et si l'ordonnateur est bien compétent. S'agissant des pièces justificatives, il ne peut exiger que celles limitativement énumérées par les textes : un décret n° 88-74 en date du 21 janvier 1988 a fixé la liste des pièces que les ordonnateurs locaux doivent produire. Le comptable ne procédera au paiement que si l'ordonnancement est régulier. A défaut, il refusera de payer tant que l'ordonnateur n'aura pas régularisé.

Cela étant, pour refuser de payer, il ne peut se fonder que sur les considérations de légalité tirées de sa responsabilité pécuniaire et personnelle attachée à sa qualité de comptable. Il doit d'ailleurs motiver la suspension du paiement qu'il notifie à l'exécutif. Ce dernier peut répliquer en émettant un ordre de réquisition auquel le comptable est obligé de déférer sur-le-champ sauf au cas d'insuffisance de fonds disponibles, d'ordonnancement sur des crédits autres que ceux sur lesquels la dépense devait être imputée ou sur des crédits ouverts irrégulièrement ou insuffisants, d'absence totale de justification du service fait et de défaut de caractère libératoire du règlement.

L'ordre de réquisition est notifié à la Chambre régionale des comptes. Il a pour effet de substituer, éventuellement, la responsabilité de l'ordonnateur à celle du comptable : en cas d'irrégularité de l'ordre de réquisition, l'ordonnateur pourra voir sa responsabilité engagée devant la Chambre régionale des comptes (il encourra alors la même responsabilité que le comptable).

Le deuxième acte du comptable consiste à effectuer le paiement. Ce paiement s'effectue soit par versement d'espèces, soit par virement à un compte courant.

La règle de la prescription quadriennale s'applique aux dettes locales. Les dépenses à caractère obligatoire sont soumises à des règles particulières qui permettent au préfet de contraindre les collectivités territoriales à les engager et à les mandater.

B / *Les procédures de recettes*

La recette, au même titre que la dépense, comporte une phase administrative et une phase comptable.

La phase administrative comprend d'abord l'examen de la légalité de la recette, qui consiste à vérifier que la somme est légalement due. Ensuite, est émis un titre de recette ordonnancé par l'exécutif territorial.

La phase comptable porte le nom de recouvrement. L'encaissement est effectué par le comptable public qui agit au seul vu du titre de recette. Il vérifie la régularité externe de la recette, la correcte détermination du débiteur, l'exactitude du calcul du montant. A partir du moment où il est chargé de recouvrer, il effectue sous sa seule et entière responsabilité toutes les opérations correspondantes pour lesquelles il est responsable sur ses propres deniers. Il engage éventuellement des poursuites contre le débiteur détaillant. A cette fin, il émet un titre exécutoire.

S'agissant d'un titre exécutoire qui a effet par lui-même, le débiteur ne peut le contester qu'en formant un recours juridictionnel. Dans le cas d'un état exécutoire, le débiteur peut former opposition à l'état exécutoire, et il incombera au comptable d'agir en justice contre cette opposition. Il arrive parfois que les cotes portées au budget soient irrécouvrables (débiteur décédé, adresse inexacte...) : le comptable doit alors demander leur admission en non-valeur. Cette opération suppose une délibération de l'assemblée délibérante, qui a pour effet de faire sortir la prévision de recette de la comptabilité.

Les collectivités sont tenues de déposer leurs fonds au Trésor public. Ces fonds ne leur portent pas intérêt (dans certains cas, comme celui des ressources d'emprunt en attente d'utilisation, les collectivités ont toutefois la possibilité de déposer leurs fonds auprès d'organismes susceptibles de leur servir un intérêt). Cette absence de rémunération des fonds libres trouve sa justification dans deux faits : celui qui tient au service que rend l'État, par ses comptables, en matière de gestion de la comptabilité des collectivités territoriales, et celui qui tient aux avances de trésorerie que l'État apporte aux collectivités sur le produit des impôts locaux (lesquels sont, en règle générale, perçus en fin d'année).

A une certaine époque, les élus ont contesté vivement le principe de non-rémunération des dépôts de fonds de trésor. Lorsque les taux d'intérêts sont devenus moins élevés, cette contestation a perdu de sa vigueur.

Par ces mécanismes, les collectivités sont libérées de problèmes majeurs de trésorerie. Cela n'exclut naturellement pas qu'elles soient conduites à utiliser tous les instruments à leur disposition pour gérer leurs fonds de la façon la plus adaptée possible, notamment en ce qui concerne les appels d'emprunts. Elles peuvent utiliser, à cette fin, des techniques modernes et sophistiquées de gestion des trésoreries.

3 / LES COMPTES

Les textes exigent des collectivités locales la tenue de certains documents comptables. Mais les collectivités se sont en pratique dotées d'autres instruments, inspirés de ceux que possèdent les entreprises.

A / *Les documents comptables exigés par les textes*

Le compte de gestion est le compte établi par le comptable. Ce compte retrace l'état de la gestion au début de la période considérée, puis l'ensemble des opérations de crédit et de débit effectuées en cours de gestion, enfin le bilan de clôture. Le comptable doit transmettre un compte de gestion à l'ordonnateur – l'exécutif de la collectivité – qui doit par un visa attester de sa concordance avec le compte administratif.

L'ordonnateur – l'exécutif de la collectivité – doit en effet établir, à partir de sa propre comptabilité, un *compte administratif.* Ce compte retrace l'ensemble des opérations constituées au cours d'un exercice, par chapitre et par article et donne ainsi le bilan de la gestion. Ce compte administratif doit être présenté à l'assemblée délibérante au plus tard le 1er juillet de l'année suivant l'exercice concerné.

Le vote de l'assemblée délibérante doit intervenir avant le 1er octobre de la même année. L'inobservation de cette disposition est, il est vrai, dépourvue de sanction réelle autre que l'impossibilité d'effectuer des reports de crédits sur le budget de l'année suivante.

L'établissement des comptes peut susciter deux catégories d'incidents :

— s'il y a discordance entre le compte de gestion et le compte administratif, et que le rapprochement entre l'ordonnateur et le comptable ne permet pas d'y mettre fin, il appartient à la Chambre régionale des comptes, dans sa double mission de juge des comptes et de contrôle budgétaire, de rétablir par les voies de droit dont elle dispose les écritures convenables ;
— si l'arrêté des comptes fait apparaître un déficit d'exécution égal ou supérieur à 10 % des recettes de la section de fonctionnement dans les communes de moins de 20 000 habitants, ou à 5 % pour les autres communes, les départements ou les régions, le préfet doit saisir la Chambre régionale des comptes qu'il met en œuvre la procédure de rétablissement de l'équilibre prévue à cet effet.

B / *Les instruments comptables ajoutés en pratique par les collectivités*

Les règles de la comptabilité publique qui s'appliquent aux collectivités territoriales dans la tenue des budgets et des comptes ont pour finalité de garantir l'exact décompte des recettes et dépenses et leur correcte imputation. Elles n'ont pas été conçues pour servir de support à une gestion moderne et rationnelle. C'est la raison pour laquelle les collectivités, dans le but de connaître le coût de leurs services et d'inscrire leur gestion financière dans le temps, sont souvent tentées de doubler leur comptabilité réglementaire par des instruments comptables inspirés des méthodes de gestion privée.

On peut citer à cet égard :

— la comptabilité analytique qui, par une imputation des recettes et des dépenses en fonction de leur finalité, permet de déterminer le coût ou la rentabilité de chaque service et d'effectuer des comparaisons d'un service à l'autre ;
— la comptabilité de programme qui introduit pour les dépenses d'investissement, la distinction, utilisée pour l'État, entre autorisations de programme et crédits de paiement et qui permet ainsi de dépasser les contraintes de l'annualité budgétaire. Cette possibilité est notamment utilisée par les régions, dont les budgets comportent une grande part de dépenses d'investissement ;
— la comptabilité de patrimoine et de stocks qui permet de rendre compte des actifs détenus par une collectivité ;

— la comptabilité commerciale fondée sur le plan comptable général ; particulièrement utile pour retracer la gestion des services publics marchands (les règles relatives aux régies de services publics prévoient des tenues de comptabilité qui s'inspirent de la comptabilité commerciale).

Il convient cependant de noter que les évolutions de la comptabilité publique, en particulier de la comptabilité publique locale, tendent à en rapprocher la structure de celle de la comptabilité d'entreprises. Les collectivités ont toute liberté de se doter de ces instruments comptables. Mais la présentation de leurs budgets et de leurs comptes doit respecter les règles de la comptabilité publique, seuls les budgets et comptes présentés dans la forme légale ayant une valeur juridique.

2 / L'équilibre des finances locales

L'étude des conditions d'équilibre des finances locales nécessite d'examiner leurs recettes et leurs dépenses, puis de s'interroger sur la manière dont les collectivités territoriales réalisent leur équilibre budgétaire.

Auparavant, il convient d'avoir une idée globale de ce que représentent les finances locales. C'est l'objet du tableau ci-joint.

Les finances locales (chiffres 1994 en milliards de francs)

	Communes	*Départements*	*Régions*
Dépenses totales	433	222	67
Dépenses de fonctionnement	282	138	24
Dépenses d'investissement	151	84	43

Ces chiffres n'intègrent pas ceux des groupements et des établissements publics locaux.

La répartition des dépenses totales entre les trois catégories de collectivités territoriales s'établit de la manière suivante :

Communes	60 %
Départements	30,7 %
Régions	9,3 %

1 | LES RECETTES DES COLLECTIVITÉS

Les recettes des collectivités territoriales sont constituées :

— de recettes à caractère fiscal ;
— de transferts provenant, pour l'essentiel, de l'État ;
— de ressources d'emprunt ;
— de recettes diverses, comme les produits du domaine ou le produit ;
— des redevances ou prix résultant de l'activité des services marchands.

On retrouve ces diverses catégories dans les recettes des différentes collectivités territoriales, mais leur poids respectif varie.

A / *Les recettes communales*

La répartition en pourcentage (chiffres 1994) des dépenses des communes s'établit de la façon suivante :

— ressources fiscales : 43,2 % ;
— ressources de transferts : 30,7 % ;
— emprunts : 12,9 % ;
— divers : 13,2 %.

Les recettes communales se répartissent en recettes de fonctionnement et recettes d'investissement.

1 / *Les recettes de fonctionnement*

a) Les recettes fiscales directes obligatoires. — Les recettes fiscales obligatoires sont essentiellement les quatre taxes locales substituées aux anciennes contributions calculées selon le principe des centimes additionnels et qui sont souvent appelées les quatre vieilles. Ces quatre taxes sont la taxe foncière sur les propriétés bâties et la taxe foncière sur les propriétés non bâties qui frappent la propriété des biens, la taxe d'habitation qui frappe la jouissance des biens, et la taxe professionnelle qui frappe surtout les entreprises et le commerce :

— la taxe foncière sur les propriétés bâties s'applique aux « constructions fixées à perpétuelle demeure » ;
— la taxe foncière sur les propriétés non bâties affecte les terrains non bâtis et elle est due, comme la précédente, par les propriétaires de ces terrains ;

— la taxe d'habitation frappe les personnes, propriétaires ou non, jouissant d'une habitation, que ces personnes soient physiques ou morales, du moins lorsque ces dernières ne sont pas assujetties à la taxe professionnelle à raison de leurs immeubles à usage professionnel ;
— la taxe foncière sur les propriétés bâties, la taxe foncière sur les propriétés non bâties et la taxe d'habitation sont assises sur la *valeur locative* des immeubles considérés. Cette valeur locative est établie en fonction de divers barèmes, elle fait l'objet d'une révision périodique – en principe tous les six ans – et d'une mise à jour annuelle. Il existe de nombreux mécanismes d'exonération ou d'abattements, tenant à la nature des biens ou à la situation particulière des contribuables. Il existe périodiquement des projets pour modifier l'assiette de la taxe d'habitation, de façon à l'asseoir pour partie sur le revenu des contribuables ;
— la taxe professionnelle frappe « toute personne physique ou morale qui exerce à titre habituel une activité professionnelle non salariée ».

La taxe professionnelle est assise sur deux éléments :

— *la valeur locative des immobilisations corporelles* servant à l'activité professionnelle au titre de laquelle le redevable est assujetti ;
— *la valeur ajoutée de l'entreprise,* qui se définit comme l'excédent hors taxe de la production sur la consommation des biens et des services en provenance de biens constaté au cours d'une période de référence déterminée (c'est ce même concept qui, agrégé au plan national, sert de base au calcul du produit intérieur brut).

La taxe professionnelle, qui a été profondément réformée en 1975 et en 1980, est assortie de mécanismes correcteurs qui visent à niveler les cotisations de chacune des entreprises. Les redevables en contestent périodiquement les principes et les modalités. Ces mécanismes correcteurs sont des mécanismes de péréquation : péréquation au niveau départemental, qui se fait par écrêtement du produit de la taxe provenant des établissements exceptionnels, ce produit étant réparti entre les communes par le conseil général ; péréquation au niveau national, par le Fonds national de péréquation de la taxe professionnelle, alimenté par une cotisation additionnelle, et réparti en fonction de l'effort fiscal. La loi du 4 février 1995 relative à l'aménagement et au développement du territoire a créé un fonds national de péréquation qui coexiste avec le précédent. La loi du 13 juillet 1992 a créé des fonds départementaux de solidarité pour l'environnement, alimentés par des cotisations d'établissements producteurs de déchets.

De plus, le mécanisme de la taxe professionnelle est encore largement un régime transitoire. Des mécanismes particuliers ont été mis en œuvre pour assurer le transfert du critère qui existait avant celui de la valeur ajoutée – et qui était fondé sur les salaires payés –, à celui qui est à présent retenu. Qui plus est, des mécanismes de plafonnement des cotisations et d'exigence d'une cotisation minimum fonctionnent.

Enfin, il existe de nombreux régimes d'exemptions, d'exonérations et de dégrèvements.

Tous ces mécanismes se sont surajoutés, donnant au système de la taxe professionnelle un caractère complexe.

Cette situation est le fruit de la profonde disparité des ressources communales potentielles, qui appelle de nombreux mécanismes correcteurs, tant en ce qui concerne les contribuables que les communes.

Ces dernières fixent elles-mêmes le taux d'imposition aux quatre taxes directes locales. Elles ne peuvent cependant augmenter le taux de la taxe professionnelle plus que la moyenne pondérée de l'augmentation des taux communaux d'imposition aux trois autres taxes directes, de façon à ce que la part relative de la fiscalité directe communale reposant sur les entreprises n'augmente pas.

Les taux d'imposition sont naturellement très divers. Ils dépendent des ressources potentielles de la commune, des besoins de celle-ci et sont de façon générale croissants avec la population moyenne (voir tableau ci-joint présentant les taux moyens d'imposition par catégories de taxes et de collectivités).

Cette disparité, bien que ses effets soient en partie corrigés par les mécanismes péréquateurs divers évoqués précédemment, est la source de la contestation régulière du système de fiscalité directe locale. Elle est cependant le prix de l'éclatement du système communal, et de la liberté fiscale, conséquence naturelle du principe de libre administration.

Au titre des autres recettes fiscales directes obligatoires, on compte également la redevance des mines assise sur les produits minéraux extraits du sous-sol des communes (gaz naturel, charbon, hydrocarbure liquide ou gazeux) et l'imposition sur les pylônes.

b) Les recettes fiscales directes facultatives. — Les recettes fiscales directes facultatives sont la taxe d'enlèvement des ordures et la taxe de balayage quand celui-ci est assuré par les services municipaux.

c) Les recettes fiscales indirectes de fonctionnement sont tantôt des impôts spécifiquement communaux, tantôt des centimes additionnels à des impôts d'État.

Les recettes fiscales indirectes propres aux communes peuvent être obligatoires ou facultatives.

Les taux moyens d'imposition de 1987 à 1995 (en %, métropole)

Taxes	*1987*	*1988*	*1989*	*1990*	*1991*	*1992*	*1993*	*1994*	*1995*
Taux moyens nationaux des communes									
Taxe d'habitation	10,95	10,87	10,89	11,17	10,91	11,02	11,24	11,36	11,43
Foncier bâti	13,25	13,24	13,34	13,75	13,51	13,88	14,20	14,38	14,50
Foncier non bâti	36,50	36,51	36,66	37,13	36,09	36,45	36,59	36,43	36,28
Taxe professionnelle	11,95	11,85	11,88	12,11	11,79	12,07	12,22	12,35	12,38
Taux moyens nationaux des groupements à fiscalité propre									
Taxe d'habitation	5,09	5,07	5,10	5,37	5,27	4,72	3,94	3,28	3,13
Foncier bâti	5,28	5,33	5,39	5,68	5,64	5,30	4,53	3,97	3,82
Foncier non bâti	10,93	10,72	10,67	11,34	11,05	8,57	6,90	5,86	5,86
Taxe professionnelle	6,31	6,20	6,18	6,51	6,33	5,75	5,67	5,14	5,12
Taux moyens nationaux des départements									
Taxe d'habitation	5,08	5,06	5,13	5,25	5,18	5,02	5,23	5,41	5,57
Foncier bâti	6,55	6,54	6,63	6,78	6,67	6,84	7,22	7,43	7,65
Foncier non bâti	20,59	20,39	20,46	20,73	20,30	20,38	20,73	21,18	21,35
Taxe professionnelle	5,64	5,62	5,69	5,83	5,75	5,85	6,08	6,26	6,44
Taux moyens nationaux des régions									
Taxe d'habitation	0,74	0,79	0,96	1,08	1,10	1,12	1,33	1,44	1,49
Foncier bâti	0,88	0,93	1,18	1,32	1,34	1,38	1,62	1,78	1,33
Foncier non bâti	3,63	3,78	4,43	4,85	4,70	4,70	4,20	4,37	4,53
Taxe professionnelle	0,93	0,97	1,19	1,32	1,35	1,38	1,60	1,77	1,83

La baisse des taux 1991 provient de l'application aux taux de l'année 1990, qui servent de référence pour le vote des taux 1991, d'un coefficient déflateur, appliqué précédemment aux bases de 1986 à 1990.

(Source : Direction générale des collectivités locales. Enquêtes exhaustives sur la fiscalité directe locale.)

Sont ainsi obligatoires : la taxe d'inhumation, l'impôt sur les spectacles et le droit de licence sur les débits de boissons.

Sont facultatives : la taxe de séjour perçue dans les communes stations classées, la taxe sur la publicité qui est assise sur les panneaux publicitaires, enseignes et affiches, la taxe sur les emplacements publicitaires fixes, la surtaxe sur les eaux minérales dans les communes sur le territoire desquelles se trouvent des sources, la taxe sur les jeux de boules et de quilles comportant des dispositifs électromécaniques *(bowling)*, les droits de port dans les communes maritimes ou fluviales, les droits de place dans les halles, sur les foires ou les marchés, la taxe sur les remontées mécaniques et la taxe sur l'électricité consommée à usage domestique.

Les recettes fiscales indirectes calculées sur la base d'impôts d'État sont toutes obligatoirement perçues. Elles consistent en un certain pourcentage de produit d'un impôt d'État (prélèvement sur le produit des jeux dans les communes sièges d'un casino, prélèvement sur le produit de la taxe de protection sanitaire et d'organisation du marché des viandes) ou en la ristourne pure et simple de tout le produit d'un impôt d'État ainsi perçu pour le compte exclusif de la commune (taxe additionnelle aux droits d'enregistrement ou à la taxe de publicité foncière sur les mutations à titre onéreux, taxe afférente à la délivrance du permis de chasser).

d) Les recettes de transferts. — Les transferts de fonctionnement dont bénéficient les communes sont constitués de deux ressources essentielles.

— La première est la Dotation globale de fonctionnement (DGF). Elle a été créée par la loi de finances pour 1979, prenant la place de versements qui étaient antérieurement effectués au bénéfice des communes (la VRTS). Elle a été réformée à plusieurs reprises et notamment par la loi du 31 décembre 1993.

La DGF est une ressource globale affectée aux collectivités locales, dont le montant global évolue selon un indice intégrant le taux d'évolution de la moyenne annuelle des prix à la consommation des ménages et le taux d'évolution du produit intérieur brut en valeur. Cette dotation est répartie entre les différentes catégories de collectivités bénéficiaires en fonction de critères préétablis.

La dotation des communes est répartie de la manière suivante :

— une dotation forfaitaire qui regroupe toutes les attributions antérieures (le régime de la DGF a été modifié à plusieurs reprises. Elle était antérieurement répartie selon plusieurs critères) ;
— une dotation d'aménagement qui tient compte d'un certain nombre de critères :

- une part est affectée aux groupements de communes à fiscalité propre ;

- le solde est réparti entre une dotation de solidarité urbaine, réservée aux communes de plus de 5 000 habitants et dont l'affectation tient compte du potentiel fiscal par habitant, du revenu moyen par habitant, de la proportion d'aides au logement dans le nombre total de logements, et une dotation de solidarité rurale, dont l'affectation tient compte pour une part de la fonction de bourgs-centres de certaines de ces communes et de l'insuffisance du potentiel fiscal.

Les mécanismes de répartition de la dotation d'aménagement sont singulièrement complexes. On retiendra qu'ils tiennent compte :

— de la pauvreté fiscale de certaines communes ;
— de leurs charges sociales ;
— de leurs fonctions particulières (bourgs-centres).

— La deuxième est la dotation générale de la décentralisation. Créée par la loi du 7 janvier 1983, par son article 96, elle vise à compenser la part des transferts de compétences qui n'a pas été compensée par un transfert de ressources fiscales. Elle concerne surtout les régions et départements, mais une part revient aux communes, à raison de la prise en charge des transports scolaires et des compétences en matière d'urbanisme des bibliothèques municipales et des services communaux d'hygiène et de la santé. Calculée commune par commune à raison de l'évolution des charges transférées et de la compensation fiscale accordée, la dotation générale de décentralisation évolue chaque année comme la dotation globale de fonctionnement.

S'y ajoutent d'autres dotations spécifiques :

— la dotation culturelle, destinée à atténuer les charges des communes en raison de leur action culturelle ;
— la dotation de développement rural, créée par la loi du 6 février 1992 et destinée aux groupements de communes à fiscalité propre remplissant un rôle de développement économique et d'aménagement de l'espace rural et aux communes de moins de 10 000 habitants.

e) Les recettes diverses. — Certaines de ces recettes sont des redevances, c'est-à-dire qu'elles correspondent à la rémunération de services rendus. Il s'agit notamment des redevances d'incinération de cadavres, d'exhumation et d'ouverture de caveau ainsi que d'admission en chambre funéraire ; de la taxe d'usage des abattoirs, de la taxe de désinfection dans le cadre d'opérations de désinfection obligatoire ; des redevances pour raccordement à l'égout.

Certaines recettes sont des produits domaniaux provenant de l'exploitation de certaines dépendances du domaine public ou privé communal. Ainsi sont les taxes de trottoirs, de pavage, d'affouage, celles perçues sur les coupes de bois communaux remises aux habitants de la commune, d'occupation du domaine public, pour distribution et/ou transport de gaz, d'électricité ou d'hydrocarbures...

Ces recettes proviennent aussi de l'exploitation de services à caractère industriel et commercial, dont la plus importante est la redevance d'assainissement, souvent associée à la redevance due pour le raccordement des effluents privés aux réseaux publics d'assainissement.

2 / *Les recettes d'investissement*

a) Les recettes fiscales obligatoires comprennent diverses taxes dont les principales sont les suivantes :

La taxe locale d'équipement, qui est perçue sur les constructions, reconstructions et additions aux constructions existantes. Toute opération énumérée est, en principe, passible de la taxe locale d'équipement, mais il existe des communes sur le territoire desquelles la taxe est facultative ; par ailleurs certaines constructions sont exonérées de la taxe.

La participation pour dépassement du coefficient d'occupation des sols est due lorsque est accordée une autorisation de construire excédant le coefficient d'occupation des sols fixé par les règles d'urbanisme applicables. Cette taxe, depuis l'institution d'un plafond légal de densité, se combine avec le régime spécial de surdensité établi pour la part excédant ledit plafond. Le droit est calculé en proportion de la valeur au mètre carré de la surface de terrain supplémentaire qui eût été nécessaire pour édifier la superficie de plancher dans le respect du coefficient d'occupation des sols ou du plafond légal de densité.

Sont également des recettes fiscales obligatoires, le produit de la participation des lotisseurs, celui des participations et remboursements ou redevances pour raccordement à l'égout et le produit de la participation pour non-réalisation de parcs de stationnement.

b) Les recettes fiscales facultatives sont le produit destiné aux transports en commun, le versement-transport, et celui des surtaxes locales temporaires.

c) Les transferts. — Le fonds de compensation pour la TVA a pour objet de permettre aux communes de récupérer la TVA versée par elles sur leurs dépenses réelles d'investissement. Les sommes correspondantes sont attribuées par l'État, sur la base des dépenses d'investissement effectuées par les communes et du taux moyen de TVA. Le remboursement intervient à l'année $n+2$ pour des investissements réalisés l'année *n*. Le régime de FCTVA, originellement très avantageux pour les communes, a connu différentes réformes visant à limiter les avantages, parfois excessifs, qu'il avait procurés.

Les subventions spécifiques sont accordées pour une opération donnée. Avant la réforme de 1982 les subventions spécifiques de l'État étaient la règle. Avec la création de la dotation globale d'équipement, elles sont, en principe, devenues l'exception. Cependant, des régimes de subventions spécifiques de l'État ont été maintenus ou recréés. Par ailleurs, régions et départements ont également des mécanismes de subventions spécifiques au bénéfice des communes, dont certains leur ont été transférés par l'État (c'est le cas des aides à l'équipement rural qui sont accordées par les départements) ; certains mécanismes de subventions spécifiques procèdent de fonds alimentés par des ressources parafiscales (Fonds d'amortissement des charges d'électrification ; Fonds national de développement des adductions d'eau).

La dotation globale d'équipement (DGE), instituée par l'article 103 de la loi du 2 mars 1982 et réformée par la loi n° 85-1352 du 20 décembre 1985, est une dotation forfaitaire, unique, non affectée, indexée sur la formation brute de capital fixe des administrations publiques, mise à libre disposition des communes. Elle a été constituée à partir des crédits que l'État affectait antérieurement à des subventions spécifiques qui ont été supprimées.

La dotation globale d'équipement comprend deux parts. La première part correspond au système du taux de concours calculé en rapportant le montant des crédits de paiement au montant des investissements réalisés et effectivement payés dans l'année par les communes et leurs groupements. Cette part comporte deux fractions : d'une part, une fraction principale ; d'autre part, le solde, qui bénéficie aux communes défavorisées et aux groupements de communes par majoration de leur dotation. Cette part est réservée aux communes de plus de 2 000 habitants et à leurs groupements.

La seconde part, résultat de la réforme, est divisée en deux fractions.

La première fraction est attribuée aux communes de moins de 2 000 habitants sous forme de subventions réparties opération par opération. La répartition est effectuée par le préfet du département après avis d'une commission composée d'élus désignés par l'association des maires du département. La commission définit les opérations prioritaires devant bénéficier des subventions. En fait, en dépit de son nom, il s'agit d'un mécanisme de subvention spécifique.

La seconde fraction est attribuée aux groupements de communes en fonction de leurs dépenses d'investissement.

d) Les emprunts. — L'emprunt est le moyen normal de financer les dépenses d'investissement car il permet d'étaler sur plusieurs années la charge d'un équipement dont la durée de vie est longue.

Le secteur des prêts aux collectivités locales a pendant longtemps été un secteur protégé, le groupe de la Caisse des dépôts et consignations bénéficiant du privilège de pouvoir distribuer, grâce au coût limité de ses ressources, des prêts à taux réduit aux collectivités locales. Depuis quelques années, la banalisation des taux des prêts aux collectivités locales a introduit la concurrence dans ce secteur.

Le Crédit local de France, devenu DEXIA, affranchi du groupe Caisse des dépôts, garde toutefois une part dominante des prêts aux collectivités locales, grâce à son réseau et au développement de techniques nouvelles (prêts globalisés, assistance à la gestion des prêts et de la trésorerie). Mais de nombreux autres organismes financiers participent à la distribution des prêts aux collectivités locales. Les techniques qu'ils utilisent se rapprochent de plus en plus des techniques utilisées dans le financement du secteur privé.

e) Les recettes diverses. — Ce sont le produit des aliénations de biens patrimoniaux qui sont les biens du domaine privé : biens du domaine public désaffectés, droits incorporels, actions, obligations, parts sociales, etc.

— Le produit des prélèvements sur les recettes de la section de fonctionnement est également une recette d'investissement. En effet, en cas d'excédent du budget de fonctionnement, le surcroît de recettes de fonctionnement est porté au crédit de recettes d'investissement.

Les groupements de communes ont des recettes qui se fondent sur les mêmes règles générales que celles des communes.

Elles reposent, pour l'essentiel, sur la contribution des communes membres. Les contributions, décidées par l'organe délibérant du groupement, ont un caractère obligatoire, ce qui constitue souvent une source de difficultés dans les relations à l'intérieur des organismes de coopération intercommunale.

Les groupements de communes bénéficient en outre de certaines dotations spécifiques dans le cadre de la dotation globale de fonctionnement et de la dotation globale d'équipement.

Certains groupements de communes ont des ressources fiscales propres et perçoivent ainsi directement des recettes fiscales directes que le contribuable paie en complément de sa cotisation destinée à la commune. En principe, cette cotisation supplémentaire est fonction du taux communal. Mais, dans certains cas, le groupement peut décider un taux d'imposition unique sur l'ensemble de son territoire. C'est le cas des communautés urbaines et des districts dits « à fiscalité propre ».

B / *Les recettes départementales*

Les recettes des départements se répartissent, en pourcentage, de la façon suivante (chiffres 1994) :

— recettes fiscales : 50,8 % ;
— transferts : 31 % ;
— emprunts : 14,5 % ;
— divers : 3,7 %.

Ces ressources sont constituées de la façon suivante :

1 / *Les recettes de fonctionnement*

a) Les recettes fiscales. — Au même titre que les communes, les départements perçoivent des ressources issues des quatre taxes directes locales (taxe d'habitation, taxe professionnelle, taxe foncière sur les propriétés bâties, taxe foncière sur les propriétés non bâties). De la même façon, les départements votent un taux d'imposition, la cotisation versée à ce titre par le contribuable s'ajoutant à la cotisation communale (le contribuable ne recevant qu'un seul avis d'imposition pour l'ensemble).

Une autre catégorie de ressources fiscales importantes pour les départements est constituée des impôts et taxes que l'État leur a transférés pour compenser, en partie, les transferts de compétences réalisés au bénéfice des départements : il s'agit des droits d'enregistrement, de la taxe de publicité foncière exigible sur les mutations à titre onéreux d'immeubles, de la taxe additionnelle à ces deux contributions, de la taxe sur les véhicules à moteur (la vignette).

La fiscalité départementale comprend d'autres impôts ou taxes, au produit en général limité :

— la taxe départementale des espaces naturels sensibles, qui frappe la construction ou l'agrandissement de certaines catégories de bâtiments ;

— la surtaxe sur les eaux minérales ;
— les droits de péage dans les ports fluviaux et maritimes ;
— la taxe additionnelle à la taxe locale d'équipement, qui sert à financer les conseils d'architecture, d'urbanisme et d'environnement ;
— la redevance départementale des Mines ;
— la taxe sur l'électricité.

b) Les transferts. — Les départements tirent une large part de leurs recettes de transferts issus de l'État. Cette particularité s'explique par l'importance des transferts de compétences opérés à leur bénéfice des départements et particulièrement en matière d'aide sociale.

C'est en effet la dotation générale de décentralisation, calculée comme le solde entre les charges correspondant aux compétences transférées et la compensation opérée par transferts de ressources fiscales, qui en constitue la principale part. Cette dotation générale de décentralisation évolue chaque année au même taux que la dotation globale de fonctionnement.

Les départements perçoivent également la dotation globale de fonctionnement. La dotation globale de fonctionnement des départements est divisée en deux parts. La dotation forfaitaire progresse chaque année de la même manière pour chaque département. La dotation de péréquation, égale à 55 % de la DGF, est répartie, pour une part, en fonction des impôts levés sur les ménages et, pour l'autre part, selon le critère de l'insuffisance de potentiel fiscal.

Dans les départements de moins de 200 000 habitants dont le potentiel fiscal est inférieur au potentiel fiscal moyen par habitant de l'ensemble des départements, il est institué une dotation de fonctionnement minimale qui est répartie proportionnellement au produit de la longueur de la voirie départementale, et au potentiel fiscal brut et par kilomètre carré.

Depuis la loi du 13 mai 1991, fonctionne un mécanisme de solidarité financière de certains départements vers les départements bénéficiaires de la dotation de fonctionnement minimale.

c) Les recettes diverses. — Les recettes diverses sont les produits de l'exploitation et du domaine, comme les prix ou redevances acquittés par les usagers pour les services départementaux.

2 / *Les recettes d'investissement.* — Au premier rang des recettes d'investissement figurent les subventions.

Ces subventions peuvent être spécifiques ou globales. Le nombre des subventions spécifiques a fortement diminué avec l'instauration, au bénéfice des départements, de la dotation globale d'équipement.

La loi du 7 janvier 1983 a en effet créé, en même temps que la DGE des communes, une dotation globale d'équipement des départements, regroupant des chapitres d'intervention de l'État au bénéfice des départements ou de l'équipement rural.

Cette dotation est répartie de la manière suivante :

— une première part (60 %) est répartie en trois fractions :
  - une fraction, 75 % au plus, attribuée au prorata des dépenses réelles d'investissement ;
  - une fraction, 20 % au plus, attribuée au prorata de la longueur de la voirie classée dans le domaine public départemental ;
  - le solde étant divisé en deux parties, à proportion des deux fractions précitées ;

— une seconde part (40 %) est répartie selon deux critères, les dépenses d'aménagement foncier et le potentiel fiscal.

Au titre des recettes de transferts les départements perçoivent également :

— le Fonds de compensation de la TVA selon des règles comparables à celles des communes ;

— des fonds de concours des communes, pour la réalisation d'un certain nombre d'équipements ;

— la dotation départementale d'équipement des collèges (DDEC) qui correspond à la compensation des charges transférées par l'État en ce domaine, et qui n'a, pour des raisons techniques, pas été intégrée à la dotation générale de décentralisation.

Les départements peuvent également recourir à l'*emprunt*. Ils le font dans les mêmes conditions et auprès des mêmes organismes que les communes.

C / *Les recettes régionales*

La répartition des recettes régionales s'établit, en pourcentage, de la façon suivante (chiffres 1994) :

— ressources fiscales : 53,7 % ;
— transferts : 28,4 % ;
— emprunts : 13,9 % ;
— divers : 4 %.

Les recettes sont les suivantes :

1 / *Les recettes de fonctionnement.* — Les recettes de fonctionnement du budget sont : le produit des taxes et les autres ressources fiscales.

Sont des taxes obligatoires : la taxe sur les permis de conduire délivrés dans la circonscription régionale (art. 17-1, loi de 1972) et la taxe sur les certificats d'immatriculation des véhicules automobiles et de tous autres véhicules à moteur, instituée par l'article 968 du CGI et transférée de l'État à la région par la loi du 7 janvier 1983 (art. 99-1). Le régime de cette taxe, qui peut être un droit fixe ou un droit proportionnel, a été établi par la loi de finances pour 1983 (n° 82-1126 du 29 décembre 1982, art. 20).

Sont des taxes facultatives les centimes additionnels aux droits et taxes suivants : taxe de publicité foncière ou droit d'enregistrement portant sur les mutations d'immeubles et de droits immobiliers visés à l'article 1595, 11, du CGI, taxe proportionnelle sur les certificats d'immatriculation de véhicules à moteur, taxes locales fondamentales (foncier bâti, et non bâti, taxe d'habitation et taxe professionnelle).

La compensation des transferts de compétences opérés au bénéfice des régions a été réalisée selon les mêmes principes que pour les départements et les communes. Une part a été compensée par transfert de ressources fiscales, et notamment la taxe sur les certificats d'immatriculation (la « carte grise »).

Le solde a été compensé par des mécanismes de transfert. Les régions en perçoivent plusieurs catégories :

— la dotation régionale d'équipement scolaire (la DRES) qui assure la compensation des compétences transférées en matière de second degré du second cycle éducatif (lycées, établissements d'enseignement spécial). La DRES est une recette de la section d'investissement ;
— la dotation de formation professionnelle, qui compense les compétences transférées à ce titre ;
— la dotation pour les aides au renouvellement et à la modernisation de la flotte de pêche côtière ;
— la dotation pour les aides aux entreprises de cultures marines ;
— la dotation pour les voies navigables et ports fluviaux ;
— la dotation pour suppression de la franchise postale.

Par ailleurs, comme les départements et les communes, les régions bénéficient des produits de l'exploitation et du domaine.

2 / *Les recettes d'investissement.* — Les recettes d'investissement du budget régional comprennent :

— les subventions, participations et fonds de concours reçus. Il en va ainsi des participations des collectivités locales et des subventions de l'État, etc. : dans cette catégorie entre la « dotation régionale d'équipement scolaire », mentionnée précédemment ;
— les dotations du fonds de compensation pour la TVA attribuées au prorata des dépenses d'investissement ;
— les emprunts, dans des conditions identiques que pour les communes et les départements ;
— les dons et legs qui sont exonérés des droits de mutation à titre gratuit depuis le 1er janvier 1983.

2 | LES DÉPENSES DES COLLECTIVITÉS

A / *Les dépenses des communes*

La répartition des dépenses communales s'établit, en pourcentage, de la façon suivante (chiffres 1994) :

— dépenses de fonctionnement : 65,2 %,
dont dépenses de personnel : 27,8 %,
intérêts de la dette : 6,9 %,
transferts : 14,5 %
— dépenses d'investissement : 34,8 %,
dont remboursement en capital de la dette : 9,9 %,
dépenses d'équipement brut : 21,1 %.

Cette répartition correspond aux catégories de dépenses suivantes.

1 / *Les dépenses de fonctionnement*

a) Les dépenses obligatoires. — On distingue les dépenses obligatoires des dépenses facultatives.

Un certain nombre de dépenses ont un caractère obligatoire, ce qui signifie que si les communes n'y pourvoient pas les mécanismes de contrôle budgétaire pourront les forcer à les acquitter.

Au titre des dépenses obligatoires figurent l'entretien de l'hôtel de ville ou la location de l'édifice qui en tient lieu lorsqu'il n'est pas propriété communale, les frais de bureau et d'impression pour le service de la commune, les frais de conservation des archives communales et du recueil des actes administratifs du département et, pour les communes chefs-lieux de canton, les frais de conservation du *Journal officiel.*

S'y ajoutent des dépenses de personnel ; elles comprennent surtout : les indemnités de fonction des élus locaux, les cotisations des communes au régime de retraite des maires et adjoints, la rémunération des agents communaux, les pensions régulièrement approuvées et liquidées. En matière sanitaire et d'hygiène, la commune doit pourvoir aux dépenses du service communal d'hygiène et de santé, à celles relatives au fonctionnement et à l'entretien des stations d'épuration des eaux usées et à celles concernant la lutte contre les moustiques. Certaines dépenses concernent l'entretien et la conservation de divers biens, clôtures des cimetières ainsi que leur entretien et leur translation, rénovation du cadastre, entretien et conservation des voies communales, des ouvrages de protection contre les eaux.

En matière de sécurité, sont des dépenses obligatoires celles dues aux frais de personnel et de matériel nécessités par la lutte contre l'incendie, et l'exercice de la police municipale et rurale.

La commune doit également couvrir ses dettes exigibles. Il en va ainsi des annuités d'emprunts, des conséquences de décisions de justice, des engagements de responsabilités des dettes fiscales, notamment la taxe à la valeur ajoutée.

Les dépenses en matière scolaire concernent l'enseignement primaire (lois du 30 octobre 1886 et du 22 juillet 1983). Les communes doivent pourvoir à la fois à l'entretien et à la location, quand elles ne sont pas propriétaires, des locaux scolaires ainsi qu'aux dépenses nécessitées par les services de médecine scolaire. Elles assurent, en outre, le logement des instituteurs, soit directement en nature, soit par le versement d'une indemnité représentative. Les dépenses en matière d'aide sociale sont également obligatoires. Les communes doivent encore prendre à leur charge les dépenses afférentes à l'entretien et à la conservation des monuments historiques ainsi qu'aux frais d'établissement des livrets de famille.

b) Autres dépenses. — Les communes peuvent engager tout type de dépenses de fonctionnement, sous réserve qu'elles soient d'intérêt général et qu'elles présentent un intérêt local.

C'est en vertu de ces principes que certaines catégories de dépenses sont interdites. Les dépenses consenties dans un but d'intérêt privé, les dépenses ayant un objet à caractère national ou régional, ou celles destinées à satisfaire des idéaux politiques sont interdites. Les subventions aux cultes sont également interdites en application de principe de séparation de l'Église et de l'État (sauf exceptions précisées par la jurisprudence).

2 / *Les dépenses d'investissement*

Parmi les principales dépenses obligatoires d'investissement figurent celles afférantes à la construction de bâtiments scolaires pour l'enseignement primaire et les remboursements proprement dits d'emprunts portant sur le principal de l'emprunt.

Les dépenses d'investissement interdites sont les mêmes qu'en matière de fonctionnement.

Les groupements de communes ont des dépenses du même genre que les communes, leur répartition interne dépendant des compétences qu'ils exercent.

B / *Les dépenses des départements*

Les dépenses des départements peuvent être classées de la même façon que celles des communes, en dépenses de fonctionnement et dépenses d'investissement. On y retrouve les mêmes catégories de dépenses.

La répartition en pourcentage est la suivante :

— dépenses de fonctionnement : 62 %,
  dont dépenses de personnel : 8,8 %,
  intérêts de la dette : 4,3 %,
  transferts : 42 % ;
— dépenses d'investissement : 38 %,
  dont remboursement en capital de la dette : 10,6 %,
  dépenses d'équipement brut : 15,2 %.

Le poids particulier des dépenses de transfert s'explique par la compétence générale des départements en matière d'aide et d'action sociale, dont les dépenses représentent près de la moitié des budgets départementaux.

Comme les communes, les départements ont à leur charge des dépenses obligatoires.

Ce sont :

— les dépenses afférentes à certains services publics ;
— les frais électoraux ;
— les dettes exigibles.

C / *Les dépenses des régions*

Les dépenses régionales se répartissent de la façon suivante (chiffres 1994) :

— dépenses de fonctionnement : 36,5 %,
  dont dépenses de personnel 2,3 %,
  intérêts de la dette : 5,9 %,
  transferts : 24,6 % ;
— dépenses d'investissement : 63,5 %,
  dont remboursement en capital de la dette : 8,4 %,
  dépenses d'équipement brut : 4,3 %,
  subventions accordées : 23,7 %.

Les régions, en raison de la spécificité qui est reconnue à leurs compétences, consacrent ainsi près de la moitié de leur budget à accorder des subventions d'équipement à des collectivités ou à d'autres personnes morales de droit public ou privé. C'est ce qui explique la part considérable des dépenses d'investissement dans leur budget.

3 | L'ÉQUILIBRE DES BUDGETS LOCAUX

L'équilibre des budgets locaux est une exigence qui peut être entendue sous deux aspects : un aspect juridique et un aspect financier.

Sur le plan juridique, les budgets des collectivités territoriales sont soumis à une obligation d'équilibre.

Cette exigence d'équilibre est formulée de la façon suivante : le budget d'une collectivité territoriale « est en équilibre réel lorsque la section de fonctionnement et la section d'investissement sont respectivement votées en équilibre, les recettes et les dépenses ayant été évaluées de façon sincère et lorsque le prélèvement sur les recettes de la section de fonctionnement au profit de la section d'investissement, ajouté aux recettes propres de cette section, à l'exclusion du produit des emprunts, et éventuellement aux dotations des comptes d'amortissement et de provision dégagent des ressources suffisantes pour couvrir le remboursement en capital des annuités d'emprunt à échoir au cours de l'exercice » (loi du 2 mars 1982, art. 8).

Cette exigence s'applique tant aux budgets primitifs qu'aux budgets supplémentaires. Son irrespect justifie l'engagement de procédures de contrôles budgétaires (voir V^{e} partie, chap. premier).

Cette exigence d'équilibre *a priori* est complétée par un contrôle *a posteriori*. En effet, les collectivités dont le déficit d'exécution, issu du compte administratif, est égal ou supérieur à 5 % des recettes de la section de fonctionnement (10 % s'il s'agit d'une commune de moins de 20 000 habitants) font également l'objet d'une procédure de contrôle budgétaire.

Cet aspect juridique doit être complété par un aspect financier. En effet, la règle de l'équilibre budgétaire posée par les lois locales garantit que la collectivité trouvera – sauf accident – les ressources pour couvrir les dépenses d'une année, mais ne garantit nullement la qualité de la gestion dans le temps. En effet, le recours à un endettement excessif, le poids excessif d'une fiscalité ou une structure trop déséquilibrée de dépenses sont tout autant des facteurs de détérioration d'un budget de collectivité territoriale, se traduisant, à plus ou moins longue échéance, par des difficultés d'équilibre du budget et des déficits d'exécution. C'est la raison pour laquelle l'appréhension juridique de la notion d'équilibre, qui s'inscrit dans un cadre annuel, doit nécessairement être complétée par une appréhension à caractère financier, qui s'inscrit sur une durée plus longue, et qui exige de mesurer les conséquences à terme des politiques fiscales, des recours à l'emprunt, des politiques de recrutement et des investissements, par recours, si nécessaire, à des techniques de modélisation. C'est ce que les collectivités sont appelées à faire, soit par elles-mêmes, soit avec des appuis extérieurs.

BIBLIOGRAPHIE

Joël Bourdin, *Les finances communales,* Economica, 1988.

Jean Cathelineau, *Les finances locales,* Dalloz, Collectivités locales.

Marie-Paule Faucher-Degeilh, *La caisse d'aide à l'équipement des collectivités locales,* Berger-Levrault, 1983.

Dominique Flecher et Henri Fort, *Les finances locales,* Masson, 1986.

Annie Gruber, Le nouveau régime de la dotation globale de fonctionnement, *Act. lég. Dalloz,* 1986.139.

Alain Guengant et Jean-Michel Uhaldeborde, *Crise et réforme des finances locales,* PUF, 1989.

Louis Imbert, *Budget communal. Élaboration et exécution,* Jurisclasseur administratif.

Jacques-Sylvain Klein, *L'explosion des impôts locaux,* Notes et études documentaires n° 4802, La Documentation française, 1986.

Thierry Lambert, *Impôts directs locaux,* Economica, 1987.

Brigitte Neel, La dotation globale de fonctionnement des collectivités locales, *AJDA,* mars 1988, p. 172.

Bruno Remond et Jacques Blanc, *Les collectivités locales,* Dalloz, 3e éd., 1994.

Chapitre IV

LE PATRIMOINE DES COLLECTIVITÉS LOCALES

Comme les autres personnes publiques, les collectivités locales disposent de biens qui leur permettent d'assurer leurs missions.

La composition de leur patrimoine obéit aux principes généraux du droit de la domanialité administrative. On y distingue les biens du domaine public des biens du domaine privé.

La nature du droit détenu par les collectivités locales sur leur domaine public a donné lieu, dans le passé, à d'importantes controverses juridiques. Ces controverses sont aujourd'hui éteintes, et la doctrine et la jurisprudence s'accordent à considérer que les collectivités locales bénéficient, sur leur domaine public, d'un véritable droit de propriété au même titre que l'État.

Le Conseil d'État considère que chaque collectivité est propriétaire exclusif de son domaine et qu'il y a autant de domaines publics que de personnes publiques propriétaires. L'article L. 1 du Code du domaine de l'État confirme cette position.

Ceci n'empêche d'ailleurs pas que, parfois, les collectivités locales utilisent, dans leurs activités, des biens dont elles ne sont pas propriétaires, mais qui sont mis à leur disposition d'une manière ou d'une autre. C'est le cas par exemple dans certains secteurs de compétences transférés par les réformes de décentralisation (par ex., en matière d'enseignement), les ouvrages appartenant à l'État étant mis à la disposition des collectivités locales dorénavant chargées de leur gestion.

1 / La composition du patrimoine des collectivités locales

Le patrimoine des collectivités locales se répartit, comme celui de toutes les personnes publiques, entre leur domaine public et leur domaine privé.

1 | LE DOMAINE PUBLIC DES COLLECTIVITÉS LOCALES

La distinction entre les deux domaines se fait selon les critères habituellement admis par la jurisprudence, d'où il résulte qu'un bien fait partie du domaine public local s'il est affecté à un service public moyennant un aménagement spécial, ou bien s'il est affecté à l'usage direct du public (en principe cet élément se suffit à lui-même, mais il y a des cas dans lesquels la jurisprudence exige aussi un aménagement spécial : plages, promenades publiques...), ou encore s'il constitue l'accessoire d'un bien appartenant déjà au domaine public.

La délimitation des dépendances du domaine public se fait différemment selon que l'on a affaire au domaine public naturel ou au domaine public artificiel. Dans le premier cas, la procédure de délimitation se contente de constater les effets des mouvements de la nature, qui peuvent réduire ou accroître le domaine public. Il est vrai que le domaine public naturel des collectivités locales est assez réduit (il se compose pour l'essentiel de plages, et des eaux destinées à l'alimentation des populations).

Dans le cas du domaine public artificiel, l'entrée dans le domaine public est le résultat d'une décision formelle d'affectation (la sortie du domaine public supposant, en sens inverse, une décision formelle de désaffectation).

Ajoutons que ces diverses solutions sont valables pour les biens des établissements publics communaux, départementaux, régionaux, ou de coopération entre collectivités locales. En effet, après avoir longtemps refusé d'admettre que les établissements publics puissent posséder un domaine public, la jurisprudence a admis cette possibilité en 1984

(Cons. d'État, 21 mars 1984, Mansuy, *Lebon,* p. 616, *CJEG,* 1984, p. 258, note P. Sablière ; et p. 274, concl. P. Dondoux, *D.,* 1984.510, note F. Modeme ; *JCP,* 1985.11.20393, note F. Hervouët ; *RDP,* 1984.1059, note Y. Gaudemet).

A / *Le domaine public communal*

Les principales composantes du domaine public communal sont les suivantes.

1 / En ce qui concerne les biens affectés à l'usage du public :

— les cimetières ;
— les voies, à l'exception des chemins ruraux, les places ;
— les promenades et parcs publics, à condition qu'ils aient été spécialement aménagés ;
— les plages publiques, sous la même condition ;
— les eaux destinées à l'alimentation de la population, du moins celles qui sont captées, la domanialité publique s'appliquant évidemment aussi aux ouvrages destinés à les recueillir ;
— les édifices du culte construits avant la loi de séparation de l'Église et de l'État du 9 décembre 1905 ;
— les accessoires de ces différentes dépendances, par exemple le sous-sol des voies publiques.

2 / En ce qui concerne les biens affectés à des services publics et sous réserve qu'ils aient reçu un aménagement spécial corrélatif :

— les hôtels de ville ;
— les stades ;
— les établissements scolaires ;
— les bibliothèques ;
— les musées ;
— les halles, foires et marchés.

B / *Le domaine public départemental*

Le domaine public départemental comprend divers bâtiments, s'ils ont fait l'objet d'un aménagement spécial : hôtel du département, musées, monuments historiques, certains établissements d'enseignement et notamment les écoles normales d'instituteurs (en revanche, les collèges, s'ils sont gérés par les départements, ne lui appartiennent généralement pas, mais sont mis à sa disposition par l'État).

La deuxième composante importante du domaine public départemental est constituée par la voirie départementale. Il s'agit d'ailleurs d'un ensemble considérable, puisque le réseau routier départemental avoisine les 350 000 km.

C / *Le domaine public régional*

Le domaine public régional est plus limité. Il comprend surtout des bâtiments hôtels des régions, bâtiments abritant les services administratifs.

Comme les départements, les régions bénéficient de la mise à disposition de biens du domaine public de l'État, en application des lois sur les transferts de compétences : ce sont principalement les lycées et les ports fluviaux.

2 | LE DOMAINE PRIVÉ DES COLLECTIVES LOCALES

Les biens appartenant à une collectivité locale ou à un établissement public local, et qui ne sont pas incorporés au domaine public, appartiennent au domaine privé.

On y trouve, par exemple, des espaces naturels qui ne sont pas ouverts au public ou qui, bien qu'ouverts au public, n'ont pas reçu l'aménagement spécial qui les aurait fait entrer dans le domaine public : cela concerne la plupart des forêts publiques, les plages et les promenades non aménagées.

On y trouve aussi des bâtiments et des ouvrages qui ne sont pas affectés à un service public, ou ont cessé de l'être : cimetières désaffectés, lieux de culte désaffectés.

On y trouve également des biens qui appartiennent au domaine privé en vertu de textes. C'est le cas des chemins ruraux, du fait de l'article L. 161-1 du Code de la voirie routière (L. n° 89-413 du 22 juin 1989, abrogeant l'ordonnance du 7 janvier 1959).

Il faut citer enfin cette institution très particulière que constituent les « biens communaux ». Encore régis par une loi du 10 juin 1793, mais en réalité issus de l'Ancien Régime, ce sont des biens – le plus souvent prés ou forêts – sur lesquels les habitants de la commune disposent d'un droit d'usage direct – qui consiste dans un droit de pâturage, dans le droit de prélever du bois ou des glands... Ils sont une sorte de propriété collective, qui relève du domaine privé communal.

2 / La gestion du patrimoine des collectivités locales

1 | LA GESTION DU DOMAINE PUBLIC LOCAL

Le régime de la gestion du domaine public tourne autour de deux axes essentiels : des règles de protection et des règles relatives aux modalités d'utilisation.

A / *La protection du domaine public local*

1 / Conformément aux principes généraux de la domanialité publique, le domaine public des collectivités locales est régi par les principes d'inaliénabilité et d'imprescriptibilité.

Les biens appartenant aux domaines publics des collectivités locales ne peuvent être aliénés, du moins pas sans avoir fait l'objet d'une désaffectation préalable.

Corrélativement, ces biens ne peuvent pas supporter de droits réels, c'est-à-dire, par exemple, qu'ils ne peuvent pas être grevés de servitudes, ni hypothéqués. En principe, ils ne peuvent pas non plus faire l'objet de baux de longue durée. Cependant, la loi du 5 janvier 1988 a autorisé les collectivités locales à conclure avec des personnes privées des baux emphytéotiques sur des dépendances du domaine public – hors du champ d'application de la contravention de voirie – en vue de l'accomplissement d'une mission de service public ou de la réalisation d'une opération d'intérêt général (CGCT, art. L. 1311-2, V., pour une application jurisprudentielle, CE, 25 févr. 1994, Sofap Marignan-Immobilier, *Lebon,* p. 94, *AJDA,* 1994, p. 550, note H. Perinet-Marquet, *RFDA,* 1994, p. 510, conclusions J. Arrighi de Casanova).

L'imprescriptibilité signifie qu'aucun droit ne s'acquiert sur le domaine public par prescription, et que, par exemple, les acquisitions irrégulières de dépendances du domaine public peuvent être contestées sans limitation de délai.

2 / Une obligation d'entretien du domaine public pèse sur les collectivités propriétaires.

Les dépenses d'entretien du domaine public constituent d'ailleurs des dépenses obligatoires, qui peuvent être inscrites d'office au budget de la collectivité en cas de carence de celle-ci.

En outre, la collectivité engage sa responsabilité lorsque le mauvais entretien de son domaine public cause un dommage quelconque.

Notons que l'obligation d'entretien s'étend aux biens « mis à la disposition » des collectivités locales en application de lois sur le transfert de compétences.

3 / La protection du domaine public local passe aussi par les mécanismes dits de conservation du domaine public.

A l'égard de certaines dépendances du domaine public local, les autorités locales disposent de pouvoirs de police spécifiques. C'est ainsi, par exemple, que le maire dispose de la police de la conservation du domaine routier communal, et qu'à ce titre il peut, entre autres, interdire sur certaines voies la circulation des véhicules incompatibles avec le gabarit ou la résistance de ces voies. En outre, les atteintes matérielles portées au domaine public (dégradations, vols... constituent des contraventions de voirie, pour lesquelles est prévue une répression spécifique, assurée par les juridictions judiciaires s'agissant des atteintes aux voies publiques, et par les juridictions administratives en ce qui concerne les domaines autres que la voirie terrestre (on parle ici de « contraventions de grande voirie »).

B / *L'utilisation du domaine public local*

1 / *L'utilisation du domaine public local affecté à l'usage du public.* — L'utilisation des dépendances affectées à l'usage du public est normalement une utilisation collective. Mais elle peut être, sur la base d'un contrat ou d'un acte unilatéral, une utilisation privative.

Conformément aux règles habituelles de la domanialité publique, l'utilisation collective de ces dépendances est régie par les principes de liberté, de gratuité et d'égalité. Liberté, en ce sens que la collectivité ne peut pas interdire l'utilisation du domaine affecté à l'usage du public, du moins l'utilisation conforme à l'affectation de la dépendance considérée. Gratuité, car en principe l'utilisation du domaine affecté à l'usage du public ne peut pas donner lieu à perception de redevances :

cependant, des exceptions existent, notamment en ce qui concerne le stationnement payant sur les voies communales et départementales, et en ce qui concerne les ponts et ouvrages à péage des départements et des communes. Égalité, en ce sens que tous les citoyens ont un égal accès à l'utilisation du domaine affecté à l'usage du public : le principe s'accommode cependant de discriminations entre situations différentes, par exemple, l'interdiction de la circulation des poids lourds sur certaines voies ou à certaines heures, et, toujours en ce qui concerne la voirie, la réservation de certaines places de stationnement sur la voie publique aux véhicules affectés à des services publics.

Le domaine public affecté à l'usage du public peut aussi faire l'objet d'utilisations privatives par certains administrés, individus ou entreprises, sur la base soit d'autorisations unilatérales, soit de contrats.

Les autorisations unilatérales sont traditionnellement classées en permissions de voirie, qui autorisent une emprise sur le domaine public, c'est-à-dire une implantation dans le sous-sol (par ex., l'autorisation d'installer sur le trottoir d'une voie communale un kiosque à journaux avec des fondations), et en permis de stationnement, qui n'autorisent pas une telle emprise (par ex., l'autorisation donnée à un café d'installer des chaises et des tables sur le même trottoir).

Dans les deux cas, l'autorisation ne peut être accordée que si l'occupation projetée du domaine public est compatible avec l'affectation de celui-ci et avec sa conservation. En outre, elle donne lieu, le plus souvent, à la perception d'une redevance.

L'utilisation privative du domaine public affecté à l'usage du public peut naître aussi d'un contrat. La différence essentielle avec la formule précédente tient à ce que le titulaire du contrat a droit à une indemnité si ses facultés d'occupation du domaine sont amoindries par une opération quelconque de la collectivité et en cas de résiliation unilatérale du contrat par la collectivité.

Un cas particulier d'utilisation privative du domaine public local affecté à l'usage du public concerne des dépendances qui sont par essence destinées, du moins en partie, à un usage privatif, comme les cimetières et les marchés. Dans ce cas, la collectivité n'a qu'un pouvoir réduit pour refuser l'usage privatif, et pour y mettre fin (dans le cas des concessions funéraires, la résiliation est même impossible).

2 / *L'utilisation du domaine public affecté aux services publics locaux.* — Cette utilisation ne soulève de problèmes juridiques que dans les deux cas suivants.

Lorsque la dépendance domaniale est affectée à un service public que la collectivité a concédé à une entreprise, celle-ci dispose de certains droits, notamment un droit exclusif de jouissance.

Lorsqu'une collectivité utilise, pour la réalisation d'un de ses services publics, des biens qui ne lui appartiennent pas, mais ont été mis à sa disposition, la personne publique propriétaire conserve certains droits, notamment la possibilité, en principe, de modifier l'affectation du bien, et le droit de contrôler la conformité de l'utilisation du bien à ce qui a été convenu.

2 | LA GESTION DU DOMAINE PRIVÉ LOCAL

Les collectivités locales gèrent leur domaine privé selon les mêmes règles qui gouvernent la gestion d'un patrimoine privé. Inversement, d'ailleurs, les biens du domaine privé peuvent être grevés des servitudes de droit commun.

Le fait qu'il s'agit d'un patrimoine public a toutefois pour conséquence l'application de certaines règles exorbitantes du droit commun. Par exemple, les biens du domaine privé sont insaisissables.

En principe, les collectivités locales peuvent aliéner les biens de leur domaine privé librement. Mais ce principe comporte des tempéraments. Certaines aliénations font l'objet de réglementations spéciales, comme celle des forêts, des réserves foncières ou des chemins ruraux (Code urbanisme L. 221-1 et s.).

Par ailleurs, la gestion de certains biens des domaines privés locaux fait l'objet de diverses règles spéciales. Il en va ainsi, par exemple, pour les forêts communales, qui sont gérées par un établissement public d'État, l'Office national des forêts, selon les procédures du régime forestier, en principe obligatoire pour ces forêts.

BIBLIOGRAPHIE

Maurice Bourjol, *Les biens communaux,* LGDJ, coll. « Décentralisation et développement local », 1989.

Dmitri-Georges Lavroff, Domaines des collectivités locales, in *Collectivités locales,* sous la direction de Francis-Paul Benoit, Dalloz, mise à jour permanente.

Jean-Louis Mayer, *Les ressources du domaine communal,* Berger-Levrault, 1980.

Gilbert Sananes, *Gestion du patrimoine des communes,* Berger-Levrault, 1980.
Anthony Taillefait, *L'évolution du droit et de la gestion des biens des collectivités locales,* Th. Paris II, 1996.
Philippe Temeyre, Bernard Noyer, Le bail emphytéotique administratif comme technique contractuelle moderne de valorisation du domaine public des collectivités locales, *RFD,* n° 4, 1996, p. 171.

CINQUIÈME PARTIE

Les collectivités locales et leur environnement

Chapitre Premier

LES RAPPORTS DES COLLECTIVITÉS LOCALES AVEC L'ÉTAT

Pour terminer la description du droit des collectivités locales, il convient d'examiner les rapports que, sous l'angle juridique, ces dernières entretiennent avec leur environnement. En commençant, parce que c'est historiquement mais aussi fonctionnellement essentiel, par leurs rapports avec l'État (chap. I). Pour examiner ensuite les rapports que les collectivités locales ont entre elles (chap. II). Et étudier enfin les relations qu'elles ont avec les citoyens (chap. III).

Les lois de décentralisation ont modifié de façon substantielle les rapports entre l'État et les collectivités territoriales. Elles ont en effet posé des principes destinés à organiser des rapports qui ne soient plus fondés sur la tutelle ou l'égalité mais sur une collaboration mutuellement désirée. Si le principe de souveraineté de l'État interdit que l'égalité soit la règle unique et absolue gouvernant les relations entre le pouvoir central et les pouvoirs locaux, celle-ci est recherchée chaque fois que possible, dans le cadre des modes de collaboration (sect. 1). Les pouvoirs de contrôle, qui sont la marque des rapports inégalitaires, sont, quant à eux, strictement encadrés (sect. 2).

L'optique juridique, qui est celle de cet ouvrage, ne doit pas faire oublier qu'en ce domaine, plus peut-être que dans d'autres, le droit ne rend qu'imparfaitement compte de la réalité. Les sociologues, notamment les disciples de Michel Crozier (J.-P. Worms, P. Gremion...), avaient montré que, même sous le régime de la tutelle, des systèmes complexes fondés sur la complicité organisaient les rapports entre l'administration d'État et les élus locaux. Dans la pratique d'avant 1982, les rapports étaient beaucoup moins inégalitaires que ne le laissaient entendre les textes. C'est pourquoi, en dépit de l'importance que lui ont donnée les médias, la suppression de la tutelle a été, dans les faits, une réforme moins fondamentale que ne l'a été le transfert du pouvoir exécutif au bénéfice des présidents des conseils régionaux et généraux.

Ces rapports complexes n'ont pas disparu avec la réforme de 1982. Les systèmes de complicité et d'échange ont perduré. Mais les rapports de force se sont modifiés. Dans le dialogue local, ce sont désormais les élus, et surtout les grands élus, qui se retrouvent en situation privilégiée.

1 / La collaboration entre l'État et les collectivités locales

La collaboration entre l'État et les collectivités territoriales n'est pas un phénomène apparu avec les textes de décentralisation. Elle a toujours, par retour, existé, compte tenu des nécessités d'exercer des compétences souvent conjointes ou voisines. Cependant ces rapports ont été longtemps conçus de façon essentiellement inégalitaire, les collectivités territoriales étant beaucoup plus conduites à adhérer à des orientations ou des décisions prises par l'État qu'à exprimer une volonté sur un mode équilibré.

C'est justement ce désir de mieux respecter les volontés locales qui a conduit à organiser aujourd'hui les rapports entre l'État et des collectivités territoriales sur un mode plus concerté.

1 | LA COLLABORATION PAR VOIE CONTRACTUELLE

La formule conventionnelle entre l'État et les collectivités locales est apparue avant la réforme de 1982. Au début des années 1960, elle a constitué un changement considérable par rapport aux procédures antérieures des administrations d'État, car elle substituait aux procédures traditionnelles d'attribution autoritaire des subventions d'État une formule plus concertée et plus négociée.

Les premières formules conventionnelles qui sont apparues ne pouvaient être considérées comme de véritables formules de négociation égalitaire, dans la mesure où il s'agissait plus de définir de manière concertée l'affectation de fonds d'État que de mettre en commun des ressources pour parvenir à des objectifs qui fussent identiques aux deux catégories de collectivités territoriales. Mais elles constituaient cependant un progrès considérable. Elles présentaient d'ailleurs un avantage tout aussi évident pour l'administration d'État, puisqu'elles permettaient de parvenir à un résultat recherché avec moins de fonds d'État, puisque le complément financier était apporté par les collectivités locales.

Ces formules se sont notamment développées en matière d'aménagement du territoire, avec les contrats de villes moyennes, les contrats de pays ou les contrats de plan (conclus avec les communautés urbaines).

Dans les années qui ont précédé la réforme de 1982, des conventions sectorielles passées avec les régions en particulier ont commencé d'apparaître (en matière d'énergie par ex.). Mais la réforme de 1981-1982 a été l'occasion d'un véritable développement de la formule conventionnelle, alors fondée sur un rapport d'égalité et non de subordination.

Il convient de distinguer deux grandes catégories de contrats entre l'État et les collectivités :

— La première est prévue par la loi du 29 juillet 1982 portant réforme de la planification. Il s'agit des *contrats de plan.*

Outre le fait que ces conventions, à l'opposé des autres, sont explicitement prévues par un texte déterminé, elles ont un objet spécifique, qui est d'associer les collectivités locales aux objectifs généraux de la planification nationale. En effet, les contrats de plan ne peuvent être conclus que dans la mesure où leur conformité avec ces objectifs a été appréciée par les instances nationales de la planification, en l'occurrence la commission nationale de planification. Mais ils peuvent être passés également avec les départements et les communes.

Cependant, la formule des contrats de plan, dans laquelle certains avaient placé de grands espoirs, a subi les effets du déclin de la planification à la française.

— Les autres catégories de conventions ne sont précisées par aucun texte, si ce n'est manière indirecte, puisque la loi du 2 mars 1982 dispose que c'est au préfet qu'il revient de les négocier au nom de l'État.

Elles constituent une forme d'intervention définie par certains ministères, et sont, selon les secteurs, très différemment développées. Il s'agit dans tous les cas d'associer l'État et les collectivités territoriales dans la définition et la réalisation d'objectifs communs. Ces conventions sont principalement conclues avec les régions et les départements, mais elles peuvent l'être également avec certaines communes importantes. L'exemple le plus net de cette technique est représenté par les « contrats de ville », qui, apparus en 1982, se sont multipliés à partir de 1988 dans le cadre de la politique de la ville menée par la délégation interministérielle à la ville et au développement social urbain.

Le développement de la formule conventionnelle n'a pas été sans occasionner un certain nombre de difficultés. Certains ministères, constatant leurs difficultés budgétaires, ont tenté de systématiser cette formule conventionnelle, l'objectif n'étant plus alors de rechercher des objectifs spécifiques pour lesquels elle était particulièrement appropriée, mais plutôt de démultiplier de façon systématique les moyens dont ils disposaient. Il s'agissait alors de mettre « à l'enchère les subventions », selon la formule qui a été employée. Cette pratique aboutissait à dénaturer le principe même des conventions. Des instructions adressées aux ministres ont recommandé qu'il n'en soit pas fait un usage abusif.

Le développement du système contractuel entre personnes publiques s'inscrit dans une évolution des modes de management public dont le chantier de la réforme de l'État, périodiquement engagé sous divers qualificatifs, est une des illustrations. Ce chantier ne concerne pas directement les collectivités locales. Mais il ne peut manquer d'avoir des incidences sur elles, car, même si les modes d'organisation et de fonctionnement des collectivités sont plus souples que ceux de l'État, certains problèmes s'y posent en des termes comparables.

2 | LA COLLABORATION PAR CONCERTATION

Il existe une constante concertation informelle entre les services d'État et les collectivités locales. Mais, dans certains cas, le droit local a organisé et formalisé cette concertation dans des procédures. C'est le sens, notamment, de la formule de la commission d'harmonisation. Il ne s'agit pas d'associer les collectivités territoriales à des décisions d'État, ni l'inverse, mais simplement d'organiser la confrontation des objectifs et des moyens dont disposent de façon parallèle ou voisine l'État et les collectivités territoriales sur un objectif particulier.

Le meilleur exemple de cette technique est fourni par la *conférence d'harmonisation des investissements.* C'est la loi du 2 mars 1982 qui a institué la conférence annuelle d'harmonisation des investissements. Cette conférence est composée de façon tripartite : représentants de la collectivité dont les interventions financières doivent être harmonisées avec celles de l'État ; représentants des collectivités bénéficiaires, c'est-à-dire des communes et de leurs groupements ; représentants de l'État. La conférence d'harmonisation des investissements se réunit chaque année dans chaque région et dans chaque département. Son but est, comme son titre l'indique, de procéder chaque année à un examen du programme d'investissement de l'État, d'une part, de la collectivité territoriale – département ou région –, d'autre part, de façon à éviter que ne se présentent des doubles emplois et à rechercher une programmation concertée la plus efficace possible. Son efficacité réelle est assez réduite et l'institution a quasiment disparu.

On peut situer dans le même esprit le *comité régional des prêts.* C'est un décret du 2 février 1983 qui a mis en place cet organisme. Composé de représentants élus, des collectivités territoriales de la région et de représentants de l'État, il constitue une instance de concertation pour la distribution des prêts aux collectivités locales dans sa région. C'était en effet un organisme d'État, la Caisse des dépôts et consignations, qui, avec sa filiale, le Crédit local de France, distribuait l'essentiel (80 environ) des prêts aux collectivités locales. Ce comité régional des prêts donnait un avis sur les projets de répartition des enveloppes régionales. Il pouvait également être appelé à donner son avis sur la requête d'une collectivité locale qui n'aurait pu obtenir un financement souhaité.

Avec la privatisation du Crédit local de France – devenu, depuis, DEXIA – et la banalisation du régime des prêts aux collectivités locales, l'institution est tombée en désuétude.

C'est dans le même esprit qu'ont été institués des conseils départementaux et des conseils municipaux de prévention de la délinquance. C'est en effet un décret du 8 juin 1983 qui, tout en instituant un conseil national de prévention de la délinquance, a posé le principe de sa constitution au plan départemental et au plan communal. Il s'agit en effet d'organiser la concertation en ce domaine, l'État, d'une part, les collectivités locales, d'autre part, ayant des responsabilités complémentaires en matière de prévention et de police. Cette institution continue de fonctionner, mais son efficacité est entravée par les relations parfois difficiles qu'entretiennent autorités administratives et autorités judiciaires.

On peut placer dans la même perspective le *conseil départemental* – et le *conseil académique – de l'Éducation nationale,* créé par la loi du 22 juillet 1983, et qui, dans certains cas, fonctionne comme un conseil placé auprès de l'État ou auprès d'une collectivité territoriale (la présidence de ce conseil est une présidence tournante), et dans d'autres cas se situe dans une perspective de concertation, en particulier lorsqu'il devra traiter de la programmation des équipements scolaires.

On peut enfin rappeler que, dans le cadre de la mise en œuvre pratique du transfert d'exécutif au bénéfice des présidents des conseils généraux et régionaux, des commissions de concertation – commissions mixtes – ont fonctionné entre les représentants de l'État et les représentants des collectivités locales (des commissions du même type ont été instituées pour la division des services extérieurs, liée aux transferts de compétences). Bien que limitées dans le temps, ces commissions se situaient dans un esprit comparable.

Les formules institutionnelles de concertation entre l'État et les collectivités locales laissent désormais la place à des formules plus souples adaptées au gré des problèmes et des circonstances locales.

Après quelques années d'hésitation, les relations entre l'État et les collectivités locales ont pris une tournure normale dans un système démocratique.

De manière générale, le fonctionnement des nouveaux rapports introduits par la décentralisation a exigé que de multiples formules de concertation, de caractère souvent informel, se mettent en place. Elles se sont multipliées, au gré des problèmes et des circonstances. Elles prennent d'ailleurs le pas, dans la réalité des choses, sur les formules institutionnelles.

Le développement de ces modes de collaboration a soulevé et illustré les problèmes rencontrés par la déconcentration de l'action de l'État. En effet, les initiateurs des réformes de 1982 ont voulu que le mouvement de décentralisation soit accompagné d'un mouvement de déconcentration au bénéfice des échelons locaux de l'État, afin que la localisation de la décision, qui est une des justifications majeures de la décentralisation, soit réellement effective.

Les deux décrets du 10 mai 1982 relatifs aux pouvoirs du commissaire de la République de région et du département ont renforcé l'autorité préfectorale sur les services territoriaux de l'État et défini des règles et des principes visant à renforcer les pouvoirs de l'administration déconcentrée d'État. Divers textes sont, par la suite, intervenus (par ex., le décret du 23 septembre 1987 organisant la déconcentration du contentieux administratif).

Cet effort de déconcentration a eu un certain nombre de résultats positifs. Mais il s'est également heurté à de nombreuses difficultés tenant aux habitudes et aux comportements des services centraux, des élus locaux et parfois même des services territoriaux de l'État (on peut se référer, à titre d'illustration de ces difficultés, à la circulaire du premier ministre, en date du 5 décembre 1986, et posant les principes d'un code de conduite en matière de déconcentration).

De fait, une déconcentration réelle suppose une modification des habitudes juridiques de plus grande ampleur que celles qui sont intervenues jusqu'à présent en ce domaine. Elle constitue, dans l'organisation institutionnelle française, une œuvre de longue haleine.

2 / Le contrôle de l'État sur les collectivités locales

L'ambition affirmée par les textes de décentralisation était de supprimer la tutelle exercée par l'État sur les collectivités territoriales. L'affirmation du principe par la loi du 2 mars 1982 a trouvé sa traduction dans la suppression de l'ensemble des procédures qui organisaient la tutelle de l'État sur les collectivités territoriales (bien que cette tutelle ait été, dans les années précédant les textes de décentralisation, déjà très fortement diminuée).

On va voir, toutefois, qu'un certain nombre de mécanismes de contrôle continuent de fonctionner sur les décisions prises par les collectivités locales. Ils correspondent à la nécessité de s'assurer du respect des principes de légalité et au besoin de sauvegarder certains impératifs d'intérêt national.

Mais ces mécanismes de contrôle se caractérisent désormais d'une triple façon :

— les conditions dans lesquelles ils sont exercés sont strictement définies par les textes qui les instituent ;
— ils sont fondés sur l'exigence de légalité et excluent, sauf exception, l'intervention de considérations d'opportunité ;
— leur fonctionnement repose, en large part, sur des institutions à caractère juridictionnel, dont le statut garantit l'indépendance par rapport au pouvoir exécutif.

Il convient de distinguer les contrôles de droit commun de certains contrôles spécifiques.

1 | LES CONTRÔLES DE DROIT COMMUN

Par *contrôles de droit commun,* on doit entendre des procédures qui sont appelées à fonctionner de façon systématique sur les actes émanant des collectivités territoriales.

On en distingue deux types : le contrôle de légalité et le contrôle budgétaire.

A / *Le contrôle de légalité*

Les citoyens ont la faculté, dès lors qu'ils ont capacité et intérêt à agir, de saisir les juridictions des actes des collectivités, les juridictions compétentes étant en principe les juridictions de l'ordre administratif.

Mais il existe une autre procédure spécifique de contrôle de légalité dans laquelle les préfets, à qui les actes les plus importants des collectivités locales sont nécessairement transmis, vont pouvoir saisir les juridictions administratives s'ils constatent des illégalités, et ne parviennent pas à les faire effacer par les collectivités.

1 / *La transmission des actes locaux.* — Cette transmission est faite, selon le cas, au préfet du département, ou sous-préfet d'arrondissement ou au préfet de région (pour les actes des régions ou des établissements publics régionaux).

Cette transmission peut être prouvée par tout moyen et peut notamment résulter du récépissé (« accusé de réception ») immédiatement délivré par le représentant de l'État dans la région ou le département, ou par son délégué dans l'arrondissement.

Mais cet « accusé de réception » n'est pas nécessaire pour conférer un caractère exécutoire à l'acte en cause. En effet, ce caractère exécutoire résulte de la transmission et non du récépissé attestant cette transmission. La réalité de la transmission est certifiée, sous sa responsabilité, par l'autorité exécutive de la collectivité. Avant la transmission, un maire n'est pas autorisé à signer un contrat sous peine de nullité de celui-ci (CE, 20 janv. 1989, Ville de Millau c/ Vincent ; *Dr. adm.,* 1989, n° 872 ; CE, Avis 10 juin 1996, Préfet de la Côte-d'Or et autres, *JO,* 4 juill. 1996, p. 10114, *D.,* 1996.IR, p. 166).

L'obligation de transmission ne porte que sur certaines catégories d'actes. Ce sont :

— les délibérations des conseils municipaux, généraux ou régionaux, ou les décisions prises par délégation desdits conseils ;
— les décisions réglementaires et individuelles prises par le maire ou par le président du conseil général dans l'exercice du pouvoir de police ;
— les actes à caractère réglementaire pris par les autorités communales, départementales ou régionales dans toute autre matière de leur compétence ;
— les conventions relatives aux marchés et aux emprunts ainsi que les conventions de délégation de service public. Pour ces dernières, un certain nombre de pièces doivent être jointes. Par ailleurs, la transmission doit être effectuée dans les quinze jours suivant la signature par les deux parties (art. 1411.9 du CGCT) ;
— les décisions individuelles relatives à la nomination, à l'avancement de grade, aux sanctions soumises à l'avis du conseil de discipline et au licenciement d'agents de la commune, du département ou de la région.

Les autres catégories d'actes des collectivités territoriales ne sont pas soumises à l'obligation de transmission.

2 / *Le déféré préfectoral.* — Le préfet doit, à la suite de la transmission, examiner la légalité de l'acte qui lui est transmis.

Il peut, à la demande de l'exécutif concerné, l'informer de son intention de ne pas déférer au tribunal administratif l'acte en question, cette indication ne valant pas renonciation définitive à le faire.

S'il juge l'acte entaché d'illégalité, il peut demander à la collectivité de le rapporter. Si la collectivité s'y refuse, il peut saisir le tribunal administratif (il peut d'ailleurs aussi le saisir d'emblée). Cette saisine se fait selon les règles suivantes. Le représentant de l'État dispose d'un délai de deux mois à compter de la transmission pour déférer l'acte litigieux au tribunal administratif dans le ressort duquel a son siège l'autorité qui a pris la décision contestée. Mais la demande du préfet adressée à la collectivité présente le caractère d'un recours gracieux. Dans ce cas, c'est la décision – explicite ou implicite – de la collectivité qui fait courir le délai de référé (CE, 6 déc. 1995, Préfet des Deux-Sèvres c/ Commune de Neuvy-Boin ; Préfet des Deux-Sèvres c/ Commune de Vernoux-en-Gâtine, *RFD,* n° 6, 1996, p. 113, concl. Laurent Touvet ; *CPA,* 1996, n° 20, p. 17, note Bernard Pacteau, *Dr. adm.,* 1996, n° 35, note L. T. ; *JCP,* 1996.IV.330 ; voir également CE, 8 mars 1996, Département des Alpes-Maritimes, *LQJ,* 1996, n° 40, p. 3).

La demande du préfet prolonge le délai de recours contentieux, qui est alors de deux mois à compter de la réponse de l'autorité locale (soit de la réponse explicite, soit du refus de répondre, qui se constate à l'expiration d'un délai de quatre mois à compter de la demande).

Outre le respect du principe du contradictoire (communication des mémoires, débat oral, etc.), la loi a prévu la double obligation d'aviser la collectivité intéressée, sans délai, du recours formé et de lui faire connaître toutes précisions sur les illégalités invoquées à l'encontre de l'acte attaqué.

Le législateur a créé des cas d'illégalité expresse comme, par exemple, le non-respect des sujétions de la Défense nationale (art. 26, loi n° 86-29 du 9 janv. 1986).

Le pouvoir du représentant de l'État de déférer au juge les actes argués d'illégalité s'étend même aux actes contractuels.

Par ailleurs, toujours dans le domaine des contrats, la loi du 11 décembre 1992 a introduit des dispositions permettant d'exercer un référé précontractuel, c'est-à-dire une action en référé visant à ce que le président de la juridiction prenne toute mesure visant à rétablir la légalité d'une procédure, avant que le contrat ne soit lui-même signé.

En revanche, ce pouvoir ne s'étend pas aux actes de droit privé, tel, par exemple, un ordre de service relatif à l'exécution d'un sous-traité de concession conclu entre une commune et une association privée (TA Nice, 25 janv. 1983, comm. Républ. du département du Var c/ Commune d'Hyères, req. n° 648-43).

Le préfet peut assortir son recours en annulation de conclusions à fin de sursis à l'exécution de la décision contestée. Cependant, sa demande déroge au droit commun qui régit le sursis à l'exécution des actes administratifs. D'une part, il lui suffit d'invoquer au moins un moyen paraissant, en l'état de l'instruction, sérieux et de nature à justifier l'annulation de l'acte attaqué : cela signifie donc que le représentant de l'État n'a pas, en outre, à la différence des plaideurs, à prouver le caractère difficilement réparable du préjudice qui résulterait de l'application de l'acte (CE, 16 déc. 1994, Préfet du Haut-Rhin, *Lebon*, tables, p. 801 ; *Dr. adm.*, 1995, n° 49, texte H. S.).

D'autre part, le sursis est de droit dès lors que le juge constate l'existence du « moyen sérieux ». Sur ce point, le législateur de 1982 a voulu expressément déroger à la règle jurisprudentielle selon laquelle « le sursis à l'exécution n'est pour le juge qu'une simple faculté, alors même qu'existent des moyens sérieux d'annulation et un préjudice difficilement réparable »(CE, Ass. 2 juill. 1982, Huglo et autres, *Rec.*, 257 ; *AJDA*, 1982, p. 657, concl. J. Biancarelli, note B. Lukaszewicz ;

v. aussi G. Porcell, Le sursis à exécution au cœur du débat, *AJDA,* 1984, p. 149 et s.).

Cependant, cet octroi automatique du sursis se heurte à deux limites.

Tout d'abord, le président de la section du contentieux du Conseil d'État conserve en cette matière comme en toute autre le pouvoir d'ordonner qu'il soit mis fin, à titre provisoire, au jugement prononçant le sursis. Ensuite, comme le sursis automatique déroge à la fois au droit commun du sursis et au principe constitutionnel du caractère exécutoire des actes administratifs, son octroi sera restrictivement obtenu (Cons. d'État, 29 juill. 1983, Conseil général du département de la Lozère, *AJDA,* 1984, p. 37, note A. Daussin-Charpentier).

En revanche, le sursis est soumis à toutes les autres conditions procédurales habituelles. Il est ainsi impossible contre les décisions négatives (TA Strasbourg, 12 mai 1983, comm. Républ. du Haut-Rhin c/ Commune de Sigolsheim) ou contre les décisions entièrement exécutées (TA Nantes, 28 déc. 1983, comm. Républ. Vendée c/ Président du conseil général de la Vendée ; TA Strasbourg, 8 nov. 1983, comm. Républ. de la Moselle c/ Commune d'Amneville).

Lorsque le représentant de l'État défère au juge un acte qui est de « nature à compromettre l'exercice d'une liberté publique ou individuelle » et assortit sa demande d'annulation de conclusions à fin de sursis, le sursis doit être accordé dès qu'existe, comme au cas ci-dessus, au moins un moyen sérieux susceptible de conduire à l'annulation. Mais, en ce cas, d'une part le sursis est accordé non par le tribunal, mais par le président de celui-ci ou un conseiller délégué, d'autre part ce magistrat doit se prononcer dans les quarante-huit heures de la saisine.

Au cas d'appel, le délai pour saisir le Conseil d'État est de quinze jours à compter de la notification de la décision relative au sursis. Le président de la section du contentieux du Conseil d'État ou le conseiller d'État délégué doit statuer dans les quarante-huit heures.

La loi du 2 mars 1982 a également prévu que le préfet puisse saisir le juge administratif sur requête d'un tiers.

Toute personne juridique, physique ou morale, publique ou privée, peut, dans le délai de deux mois à compter de la date à laquelle une décision est devenue exécutoire, demander au représentant de l'État de mettre en œuvre l'une des procédures instituées par les textes.

Si l'intéressé attire l'attention du représentant de l'État sur un acte transmis, cette demande n'a pas pour effet de prolonger le délai du recours contentieux, lequel reste enfermé dans les deux mois qui suivent la transmission. En revanche, si l'intéressé demande à ce représentant de mettre en œuvre ses pouvoirs d'action contre un acte non transmis, celui-ci dispose, pour agir, de deux mois à compter de sa saisine par cet intéressé.

Le contrôle de légalité

Nature de l'acte local suscitant la procédure	*Autorité engageant la procédure*	*Cas d'ouverture de la procédure*	*Déroulement de la procédure*	*Observations*
Tout acte d'une collectivité locale (à l'exception des actes de droit privé).	Préfet à l'examen des actes qui lui sont transmis. Préfet sur demande d'une personne s'estimant lésée. Toute personne ayant capacité et intérêt.	Illégalité de l'acte.	Le préfet ou le particulier saisissent le tribunal administratif, dans le délai de deux mois suivant la transmission de l'acte au préfet. Cette décision peut être assortie de sursis à exécution. Si la demande de sursis à exécution présentée par le préfet vise un acte de nature à compromettre l'exercice d'une liberté collective ou individuelle, le sursis est prononcé dans les quarante-huit heures de la saisine	Le contrôle de l'égalité est disinct du contrôle budgétaire. Les actes budgétaires sont soumis au double contrôle.

De la même façon, lorsque la transmission est incomplète, le délai de deux mois ne court pas. Cependant, le préfet doit, dans les deux mois suivant la transmission initiale, demander à l'autorité locale de la compléter. Auquel cas le délai de deux mois est rouvert à compter de la réponse – explicite ou implicite – de l'autorité locale (CE, 13 janv. 1988, Mutuelle générale des personnels des collectivités locales, *Lebon,* p. 7 ; concl. M. Roux ; *RDP,* 1988, n° 3, note F. Llorens ; *AJDA,* 1988.160, M. Azibert et Mme Boisdeffre : CE, 27 févr. 1995, Préfet de l'Essonne, *RFDA,* 1945.2, p. 416).

Le préfet peut attaquer les actes non soumis à transmission (par ex., CE, 13 mars 1989, Commune de Katzenthal ; *DA,* n° 220). Mais son recours n'est plus un déféré. Il ne peut donc pas être exercé à l'encontre d'un contrat.

Le préfet est libre de déférer ou de ne pas déférer un acte. Sa décision est cependant susceptible d'un recours (CE, 18 nov. 1987, Marcy ; *RPDA,* 1988, n° 6, p. 919, concl. D. Schrameck). Cependant, son refus de déférer n'est pas de nature à engager la responsabilité de l'État.

Seul le préfet peut exercer le recours. Le sous-préfet n'est pas compétent pour le faire (TA Poitiers, 27 nov. 1991, Sous-Préfet de Cognac, *JCP,* 1992.IV.2006).

Le contrôle de légalité est un contrôle de droit commun. Il peut s'exercer dans tous les domaines pour lesquels il exerce un contrôle spécifique, comme le contrôle budgétaire. C'est ainsi que le juge administratif peut apprécier l'équilibre d'un budget (CE, sect. 9 déc. 1988, Département du Tarn, *Lebon,* p. 466).

Après quelques années de fonctionnement, le contrôle de légalité avait donné le sentiment de s'essouffler, les services préfectoraux s'estimant peu légitimes à l'exercice de cette mission, dépourvus de moyens, et parfois contredits par des instructions politiques.

A partir des années 1990, le mouvement s'est inversé. L'État a renforcé les moyens du contrôle de légalité et les préfets ont progressivement intégré les exigences de cette tâche. Le contrôle de légalité s'est donc développé non sans que cela occasionne des conflits importants avec les élus locaux.

Le contrôle de légalité a ainsi progressivement retrouvé certains des caractères de la tutelle antérieure qui n'avait d'ailleurs jamais totalement disparu. La plupart des collectivités locales le considèrent comme un point de passage obligé et, en cas de difficulté, un obstacle insurmontable.

Cependant, le nombre des déférés demeure assez réduit. En 1992, sur près de 6 millions d'actes locaux transmis en préfecture, 1 800 ont été déférés au tribunal administratif.

La qualité du contrôle de légalité s'est par ailleurs améliorée. Les services chargés du contrôle sont de mieux en mieux équipés et formés. Ils peuvent bénéficier de l'appui de divers services techniques de l'État Les préfets, les sous-préfets accordent à cette question une attention qu'ils n'accordaient pas nécessairement avec la même intensité auparavant.

Mais le contrôle de légalité continue de se heurter à deux difficultés importantes.

La première est la complexification croissante du droit. En dépit des affirmations officielles, le droit devient de plus en plus riche, complexe et générateur de contentieux. Face à cette inflation, élus, fonctionnaires locaux et agents du contrôle de légalité ont des difficultés à faire face.

Par ailleurs, le contrôle de légalité n'est pas homogène sur le territoire. Il est plus ou moins exercé selon les lieux et les circonstances politiques. Des mêmes règles de droit donnent lieu à des interprétations divergentes selon les lieux. Certes, il existe des mécanismes régulateurs visant à harmoniser le fonctionnement et le contenu du contrôle de légalité, mais ces mécanismes régulateurs n'interviennent qu'*a posteriori.*

B / *Le contrôle de gestion*

Lors du vote de la loi de 1982, les dispositions créant les chambres régionales des comptes et leur donnant mission d'exercer un contrôle de gestion sur les collectivités locales étaient passées relativement inaperçues. Ce contrôle de gestion n'était d'ailleurs pas nouveau puisqu'il était exercé par la Cour des comptes qui consacrait chaque année quelques pages de son rapport aux dérives les plus manifestes.

Avec la création des chambres régionales des comptes, la juridiction financière s'est dotée des moyens d'assurer un véritable contrôle du bon emploi des deniers publics par les collectivités locales. Divers textes sont venus renforcer les moyens juridiques d'investigation des chambres régionales des comptes qui ont désormais une large palette de responsabilités.

Elles ont vocation à contrôler les collectivités, leurs établissements publics et tous les organismes de droit privé auxquels elles versent des fonds. Elles disposent de larges pouvoirs d'investigation.

La nature de leur contrôle est volontairement définie de façon très large. Il porte sur le bon emploi des fonds publics, ce qui intègre non seulement des considérations de régularité mais également des considérations de gestion et d'opportunité. Les chambres régionales peuvent, si elles constatent des anomalies, engager des procédures : procédures de gestion de fait ou devant la Cour de discipline budgétaire et financière, ou bien faire engager des poursuites pénales.

Mais la crainte des élus locaux ne vient pas principalement de ces risques. Elle tient au caractère public des observations des chambres régionales des comptes qui doivent être communiquées aux assemblées délibérantes et servent ainsi de fondement au débat politique local. La crainte d'être critiqué par la chambre régionale des comptes fait désormais partie des principales appréhensions des collectivités locales.

Certains élus locaux ont d'ailleurs mis en cause l'intervention non contrôlée d'organes dépourvus de légitimité élective dans un système local fondé sur le principe de l'élection. Des projets de modification des règles du contrôle de gestion ont même été déposés. Des débats sont en cours, mais l'observateur ne peut que constater que l'intervention des chambres régionales des comptes, parfois excessive, parfois maladroite, joue un rôle salutaire de prévention dans la gestion publique locale.

C / *Le contrôle budgétaire*

La nécessité de sauvegarder l'équilibre des finances publiques et la large contribution que l'État apporte, par ses transferts, aux finances locales ont conduit le législateur, dans le cadre de la loi du 2 mars 1982, à introduire des modalités spécifiques de contrôle des actes budgétaires des actes des collectivités territoriales.

Ce contrôle budgétaire présente les caractéristiques générales suivantes :

— il ne se substitue pas au contrôle normal de légalité, mais s'y ajoute. Les décisions budgétaires sont soumises au contrôle de légalité ordinaire et au contrôle budgétaire ;

— il s'organise autour de l'intervention des chambres régionales des comptes, juridictions créées par la loi du 2 mars 1982 et qui, outre les missions de contrôle budgétaire et leur prolongement dans le contrôle de gestion *a posteriori* des collectivités territoriales, sont les juges des comptes locaux, et, à ce titre, exercent les missions que la Cour des comptes assurait antérieurement envers les comptes et les comptables locaux ;

— l'intervention de la chambre régionale des comptes lui donne un rôle essentiel dans le mécanisme de contrôle budgétaire. Cependant, les décisions coercitives incombent au préfet, sous la réserve générale que celui-ci, s'il s'écarte des propositions émanant de la chambre régionale des comptes, doit explicitement motiver sa décision ;

— la procédure de contrôle budgétaire ne peut être engagée que dans un nombre de cas limitativement énumérés par la loi. Ces cas sont les suivants :

- adoption en retard du budget primitif ;
- absence d'équilibre réel du budget ;
- absence d'inscription des dépenses obligatoires, assortie d'une procédure particulière pour le mandatement desdites dépenses obligatoires ;
- déficit d'exécution du budget.

Il faut ajouter, même s'il ne s'agit pas de contrôle budgétaire, le contrôle qui est assuré par les chambres régionales des comptes sur les comptes et les comptables. Même si ce contrôle s'exerce sur des comptables directs du Trésor, agents de l'État, il constitue aussi une forme de contrôle sur les collectivités territoriales.

Ainsi les actes financiers des collectivités territoriales sont-ils soumis à un ensemble de contrôles assez complexe. Les tableaux ci-dessous présentent les procédures de contrôle budgétaire, de contrôle de gestion et de contrôle comptable.

Le tableau 1 explicite la procédure de contrôle budgétaire en cas du vote du budget avec retard ; le tableau 2, en cas de déséquilibre du budget voté ; le tableau 3, en cas de déficit des comptes administratifs ; le tableau 4, en cas d'absence d'inscription des dépenses obligatoires. Le tableau 5 présente le contrôle comptable, et le tableau 6, le contrôle de gestion. Il faut rappeler également que le contrôle de légalité de droit commun s'applique aux actes budgétaires.

Il appartient au préfet, dans le cadre de sa mission de contrôle, d'apprécier la nécessité de mettre en œuvre les procédures de contrôle budgétaire dont il a l'initiative (CE, 10 févr. 1988, Commune de Brives-Charensac c/ Arnaud, *Rec. Lebon,* p. 54 ; *AJDA,* 1988, p. 279 ; concl. Michel Roux, *D.,* 1988.IR, p. 60). Cependant, le refus illégal, pour un préfet, d'user de ses pouvoirs engage la responsabilité de l'État s'il est constitutif d'une faute lourde (CE, 29 avr. 1987, École Notre-Dame-de-Kernitron, *Rec. Lebon,* p. 161, à propos d'un refus d'inscription d'office des sommes dues par une commune à une école privée).

Les décisions que prennent les chambres régionales des comptes dans le cadre de leurs attributions non juridictionnelles (c'est-à-dire autres que celles qui concourent au contrôle comptable) sont susceptibles de recours devant les tribunaux administratifs (CE, 23 mars 1984, Organisme de gestion des écoles catholiques de Couëron, *Rec. Lebon,* p. 126).

2 | LES CONTRÔLES SPÉCIFIQUES

Il existe des procédures particulières de contrôle que l'on peut regrouper autour des axes suivants :

— les actes accomplis par les collectivités territoriales au nom de l'État ;
— les décisions de police ;
— le contrôle de légalité en matière d'urbanisme ;
— les fonctions d'inspection.

Tableau 1. — *Le contrôle budgétaire*

Nature de l'acte local suscitant la procédure	*Autorité engageant la procédure*	*Cas d'ouverture de la procédure*	*Déroulement de la procédure*	*Observations*
Budget primitif	Préfet	Le budget n'a pas été voté le 31 mars (date retardée au 15 avril, les années d'élections locales, ou si l'État n'a pas fourni à temps les informations nécessaires à l'élaboration des budgets locaux, auquel cas le délai est fixé à quinze jours suivant la communication de la dernière information nécessaire).	A) Le préfet saisit sans délai la chambre régionale des comptes. B) La chambre régionale des comptes, dans un délai d'un mois, formule par un avis public des propositions pour le règlement du budget. C) Le préfet règle le budget et le rend exécutoire. S'il s'écarte des propositions de la chambre régionale des comptes, il doit motiver sa décision.	A) Tant que le budget n'est pas exécutoire et ce, jusqu'à la date limite du vote du budget, l'exécutif local peut : mettre en recouvrement les recettes et engager les dépenses de la section de fonctionnement dans la limite de celles inscrites au budget de l'année précédente ; engager, liquider et mandater les dépenses d'investissement dans la limite du quart des crédits ouverts au budget précédent, non compris les crédits afférents au remboursement de la dette. B) Tant que le budget régional n'est pas exécutoire, le président du conseil régional peut liquider et mandater la dépense d'investissement correspondant aux autorisations de programme ouvertes au cours du exercices antérieurs, dans la limite d'un montant de crédits de paiement égal au tiers des autorisations de programmes ouvertes.

Tableau 2. — *Le contrôle budgétaire (suite)*

Nature de l'acte local suscitant la procédure	*Autorité engageant la procédure*	*Cas d'ouverture de la procédure*	*Déroulement de la procédure*	*Observations*
Budget primitif	Préfet	Le budget est voté en déséquilibre.	A) Le préfet saisit la chambre régionale des comptes dans un délai de trente jours à compter de la transmission du budget. B) La chambre régionale détermine les mesures nécessaires au rétablissement de l'équilibre et les propose à la collectivité. C) Si la collectivité entérine les propositions de la chambre régionale des comptes, la procédure est close. D) Si la collectivité décide de mesures qui diffèrent de celles proposées par la chambre régionale des comptes, la délibération lui est transmise. Si la chambre régionale des comptes considère que les mesures sont insuffisantes, elle propose au préfet de régler le budget. Le préfet règle le budget S'il s'écarte des propositions de la chambre régionale des comptes, il doit motiver sa décision. E) Si la collectivité n'a pas statué dans le délai d'un mois, la chambre régionale des comptes constate la carence et propose au préfet de régler le budget. Celui-ci arrête le budget. S'il s'écarte des propositions de la chambre régionale descomptes, il doit expli citement motiver sa décision.	Les conditions de l'équilibre budgétaire sont les suivantes : — l'équilibre doit être réalisé par section ; — toutefois un budget dont la section de fonctionnement comporte ou reprend un excédent et dont la section d'investissement est en équilibre réel, après reprise pour chacune des sections des résultats du compte administratif de l'année précédente, n'est pas considéré comme en déséquilibre ; — les recettes et les dépenses doivent être calculées de façon sincère ; — le remboursement de la dette en capital doit être exclusivement couvert par les recettes propres de la collectivité.

Tableau 3. — *Le contrôle budgétaire (suite)*

Nature de l'acte local suscitant la procédure	*Autorité engageant la procédure*	*Cas d'ouverture de la procédure*	*Déroulement de la procédure*	*Observations*
Compte administratif.	Préfet	Déficit du compte administratif : — si le déficit révélé par l'arrêté des comptes dépasse 10 % des recettes de fonctionnement pour les communes de moins de 20 000 habitants ; — si le déficit révélé par l'arrêté des comptes dépasse 5 % des recettes de fonctionnement pour les communes de plus de 20 000 habitants, les départements et les régions.	A) Le préfet saisit sans délai la chambre régionale des comptes. B) La chambre régionale des comptes propose à la collectivité concernée les mesures nécessaires au rétablissement de l'équilibre budgétaire. C) Le budget primitif afférent à l'exercice suivant est transmis à la chambre régionale des comptes. Si celle-ci estime que les mesures suffisantes n'ont pas été prises, elle propose les mesures nécessaires au préfet dans le délai d'un mois suivant la transmission par ce dernier. D) Le préfet règle et rend exécutoire le budget. S'il s'écarte des propositions de la chambre régionale des comptes, il doit motiver explicitement sa décision.	Le compte administratif doit être présenté à l'assemblée délibérante par l'exécutif local au plus tard le 1er juillet de l'année suivant l'exercice, après transmission par le comptable du compte de gestion établi par ce dernier. Cette règle est dépourvue de sanction, sous réserve de ce que l'approbation du compte administratif est nécessaire pour bénéficier de reports dans un budget suivant.

Tableau 4. — *Le contrôle budgétaire (suite)*

Nature de l'acte local suscitant la procédure	*Autorité engageant la procédure*	*Cas d'ouverture de la procédure*	*Déroulement de la procédure*	*Observations*
Budget primitif ou toute autre décision à caractère budgétaire	Préfet Comptable. Toute personne y ayant intérêt	Absence d'inscription d'une dépense obligatoire.	A) Le préfet, le comptable public concerné ou toute autre personne saisit la chambre régionale des comptes. B) Dans un délai d'un mois, la chambre régionale des comptes doit constater l'absence ou l'insuffisance des sommes inscrites correspondant à une dépense obligatoire. Si tel est le cas, elle doit adresser une mise en demeure à la collectivité concernée. C) Si dans un délai d'un mois la mise en demeure est restée sans effet, la chambre régionale demande au représentant de l'État d'inscrire la dépense au budget de la collectivité. Elle propose éventuellement les mesures de création des ressources ou de diminution des dépenses de nature à garantir l'équilibre budgétaire. D) Le préfet règle et rend exécutoire le budget. S'il s'écarte des propositions de la chambre régionale des comptes, il doit motiver explicitement sa réponse. E) Si l'exécutif refuse de mandater une dépense obligatoire, le préfet doit le mettre en demeure de le faire. F) Si dans le délai d'un mois suivant la mise en demeure, l'exécutif local n'a pas procédé au mandatement, le préfet y procède d'office. Ce délai est fixé à deux mois lorsque la dépense est égale ou supérieure à 5 % de la section de fonctionnement du budget primitif.	A) Si la chambre régionale de comptes refuse de constate l'absence d'inscription d'un dépense obligatoire, et l'insuffisance des sommes q lui sont affectées, ce refus p être déféré au tribunal adm nistratif. A l'inverse, la mise en deme n'est pas susceptible d'un recours devant le tribunal administratif. B) La liberté d'appréciation d préfet ne porte que sur les modalités de couverture de dépense. Il est par contre tenu par la nécessité d'inscrire la dépen et par la nature de celle-ci. C) Il y a deux cas où le préfet peut procéder au mandatement d'office des dépenses obligatoires sans mise en œuvre de la procédure d'inscription d'office : — exécution des condamnati financières résultant des dé sions de justice lorsque la condamnation pécuniaire fi une somme certaine et est passée en force de chose ju (loi du 16 juillet 1980) ; — paiement des intérêts mora res résultant des dettes don montant en capital est supé rieur à 30 000 F.

Tableau 5. — *Le contrôle comptable*

Nature de l'acte local suscitant la procédure	*Autorité engageant la procédure*	*Cas d'ouverture de la procédure*	*Déroulement de la procédure*	*Observations*
Compte de gestion	Le comptable public	Chaque compte de gestion y est soumis.	A) Le comptable de la collectivité territoriale établit le compte de gestion. Le compte de gestion est visé sur l'ordinateur qui atteste ainsi la concordance entre compte de gestion et compte administratif. B) Les comptes des communes et des groupements de communes dont la population n'excède pas 2 000 habitants et dont le montant des recettes ordinaires figurant au dernier compte administratif est inférieur à 2 millions de francs, ainsi que ceux de leurs établissements publics sont transmis aux trésoriers-payeurs généraux, ou aux receveurs particuliers des Finances. Ces derniers les examinent et, s'ils n'appellent pas d'observations, prennent un arrêté de décharge du comptable et le transmettent à la chambre régionale des comptes. Si le compte appelle des observations, le trésorier-payeur général ou le receveur particulier des finances prend un arrêté conservatoire de débet et transmet le dossier à la chambre régionale des comptes qui juge le comptable. C) Les comptes des autres collectivités sont transmis à la chambre régionale des comptes qui les examine et prend à l'égard du comptable concerné un arrêté de décharge, de débet ou d'avance. D) Toutes les décisions rendues par les chambres régionales sont susceptibles d'appel devant la cour des comptes.	A) Le régime de l'apurement administratif prévu pour les petites communes ne fait pas obstacle à ce que la chambre régionale des comptes évoque un dossier de petite commune à son niveau ou réforme l'arrêté de décharge pris par le trésorier-payeur général ou le receveur particulier des Finances. Ce droit est reconnu à la chambre régionale des comptes dans les six mois suivant la décision notifiée par le trésorier-payeur général ou le receveur particulier des Finances. B) Les comptables, outre les débets qu'ils pourront être conduits à couvrir, peuvent se voir infliger des amendes.

Tableau 6. — *Le contrôle de gestion*

Nature de l'acte local suscitant la procédure	*Autorité engageant la procédure*	*Cas d'ouverture de la procédure*	*Déroulement de la procédure*	*Observations*
Tous les comptes des collectivités territoriales	Chambre régionale des comptes	La chambre régionale examine la gestion d'une collectivité territoriale.	A) La chambre régionale des comptes décide d'examiner la gestion d'une collectivité sur la base des comptes qui lui sont transmis par le comptable. B) Avant de formuler des observations, le magistrat rapporteur ou le président de la chambre régionale des comptes doit avoir un entretien préalable avec l'ordonnateur de la collectivité. C) La chambre régionale des comptes formule éventuellement les observations par écrit. D) L'ordonnateur répond à ces observations par écrit E) Les observations de la chambre régionale des comptes ne sont arrêtées définitivement qu'après réception de la réponse de l'ordonnateur. F) Les observations de la chambre régionale des comptes sont transmises à la Cour des comptes qui consacre une partie de son rapport public à la gestion des collectivités territoriales.	Les avis, propositions, rapports et observations de la chambre régionale des comptes sont couverts par le secret professionnel. Ils ne sont pas soumis à l'obligation de communication prévue par la loi du 17 juillet 1978.

A / *Les actes accomplis au nom de l'État*

Les autorités territoriales effectuent un certain nombre d'actes au nom de l'État. C'est en particulier le maire qui, en sa qualité d'agent de l'État, doit accomplir un certain nombre d'actes concernant l'organisation matérielle des élections et le droit des personnes (état civil, délivrance d'un certain nombre de titres, etc.).

Dans ces cas-là, le maire agit sous l'autorité hiérarchique du préfet, qui peut lui donner les instructions nécessaires à l'accomplissement de cette mission. Si le maire refuse d'accomplir une de ces obligations, le préfet, après mise en demeure, peut se substituer à lui, soit directement, soit par désignation d'un délégué spécial (art. L. 2122.34 du CGCT).

Le refus d'un maire d'accomplir une des obligations dont il a, par la loi, la charge, est également susceptible de justifier l'engagement, à son encontre, d'une procédure de sanction (suspension ou révocation).

B / *Les décisions de police*

La répartition des pouvoirs de police administrative a été examinée dans le chapitre XI de la Troisième partie. Outre les pouvoirs spécifiques des préfets dans les communes où a été institué le régime de la police d'État, l'autorité préfectorale dispose de pouvoirs spécifiques vis-à-vis des autorités locales de police, pouvoirs qui présentent toutes les caractéristiques de la tutelle.

— L'autorité préfectorale peut se substituer à l'autorité municipale pour prendre des directives de police dont le champ d'application dépasse le cadre d'une commune.

— L'autorité préfectorale peut se substituer à l'autorité locale si celle-ci se refuse à prendre les mesures de police que la situation appelle. Elle ne peut le faire qu'après une mise en demeure.

Cette compétence particulière des préfets en matière de police est parfois contestée. Elle trouve sa raison d'être dans l'éparpillement des autorités locales de police et le désir de la population de bénéficier des décisions de police – notamment en matière d'ordre public – qui soient marquées par une certaine cohérence et une certaine rapidité d'intervention sur l'ensemble du territoire national.

C / *Le contrôle de légalité en matière d'urbanisme*

Le contrôle de légalité en matière d'urbanisme est, dans son principe, un contrôle de droit commun qui exclut les considérations d'opportunité. Cependant, dans un certain nombre de cas, les pouvoirs dont dispose le préfet vont au-delà de l'introduction d'un déféré. Cela tient au fait que, en dépit de la reconnaissance de la compétence communale en matière d'urbanisme, ce domaine d'action demeure fondamentalement partagé.

Ainsi :

— le préfet peut s'opposer, si la commune n'est pas couverte par un schéma directeur, aux dispositions d'un plan d'occupation en cours d'élaboration qui seraient insuffisantes pour maîtriser l'urbanisation future ;
— le préfet peut, dans certaines hypothèses, exiger l'élaboration de documents d'urbanisme, et, en cas de carence locale, décider d'office.

D / *Les fonctions d'inspection*

Certains corps d'inspection de l'État bénéficient d'une compétence à caractère général qui peut les conduire à mener des investigations au sein des services des collectivités territoriales. En effet, même si la mission de ces corps d'inspection trouve sa source dans les réglementations étatiques – emploi des fonds publics, respect des dispositions à caractère réglementaire –, la technique des inspections les conduit le plus souvent à s'intéresser de façon aussi large que possible à l'activité des collectivités concernées. Deux corps d'inspection, à compétence générale, ont un rôle à cet égard. Il s'agit :

— de l'inspection générale des Finances qui, outre ses compétences en matière de contrôle des comptables, peut être mandatée pour tout ce qui concerne l'emploi des fonds publics ;
— et de l'inspection générale de l'Administration, corps dépendant du ministère de l'Intérieur, et qui est fréquemment utilisé pour le contrôle des administrations locales.

Par ailleurs, des textes particuliers organisent des contrôles, de la part d'agents de l'État, des conditions de la gestion de certains services locaux. C'est le cas pour les régies de services publics. Ces dispositions spécifiques, non conformes à l'esprit des textes de décentralisation, mais qui n'ont pas été abrogées, tendent à tomber en désuétude.

BIBLIOGRAPHIE

Jean-Bernard Auby, Les contrôles administratifs, juridiques et financiers sur les collectivités locales, *Pouvoirs,* n° 73, 1995, p. 79.

Jean-François Auby, *Le commissaire de la République,* PUF, coll. « Que sais-je ? », 1983.

Jean-Marie Auby, Le contentieux des actes des chambres régionales des comptes, *RDP,* septembre-octobre 1984, p. 1125.

François-Paul Benoit, *Les actes des collectivités locales,* Dalloz, « Collectivités locales ».

Bénédicte Boyer et Régis de Castelnau, *Portrait des chambres régionales des comptes,* LGDJ, 1997.

Jean Cathelineau, *Le contrôle du budget*, Dalloz, « Collectivités locales ».

Jean-Louis Chartier et Alain Doyelle, L'activité des chambres régionales des comptes : le principe d'équilibre réel des budgets locaux, *AJDA,* novembre 1988, p. 643.

Henry-Michel Crucès, *Les contrôles financiers sur les collectivités territoriales,* Éditions du Moniteur, 1998.

Philippe Defoort, Le comptable public local peut-il exercer un contrôle de légalité ?, *AJDA,* décembre 1987, p. 699.

Alain Delcamp, Les nouvelles conditions du contrôle de légalité sur les actes des autorités locales, *AJDA,* 1982, n° 9, p. 500.

Xavier Delcros, Le contrôle de légalité des actes administratifs des autorités communales, départementales et régionales, *Ét. et doc. Cons. d'État,* n° 38, 1987, p. 23.

Paul-Marie Gaudemet, Les chambres régionales des comptes, *AJDA,* 1983.102.

Philippe Limouzin-Lamothe, La réforme des chambres régionales des comptes : amélioration ou amputation ?, *AJDA,* juillet-août 1988, p. 427.

Jean-Marie Pontier, Les contrats de plan entre l'État et les régions, *RFDA,* 1985, n° 6, p. 331.

Jean Raynaud, *Les chambres régionales des comptes,* PUF, coll « Que sais-je ? », 1992.

Michel Reydellet, *Le nouveau contrôle des actes des collectivités locales ou la suppression des tutelles,* Economica, 1985.

Charles-Louis Vier, *Contrôle de la légalité des actes des collectivités locales,* Jurisclasseur administratif.

Chapitre II

LES RAPPORTS ENTRE LES COLLECTIVITÉS LOCALES

L'administration territoriale mise en place au début du XIXe siècle en France était conçue de façon à éviter, au maximum, les rapports entre les diverses collectivités. Le souvenir de l'Ancien Régime et des rapports de concurrence et de coalition qui s'y produisaient, sources de troubles locaux et d'affaiblissement des pouvoirs d'État, expliquait qu'un régime juridique restrictif fût maintenu.

Le développement du rôle joué, dans la société, par les collectivités locales et les exigences de la modernisation ont, par la suite, justifié que les collectivités multiplient les rapports des unes avec les autres. Mais les possibilités juridiques de le faire efficacement ne sont apparues que tard, puisque les formes véritablement opérationnelles de coopération intercommunale ne se sont développées que dans les années 1960.

La décentralisation engagée dans le début des années 1980 a donné aux rapports entre les collectivités locales l'opportunité de s'intensifier de façon considérable. L'affranchissement des tutelles administratives et financières, l'apparition d'une collectivité intermédiaire à compétence générale – la région –, le développement des compétences locales sont tout autant de facteurs qui participent au développement des rapports entre les différentes collectivités.

Ces rapports doivent être évoqués dans une triple perspective : celle de la concurrence entre les collectivités ; celle de la coopération ; celle du risque de tutelle des unes sur les autres.

1 / Les rapports de concurrence

La tradition administrative française, d'inspiration cartésienne, tend à organiser les rapports et les compétences des institutions publiques de façon à ce qu'il n'y ait pas d'ambiguïté sur les attributions de chacune d'entre elles et leur répartition respective. Les partages des compétences entre les collectivités n'échappent pas, en principe, à cette règle.

Cependant, les textes de décentralisation ont organisé les compétences et les rapports entre les différentes collectivités de façon telle que les zones de concurrence ne soient pas exclues.

Pour analyser la portée de cette concurrence, il convient de faire référence à des éléments de science administrative tout autant qu'à des considérations de nature juridique.

Il est nécessaire tout d'abord de s'interroger sur le niveau de solidarité dont les collectivités territoriales sont l'expression. Si l'institution communale représente un niveau de solidarité spécifique, dont la force a été vérifiée par les difficultés rencontrées dans les tentatives de regroupement communal, le département et la région correspondent à des rapports de solidarité voisins, sinon identiques. Il est de fait que l'institution régionale est apparue tardivement, beaucoup plus parce que le département semblait trop exigu pour prendre en charge un certain nombre de fonctions de l'administration moderne que pour incarner une « aspiration régionale » en tant que telle. Les raisons qui ont fait préférer l'adjonction d'un nouveau niveau d'administration à un redécoupage des départements – ainsi qu'un homme politique tel que Michel Debré l'avait suggéré – tiennent à la fois aux difficultés politiques qu'aurait occasionné un tel exercice et à la nécessité de maintenir un niveau d'administration suffisamment proche d'un niveau communal très éparpillé.

Mais si l'on peut insister sur les différences historiques, dimensionnelles et opérationnelles des deux niveaux de collectivité, il convient de reconnaître que l'organisation administrative française, compte tenu des dimensions du pays, dans ses nécessités fonctionnelles comme dans ses exigences de représentation, ne devrait admettre qu'un seul niveau de collectivité intermédiaire.

On doit donc admettre l'existence d'une concurrence inéluctable entre département et région. L'apparition tardive de l'institution régionale – en 1972 – et le fait que les établissements publics régionaux aient été, jusqu'en 1986, des institutions contrôlées – du fait des mécanismes de désignation des conseillers régionaux – par l'institution départementale, ont masqué ce phénomène, le débat entre département et région ayant conservé un caractère idéologique et théorique. Depuis l'élection directe des conseillers régionaux au scrutin proportionnel en 1986, et le développement de ses interventions, l'institution entre nécessairement en concurrence, en termes d'image et d'expression de solidarité, avec le département. La vie politique locale, à travers, en particulier, les manifestations publiques diverses qui la marquent, offre aujourd'hui de nombreuses illustrations de cette réalité, ce qui contribue à reposer le problème de la carte des institutions locales intermédiaires.

Naturellement, cette concurrence pouvait s'avérer plus ou moins développée selon les mécanismes de compétence mis en œuvre. Les lois des 7 janvier et 22 juillet 1983 ont tenté d'organiser une répartition des compétences, qui cherche à la fois à les organiser de façon rationnelle et à garantir à chaque collectivité des *blocs de compétences,* considérés comme sources d'efficacité administrative et de cohérence par l'administré. Cette répartition a été partiellement réussie et limite certains aspects de la concurrence entre région et département. Il reste qu'elle ne la supprime pas. En effet, région et département bénéficient tous deux de compétences à caractère général qui leur donnent vocation à se préoccuper de tout ce qui relève de l'intérêt régional d'une part, et départemental d'autre part (v. *supra*).

Aucune action d'intérêt public, à l'exception de celles qui relèvent de la compétence exclusive de l'État, ne leur est interdite. Aussi région et département sont-ils parfois tentés d'empiéter l'un sur les compétences reconnues à l'autre. Il en va ainsi dans les secteurs du développement économique et de l'aménagement rural. Ces tentatives donnent généralement lieu à de vives réactions de la collectivité qui s'estime fondamentalement compétente, ce qui limite le développement de telles actions. De la même façon l'autolimitation joue de façon importante pour des raisons diverses – administratives, financières et politiques – dans le comportement des exécutifs départementaux et régionaux. Mais le caractère récent du phénomène de concurrence peut faire craindre que ces comportements d'autolimitation ne viennent à devenir moins marqués (voir, sur ce point, Première partie, chap. I). Le risque est d'autant plus patent que la notion de bloc de compétences tend à perdre de sa cohérence. Les lois du 7 janvier et du 22 juillet 1983 l'avaient retenu comme un facteur de simplification de l'action administrative. Mais la pratique administrative et législative est venue en contrarier la mise en œuvre. Le meilleur exemple est celui du secteur de l'aide sociale, secteur théoriquement de compétence départementale, dans lequel l'État a été ultérieurement conduit à développer ses propres actions – comme le Revenu minimum d'insertion – contredisant ainsi un principe qu'il avait fait fixer par le législateur. Cela est sans doute la marque que le principe de bloc des compétences est trop simple et réducteur pour refléter la complexité de la réalité sociale et du traitement administratif qu'elle appelle.

Si la région et le département constituent les niveaux privilégiés du développement de cette concurrence, celle-ci peut aussi se manifester entre les communes les plus importantes et les départements. Elle peut aussi exister entre départements entre eux et régions entre elles.

Il s'agit alors plus souvent de concurrence en termes d'image ainsi que la vie locale en offre de temps à autre des exemples plus ou moins pittoresques, et non de concurrence sur l'exercice des compétences. Cela dit, dans une société moderne, l'image précise souvent la réalité des partages juridiques. En outre, il s'agit aussi souvent de concurrence pour attirer les entreprises ou les institutions d'enseignement et de recherche. La construction européenne et l'internationalisation rapide de la gestion locale ne font qu'accentuer cette évolution.

Certains voient dans cette concurrence une source de gâchis importants et y recherchent l'une des explications de ce que l'on appelle le coût de la décentralisation qui correspond aux charges publiques supplémentaires liées au développement des fonctions locales, et qui a fait l'objet d'un certain nombre d'estimations, bien souvent contestables.

D'autres, au contraire, voient dans cette concurrence un phénomène dynamisant, qui pousserait les institutions qui y sont livrées à faire preuve de la plus grande efficacité et de la plus grande opérationnalité. Quoi qu'il en soit de ce débat, il faut convenir que l'évolution générale des idées sur l'organisation sociale conduit à privilégier, même au sein des collectivités publiques, une concurrence visant à éviter que ne se figent les situations acquises et que ne se développent les facteurs d'immobilisme. Cette évolution des idées conduirait donc à admettre la légitimité des mécanismes de concurrence. Encore convient-il que les manifestations de ces concurrences ne soient pas trop exacerbées.

2 / Les rapports de coopération

La coopération entre les différents niveaux de collectivités constitue aujourd'hui l'un des champs privilégiés du développement de l'action locale. Il convient d'en poser la problématique avant d'étudier les mécanismes qui permettent de l'organiser.

1 | PROBLÉMATIQUE DE LA COOPÉRATION

A / *La nécessité de la coopération*

La coopération entre les collectivités locales est une évidente nécessité. Comment imaginer en effet que des collectivités qui exercent des compétences identiques – ce qui est le cas des collectivités de même niveau – ou complémentaires – ce qui est le cas de collectivités de niveau différent – ne soient pas conduites à se rencontrer, afin de connaître leur mode mutuel d'exercice des compétences, et à unir leurs forces pour mener des actions d'intérêt commun ?

Cette nécessité – qui est le fait de tous les pays de structure comparable – est renforcée, en France, par la petite taille des structures locales. Le cas le plus évident, à cet égard, est celui des communes. Avec 36 000 communes environ (36 763 en 1990), soit la moitié du nombre total de communes de la Communauté économique européenne, la France est victime d'un éparpillement communal dont on a souvent souligné les inconvénients, en oubliant parfois d'en préciser les avantages. Si cet éparpillement communal (voir chap. III de la première partie) a suscité des tentatives de regroupement (voir p. 51 et s.), il est aussi la justification de l'important développement de la coopération intercommunale que la France a connu dans les années 1960.

La nécessité du renforcement de la coopération intercommunale est périodiquement à l'ordre du jour. La loi du 6 février 1992, relative à l'administration territoriale de la République, avait tenté de relancer cette coopération sur une base volontaire et rationalisée et par la création de nouvelles institutions de coopération intercommunale. Des projets récents visent sans remettre en cause la volonté de la renforcer, à simplifier les mécanismes de coopération par un groupement d'institutions existantes.

Dans une moindre proportion, les départements et les régions souffrent, dans le contexte européen où les structures intermédiaires sont souvent de dimension importante (les *Lander* allemands, les régions italiennes, les communautés autonomes espagnoles), d'une insuffisance de leur taille. Un important débat s'est ouvert à ce sujet, en France, quelques années après les lois de décentralisation. Cette réalité constitue également une nécessité de la coopération.

Le thème du regroupement ou de la redéfinition des cartes départementales et régionales est périodiquement mis à l'ordre du jour. De nombreux projets émergent, mais le problème soulève tant de difficultés de toutes natures qu'il est assez peu probable qu'ils donnent lieu, dans un délai rapide, à des évolutions institutionnelles.

Naturellement le mouvement de décentralisation, en donnant aux collectivités de nouvelles attributions et en libérant les initiatives locales des contraintes antérieures, n'a fait que renforcer le mouvement de coopération entre les collectivités locales. Mais cette évolution s'est beaucoup plus traduite par l'apparition de nouveaux modes de coopération que par l'augmentation du nombre des organismes que la loi a institués à cet effet.

B / *Les formes de la coopération*

La coopération entre les collectivités peut prendre deux formes.

La première consiste à utiliser les organismes que la loi a créés à cet effet. Ce sont les organismes de coopération, qui ont été évoqués dans le chapitre I de la Première partie, et dont les règles d'organisation et de fonctionnement seront précisées ci-dessous.

La seconde consiste à utiliser d'autres formules, qu'il s'agisse de modes de coopération ne se traduisant pas par la création d'une structure de droit public, ou de structures dont la coopération n'est pas la mission.

2 | LES MÉCANISMES DE COOPÉRATION

A / *La coopération en dehors des établissements publics spécialisés*

Les collectivités locales peuvent coopérer entre elles sans passer par les formules d'établissements publics spécialisés qui sont évoquées plus loin.

1 / La loi du 18 juillet 1937 avait autorisé les communes à coopérer entre elles sans leur laisser la possibilité de créer une véritable structure. C'est le régime de l'*entente intercommunale,* organisée par l'article L. 5221.1 du CGCT. L'entente intercommunale est un contrat administratif conclu entre deux ou plusieurs communes en vue de la réalisation d'un objet d'intérêt communal commun. L'entente intercommunale, qui est dépourvue de la personnalité juridique, est administrée par la *conférence intercommunale,* composée de représentants des communes membres à raison de trois pour chacune d'entre elles. La conférence intercommunale ne dispose d'aucun pouvoir de décision.

C'est sur la même base qu'existent des *conférences interdépartementales,* bien que les textes n'aient rien prévu à leur égard, et des *conventions interrégionales,* qui, prévues par l'article 65 de la loi du 2 mars 1982, permettent aux régions de conclure entre elles des contrats pour réaliser des opérations d'intérêt commun, et en fixer les modalités.

2 / Ces formules juridiques n'ont plus aujourd'hui de réelle pertinence, compte tenu de la possibilité qui est désormais ouverte aux collectivités de conclure entre elles des *conventions,* sous réserve de respecter les règles applicables à l'action locale, et notamment le principe d'intérêt local.

Certaines de ces conventions sont explicitement prévues par la loi (voir la loi du 3 janvier 1983, art. 6, 12, 87 ; également, la loi du 22 juillet 1983, art. 14, VIII). Le cas le plus connu est celui des contrats de plan, qui peut associer l'État à une collectivité locale, mais également une région à une autre collectivité. Les chartes intercommunales d'aménagement, prévues par l'article R. 5223.1 du CGCT, sont des dispositifs conventionnels destinés à promouvoir l'aménagement de l'espace et le développement économique des communes rurales. Elles constituent un mode élaboré de coopération intercommunale non fondée sur des structures juridiques, bien qu'elles aboutissent souvent à la création de syndicats de communes.

3 / Une autre façon, pour les collectivités, de coopérer consiste à instituer des *commissions* ou des *comités.* Il s'agit de structures non permanentes, qui ne constituent pas des personnes morales et qui ne se fondent pas (du moins pas de façon systématique) sur des conventions conclues entre les collectivités. Certaines sont explicitement prévues par la loi. Ainsi de la commission de conciliation en matière d'urbanisme, du comité régional des prêts, des conseils – départementaux et académiques – de l'Éducation nationale. Ces organes consultatifs, auxquels participent également des représentants de l'État, ont

été institués par les lois de 1982 et 1983 afin de permettre l'exercice de nouvelles compétences confiées aux collectivités locales. Mais ils servent également de formules de coopération entre les collectivités locales. Celles-ci ont la possibilité de constituer ainsi qu'elles l'entendent des commissions visant à organiser leur coopération mutuelle et de les doter de l'organisation qu'elles souhaitent. C'est ce qui explique que les commissions de ce type aient un fort développement, en dehors même des mécanismes conventionnels prévus par la loi.

4 / Les collectivités locales peuvent également utiliser des structures dotées de la personnalité morale dont la finalité première n'est pas d'organiser leur coopération.

La société d'économie mixte locale, dont le système juridique a été précisé par la loi du 7 juillet 1983, peut associer, dans son capital, plusieurs collectivités locales. C'est ainsi qu'elle constitue également un mode de coopération entre collectivités locales, mode de coopération d'autant plus efficace que la société d'économie mixte bâtie sur le modèle de la société anonyme est dotée généralement de moyens importants.

L'association de la loi de 1901, véritable « homme à tout faire » du droit français, est aussi utilisée comme mode de coopération entre les collectivités. Parfois l'association a un objet d'intérêt commun. Parfois également la coopération est son objet explicite. Elle est de plus en plus retenue comme instrument de coopération, en raison de la souplesse de gestion qu'elle procure (souplesse qui n'est pas sans risque au regard de la nécessité de veiller à la sauvegarde des intérêts publics). En dépit d'un avis du Conseil d'État de 1957 (non publié), qui indique que l'association de la loi de 1901 ne peut être utilisée par les collectivités publiques s'il existe un système juridique adapté à la finalité recherchée, l'association de la loi de 1901 est souvent utilisée par les collectivités locales.

Depuis quelques années cependant, certaines collectivités locales la remettent en cause en raison des risques de son usage abusif (risque de gestion de fait, en particulier).

On peut également citer la *régie intercommunale,* établissement public prévu dans le Code des communes pour assurer la gestion des services publics industriels et commerciaux de plusieurs communes. Établissement public à caractère industriel et commercial, la régie intercommunale présente le double caractère d'un organisme de coopération intercommunale et d'un mode de gestion des services publics communaux.

Dans un passé récent ces formes de coopération « non spécialisées » se sont considérablement développées. Comme elles sont laissées – pour l'essentiel – à la libre initiative des collectivités locales, et dotées de structures très souples, leur impact et leur importance réelle sont difficiles à préciser. Aucun recensement véritable – ce qui serait d'ailleurs une tâche fort complexe – n'en a été fait. Mais il est certain que les collectivités actuelles les préfèrent souvent aux formules spécialisées de coopération entre les collectivités.

B / *Les établissements publics de coopération*

Il existe une série d'établissements publics que la loi a institués aux fins d'organiser la coopération entre les collectivités locales. Établissements publics, ils ont théoriquement un objet limité ; mais, en pratique, ils ont parfois des compétences très larges. C'est pourquoi certains auteurs y voient une catégorie particulière d'établissements publics. La coopération entre les communes étant le cadre privilégié de cette coopération, il convient de distinguer la coopération intercommunale des autres structures de coopération.

1 / *Les établissements publics de coopération intercommunale.* — Les trois organes de coopération intercommunale de droit commun sont le syndicat de communes, le district et la communauté urbaine. S'y ajoutent les organes de coopération pour la gestion des villes nouvelles et les commissions syndicales.

La coopération intercommunale s'inscrit, depuis la loi du 6 février 1992, dans le cadre d'une procédure de concertation à l'intérieur de chaque département. Il y a désormais cinq institutions de coopération intercommunale de droit commun : le syndicat de communes, le district, la communauté urbaine, la communauté de communes, la communauté de villes auxquels il convient d'ajouter les organes de coopération pour la gestion des villes nouvelles et les commissions syndicales.

La commission départementale de coopération intercommunale.

Dans chaque département fonctionne une commission départementale de coopération intercommunale, présidée par le préfet et composée de représentants des élus municipaux, départementaux et régionaux ainsi que des organismes de coopération intercommunale.

Cette commission a pour objet de tenter de renforcer la coopération intercommunale. Elle est ainsi informée de tout projet de création d'un établissement public de coopération. Elle peut formuler toute proposition ou avis ayant trait à ces questions.

Mises en place à partir de 1993, les commissions départementales de coopération intercommunale n'ont pas eu l'efficience que certains espéraient. Le nombre de communes sur le territoire national tend d'ailleurs à augmenter légèrement.

a) Le syndicat de communes. — Le syndicat de communes est la forme la plus ancienne de coopération intercommunale. Institué par la loi du 22 mars 1890, il est, pendant longtemps, resté très encadré. La loi du 5 janvier 1959 avait créé les syndicats de communes à vocation multiple. La loi du 31 décembre 1970 a supprimé la distinction entre syndicat à vocation multiple et syndicat à vocation unique, distinction qui reste cependant largement utilisée dans le langage courant.

Le régime du syndicat est souple et dépend pour l'essentiel des statuts dont il se dote.

Le syndicat est librement créé par les communes, soit à l'unanimité, soit à la majorité des deux tiers des conseils municipaux intéressés représentant la moitié de la population totale ou de la moitié des conseils municipaux intéressés représentant les deux tiers de la population totale (formule classique en droit local et résumée ainsi : majorité 2/3 - 1/3). La création du syndicat fait l'objet d'un arrêté préfectoral qui en fixe le périmètre.

De nouvelles communes peuvent adhérer au syndicat, après accord, à la majorité absolue, du comité du syndicat, et avis des conseils municipaux des communes membres. Le retrait est prononcé après accord du comité du syndicat et avis favorable de plus des deux tiers des conseils municipaux des communes membres. Par ailleurs, une commune qui estime, du fait d'une modification de la réglementation ou de sa situation au regard de cette réglementation, que sa participation est devenue sans objet, peut demander à s'en retirer. A défaut d'accord des communes membres du syndicat, le préfet, après avis du comité syndical, et du conseil municipal de la commune intéressée, peut accorder ce retrait et en fixer les conditions. Il doit au préalable consulter la commission départementale de conciliation en matière de coopération intercommunale, qui est composée pour moitié d'élus communaux des communes de moins de 2 000 habitants et pour moitié d'élus communaux des communes de plus de 2 000 habitants et de présidents de groupements.

La même procédure peut être utilisée lorsqu'une commune estime que les disparitions statutaires relatives à la représentation des communes au comité syndical ou les compétences exercées sont de nature à compromettre de façon essentielle son intérêt à participer au syndicat, et qu'elle n'a pas obtenu dans le délai de six mois les modifications statutaires qu'elle souhaite. Ces dispositions qui facilitent le retrait des communes membres du syndicat ont été introduites par la loi du 5 janvier 1988, dite d'amélioration de la décentralisation.

Le syndicat de communes est administré par un comité syndical. Ce comité syndical est composé de représentants des conseils municipaux des communes membres, selon une répartition des sièges fixée par les statuts du syndicat. Le plus souvent la représentation est égalitaire. Chaque syndicat élit son président et son bureau. Les règles de fonctionnement interne des syndicats de communes sont identiques à celles qui s'appliquent aux communes.

Les syndicats n'ont pas de compétence obligatoire. Chacun est donc constitué, pour un ou plusieurs objets, fixés par les statuts initiaux. Les objets peuvent être ultérieurement modifiés. L'extension est soumise à l'avis des conseils municipaux des communes membres ; elle est acquise si la minorité de blocage d'un tiers n'est pas réunie ; la réduction des attributions syndicales, pour sa part, nécessite une délibération concordante de tous les conseils municipaux.

Depuis la loi du 5 janvier 1988, une commune peut adhérer à un syndicat pour une partie seulement des compétences qu'il exerce. Les dispositions locales et les statuts de chaque syndicat définissent les conditions dans lesquelles ce « syndicalisme à la carte » est exercé, notamment en ce qui concerne l'organisation des délibérations.

Par ailleurs, un syndicat peut adhérer à un syndicat (ou à un district ou à une communauté urbaine). Cette adhésion est subordonnée à l'accord, à la majorité qualifiée, du syndicat adhérent (on a alors des « syndicats de syndicats »).

Lorsqu'un syndicat a été créé pour une durée déterminée, il est dissous automatiquement à l'expiration de la période prévue. Par ailleurs, un syndicat qui n'exerce aucune activité depuis deux ans au moins est dissous par arrêté préfectoral après avis des conseils municipaux. Dans les autres cas, sa dissolution nécessite des délibérations concordantes de tous les conseils municipaux. Il peut également être dissous par le préfet sur demande motivée de la majorité des conseils municipaux, ou lorsque cette majorité n'est pas réunie, par décret pris sur avis conforme du conseil général et du Conseil d'État. L'acte de dissolution détermine alors les modalités de partage des biens, des droits et des obligations entre les communes.

Le syndicat d'études et de programmation (art. L. 121-1-1 du Code de l'urbanisme) est un syndicat de communes qui doit être créé pour l'élaboration de la révision d'un schéma directeur ou d'un schéma de secteur lorsqu'il n'existe pas d'organisme de coopération intercommunale compétent en matière d'urbanisme. Sa création est alors obligatoire. Il est dissous de plein droit à l'achèvement de sa mission. Il obéit aux mêmes règles que les syndicats de droit commun.

Organisme souple de coopération intercommunale, le syndicat est financé par des recettes d'exploitation des exercices pour lesquels il a reçu compétence, des subventions, des contributions des communes et des emprunts. Il perçoit également des produits fiscaux au titre des quatre taxes directes locales, mais cette fiscalité est dite additionnelle (ce qui signifie que la contribution acquittée par chaque redevable est proportionnelle à celle qu'il verse à la commune membre au titre de chaque taxe ; le syndicat ne détermine pas un taux spécifique à chacune des taxes).

Le syndicat de communes est très utilisé par les communes françaises. On compte environ 14 500 syndicats à vocation unique (14 490 en 1994) et 2 000 syndicats à vocation multiple (2 298 en 1994).

Les nombres augmentent régulièrement, ce qui montre que la souplesse de la formule continue d'attirer les communes.

b) Le district. — Le district constitue un organisme de coopération intercommunale plus intégré que le syndicat de communes. Institué par l'ordonnance du 7 janvier 1959, il a primitivement été créé pour prendre en charge la gestion d'agglomérations urbaines, d'où son nom initial de « district urbain ». Mais il s'est révélé qu'il pouvait être adapté à la gestion d'espaces ruraux. C'est pourquoi, par la loi du 31 décembre 1970, il a perdu son adjectif « urbain ».

Le district est créé à l'initiative des communes par un arrêté préfectoral après délibérations concordantes ou prises à la majorité qualifiée (deux tiers des conseils municipaux représentant la moitié de la population ou l'inverse) des conseils municipaux. De plus, un district a été créé par la loi (celui de Tours en 1970).

La composition du district peut être modifiée après accord du conseil districal. Les règles de retrait sont celles qui sont fixées par les statuts.

Si le district est constitué pour une durée déterminée, il est dissous de plein droit à l'expiration de la période correspondante. Dans le cas contraire, il peut être dissous sur demande de la moitié des communes représentant la moitié de la population.

Comme le syndicat, le district est administré par un organe délibérant, le conseil districal, composé de représentants des communes membres, selon les règles fixées par les statuts. Le conseil districal élit son président qui exerce le pouvoir exécutif, et son bureau.

Le district se distingue du syndicat par l'étendue de ses compétences. Outre les compétences qu'exerçaient antérieurement les syndicats de communes dont il prend la place, il reçoit obligatoirement compétence en matière de logement et de service de lutte contre l'incendie. Les compétences exercées par les districts sont généralement beaucoup plus nombreuses, et sont définies par leurs statuts.

Le régime financier du district est également révélateur du caractère plus intégré du district. Il peut en effet percevoir une fiscalité propre (c'est-à-dire voter ses propres taux d'imposition aux quatre taxes directes locales, la contribution acquittée alors par chaque redevable étant indépendante de celle qu'il acquitte pour la commune). Dans ce cas il perçoit directement, de la part de l'État, la dotation globale de fonctionnement.

Après avoir stagné, le nombre de districts a augmenté. On en comptait 318 en 1995.

Le district constitue une formule assez adaptée dans certains cas, villes moyennes ou zones rurales dans lesquelles se manifeste une réelle solidarité. C'est pourquoi son bilan est moins négatif que ne le laisse à penser ce qui est parfois écrit à son sujet.

c) La communauté urbaine. — La communauté urbaine est la plus achevée des formules de coopération intercommunale. Créée par la loi du 31 décembre 1966, elle est conçue pour la gestion d'agglomérations urbaines (elle ne peut être créée que dans des agglomérations d'au moins 50 000 habitants) dans lesquelles l'éparpillement communal constitue un handicap fonctionnel.

Durant les années 1980, les créations de communautés urbaines avaient été inexistantes. Depuis, le mouvement a repris. On est aujourd'hui à 10 communautés urbaines.

La loi du 31 décembre 1966 a créé d'office quatre communautés : Bordeaux, Lille, Lyon, Strasbourg. Les six autres, créées par décision volontaire (Brest, Cherbourg, Dunkerque, Montceau-les-Mines, Le Mans, Nancy) l'ont été selon les procédures définies par la loi : décret simple si les délibérations des conseils municipaux sont concordantes, décret en Conseil d'État en cas de majorité qualifiée qui doit comprendre les conseils des communes représentant le quart de la population totale (c'est-à-dire, dans la pratique, les communes centres d'agglomération).

L'adhésion à la communauté urbaine de nouvelles communes exige l'accord à la majorité qualifiée des conseils municipaux. Le retrait n'est pas prévu.

La communauté urbaine qui est créée sans limitation de durée peut être dissoute par décret en Conseil des ministres sur demande des deux tiers des conseils municipaux représentant les trois quarts de la population (ou l'inverse).

La communauté urbaine est administrée par un conseil de communauté. Le nombre de sièges du conseil de communauté est fixé par le Code des communes. Il dépend du nombre d'habitants et peut cependant être différent selon la procédure choisie pour répartir les sièges entre les différentes communes membres. En effet, la loi du 31 décembre 1982 a prévu un mécanisme de répartition fort complexe, qui prévoit trois modes de répartition : procédure « amiable » ; en cas d'échec de cette dernière, procédure « amiable dirigée » (c'est celle-ci qui permet de dépasser le nombre légal de membres du conseil) ; en cas d'échec de cette dernière, procédure autoritaire (répartition par le préfet selon les règles de la proportionnelle au plus fort reste). Depuis la loi du 9 janvier 1989, chaque conseil municipal désigne ses représentants au conseil de communauté au scrutin proportionnel à la plus forte moyenne.

Le conseil de communauté élit, pour six ans, son président et son bureau. Au même titre que le syndicat et le district, l'organisation des rapports entre le président et le conseil de communauté est comparable à celle qui existe entre le conseil municipal et le maire.

L'intensité de l'intégration réalisée par la communauté urbaine est illustrée par l'importance des compétences obligatoires qui lui sont confiées. L'article L. 5215.20 du CGCT fixe la liste de ces compétences : documents d'urbanisme (schémas directeurs, chartes de développement et d'aménagement, plans d'occupation des sols), zones d'habitat et de rénovation urbaine, zones industrielles et artisanales, bâtiments scolaires, transports urbains, eaux, assainissement, lutte contre l'incendie, voirie, abattoirs, cimetières. Dans certains cas, la commune peut conserver l'exercice d'une compétence, sous réserve que l'équipement soit pour l'essentiel réservé à sa propre population.

L'extension de compétences peut être prévue par la décision qui institue la communauté. Au-delà, elle exige l'unanimité des communes membres.

Le régime financier des communautés urbaines marque bien le caractère intégré de cette structure. Les communautés urbaines sont dotées d'une fiscalité propre (voir *b)* Le district) et perçoivent de l'État la dotation globale de fonctionnement. Les effectifs en personnel des communautés urbaines sont importants.

Le faible nombre des communautés urbaines et le fait qu'il ne s'en soit pas créé de 1973 (date de la création de celle de Brest) à 1996 (création de celle de Nancy) ont conduit à s'interroger sur l'adaptation de cette structure aux problèmes des grandes agglomérations. Une certaine lourdeur de fonctionnement, de fréquentes dissensions entre villes-centres et autres communes, l'importance des problèmes politiques et partisans, expliquent la réticence des communes urbaines à la choisir. On ne doit cependant pas oublier que plus de quatre millions de Français vivent aujourd'hui dans des communautés urbaines.

d) Les communautés de communes. — Les communautés de communes ont été instituées par la loi du 6 février 1992. Leur statut et leurs compétences sont fixés par les articles L. 5214.1 et suivants du Code général des collectivités territoriales.

Le statut des communautés de communes est inspiré du statut des organismes de coopération préexistants, syndicats de communes et districts, dont les communautés de communes avaient pour mission de prendre la place.

Les communautés de communes sont administrées par des conseils composés de délégués des communes-membres, selon un mode de répartition prévu par les statuts. Le conseil élit son bureau, composé du président d'un ou plusieurs vice-présidents et, le cas échéant, d'un ou plusieurs autres membres.

Les modes de création, de transfert de compétences, de dissolution des communautés de communes sont assez comparables à ceux des syndicats de communes et des districts.

L'originalité des communautés de communes se trouve dans les compétences. Il s'agit de compétences d'ordre plus général et moins technique que celles qui sont confiées aux districts. La communauté de communes a obligatoirement des compétences dans les domaines suivants :

— aménagement de l'espace ;
— action de développement économique intéressant l'ensemble de la communauté.

Elle doit par ailleurs choisir au moins une compétence parmi les suivantes :

— protection et mise en valeur de l'environnement, le cas échéant, dans le cadre de schémas départementaux ;
— politique du logement et du cadre de vie ;

— création, aménagement et entretien de la voirie ;
— construction, entretien et fonctionnement d'équipements culturels et sportifs et d'équipements de l'enseignement préélémentaire et élémentaire.

Les communautés de communes, en raison d'une certaine souplesse de fonctionnement et d'attributions de compétences, ont connu un certain succès, mais elles n'ont pas pris la place des syndicats et des districts, alors que certains imaginaient que ce serait leur vocation. Il en existait tout de même 756 en 1994.

e) Les communautés de villes. — Les communautés de villes ont également été créées par la loi du 6 février 1992. Elles regroupent plusieurs communes d'une agglomération de plus de 20 000 habitants. Elles ont pour vocation d'assurer le développement économique dans leur espace de coopération.

Ce sont des structures de coopération de type classique, administrées par des représentants des communes qui forment un conseil, lequel élit un président et des vice-présidents qui constituent le bureau.

Comme la communauté de communes, la communauté de villes a des compétences obligatoires et des compétences optionnelles.

Compétences obligatoires :

— aménagement de l'espace ;
— schéma directeur, schéma de secteur ;
— charte intercommunale de développement et d'aménagement ;
— élaboration des programmes locaux de l'habitat ;
— création et réalisation de zones d'aménagement concertée ;
— actions de développement économique ;
— création et équipement de zones d'activité industrielle, artisanale, touristique, portuaire ou aéroportuaire.

Elle doit par ailleurs choisir au moins une compétence parmi les compétences suivantes :

— protection et mise en valeur de l'environnement, politique du cadre de vie, lutte contre la pollution des eaux et de l'air, lutte contre le bruit, assainissement, collecte, traitement et élimination des déchets, dans le cadre de schémas départementaux ;
— politique du logement et action de réhabilitation ;
— création, aménagement et entretien de la voirie, plans de déplacement urbain et transports urbains ;

— construction, entretien et fonctionnement d'équipements culturels, sportifs et d'équipements relevant de l'enseignement préélémentaire et élémentaire, actions et animations culturelles.

La liste des compétences des communautés de villes est assez comparable à celle des communautés de communes, mais reçoit une définition plus technique.

Par ailleurs, les communautés de villes ont pour vocation de percevoir des ressources fiscales dans le cadre de la fiscalité propre des organismes de coopération intercommunale et d'afficher ainsi une solidarité plus marquée.

Les initiateurs de la réforme espéraient que les communautés de villes se substitueraient aux communautés urbaines et formeraient un cadre attractif pour des agglomérations afin d'y renforcer les mécanismes de la coopération et de la solidarité intercommunales. Il s'est en fait créé très peu de communautés de villes (quatre en 1995). Aucune communauté urbaine ne s'est transformée en communauté de villes.

f) Les organes de gestion des agglomérations nouvelles. — La politique des villes nouvelles est née dans les années 1970 avec la loi du 10 juillet 1970 relative aux villes nouvelles. Les villes nouvelles ont été créées, principalement dans la périphérie parisienne, aux fins de promouvoir un développement équilibré de l'agglomération. La loi du 10 juillet 1970 prévoyait deux modes de gestion de ces agglomérations : le syndicat communautaire d'aménagement et l'ensemble urbain (cette dernière formule n'a été utilisée que pour Le Vaudreuil, près de Rouen).

La loi du 13 juillet 1983 y a substitué deux formules juridiques nouvelles : le syndicat d'agglomération nouvelle (SAN) et la communauté d'agglomération nouvelle (CAN).

— Le syndicat d'agglomération nouvelle obéit dans son mode général de fonctionnement au régime des syndicats de communes. Il s'en distingue cependant sur certains aspects importants :

— les délégués des communes au conseil sont élus au scrutin proportionnel ;
— le syndicat d'agglomération nouvelle a des compétences obligatoires : urbanisme, logement, transports, réseaux ;
— le syndicat d'agglomération nouvelle perçoit l'ensemble de la taxe professionnelle située sur le territoire. Ainsi l'imposition des entreprises est-elle harmonisée sur le territoire de la ville nouvelle.

Le syndicat d'agglomération nouvelle correspond à une volonté de solidarité beaucoup plus marquée que le syndicat de communes ; en ce sens il correspond à l'esprit des villes nouvelles.

— La communauté d'agglomération nouvelle est un établissement public à caractère administratif destiné, en fait, à organiser la transition avec la création d'une nouvelle commune sur le territoire de l'agglomération concernée.

Elle est administrée par un conseil d'agglomération élu au suffrage universel direct par la population, chaque commune ayant droit à un certain nombre de conseillers. Ses compétences sont très larges, puisqu'elles vont de l'urbanisme à la voirie, au logement, aux transports, aux réseaux et aux zones d'activités.

La formule de la communauté d'agglomération nouvelle a aujourd'hui un caractère théorique puisque toutes les agglomérations concernées (9) ont choisi le syndicat d'agglomération nouvelle (mais elle sert de référence dans certaines réflexions sur la coopération intercommunale). Aucune non plus n'a choisi la fusion de communes, possibilité qui leur est ouverte également par la loi du 13 juillet 1983.

g) La commission syndicale. — La commission syndicale est un ancien mode de coopération intercommunale destiné à assurer la gestion des droits et biens indivis entre les communes.

La loi du 9 janvier 1985 relative au développement et à la protection de la montagne en a fait un établissement public alors qu'elle n'avait pas, antérieurement, la personnalité morale.

La commission est composée de délégués des conseils municipaux élus en leur sein. Elle élit un syndic qui en est l'exécutif. Elle assure la gestion des droits et des biens indivis, les décisions les plus importantes restant cependant de la compétence des conseils municipaux concernés.

La création d'une commission syndicale n'est pas systématique. Elle n'est obligatoire que s'il y a un nombre d'électeurs et des revenus supérieurs à un certain seuil et si le conseil municipal ou une majorité qualifiée d'habitants le demandent. Il y a, en effet, 30 000 situations de biens et droits indivis entre les communes, notamment en zone de montagne. La création fait l'objet d'un arrêté préfectoral (ou interpréfectoral si son territoire couvre plusieurs départements).

La coopération intercommunale continue de progresser, même si ce n'est pas nécessairement selon les modalités privilégiées par le législateur. La diversité des formules proposées facilite ce mouvement.

On note par ailleurs que le nombre de groupements à fiscalité propre tend à augmenter, ce qui révèle un renforcement de la solidarité de ces groupements. Elle constitue une réponse efficace à l'émiettement communal, souvent mis en accusation, mais dont la permanence montre bien l'attachement des Français à l'institution communale.

2 / *Les autres établissements publics de coopération.* — Les structures de coopération qui ne sont pas intercommunales sont les institutions interdépartementales, les institutions d'utilité commune et les syndicats mixtes.

a) L'institution interdépartementale. — L'institution interdépartementale est un établissement public à caractère administratif destiné à organiser la coopération entre les départements. Le décret du 10 juin 1983 en fixe le régime.

La création d'une institution interdépartementale nécessite des délibérations concordantes des conseils généraux concernés. Ces délibérations fixent les règles applicables à l'institution (siège, objet, durée, régime financier, mode de fonctionnement).

L'adhésion d'un nouveau membre nécessite également des délibérations concordantes des conseils généraux. La dissolution de l'institution intervient, soit par décisions concordantes, soit par décret en Conseil d'État, sur demande d'un département membre, lorsque son fonctionnement s'avère impossible.

L'institution interdépartementale est gérée par un conseil d'administration, composé de représentants des conseils généraux désignés en leur sein. Le conseil d'administration élit son président et son bureau.

L'institution interdépartementale peut exercer toute compétence d'intérêt commun entre les départements concernés. C'est la décision institutive qui détermine son objet. Il existe un certain nombre d'institutions interdépartementales (quarante-deux au 1er juin 1988). Leurs compétences sont très variées.

b) L'institution d'utilité commune. — L'institution d'utilité commune est un établissement public à caractère administratif destiné à organiser la coopération entre les régions. Son régime est très proche de celui de l'institution interdépartementale.

Sa création comme l'admission d'une nouvelle région nécessitent des délibérations concordantes des conseils régionaux. Celles-ci fixent les règles applicables à l'institution.

Le conseil d'administration est composé de délégués désignés, en leur sein, par les régionaux des régions membres. Il élit son président et son bureau.

L'institution d'utilité commune est compétente pour tout objet d'intérêt interrégional ; ses compétences sont déterminées par la décision institutive.

Elle prend fin à l'achèvement de la mission pour laquelle elle a été créée. Elle peut également être dissoute, soit par délibérations concordantes des conseils régionaux concernés, soit par décret.

La loi du 6 février 1992 a créé les ententes interrégionales destinées à prendre la place des institutions d'utilité commune.

c) Le syndicat mixte. — Le syndicat mixte est un établissement public à caractère administratif destiné à assurer la coopération entre des collectivités de niveau différent. Il peut également associer d'autres personnes morales de droit public (chambres consulaires, établissements publics divers).

Le syndicat mixte est créé par délibérations concordantes des organes délibérants des collectivités ou établissements membres.

Celles-ci fixent le siège, la durée, l'objet et le mode de fonctionnement du syndicat mixte. Ce mode de fonctionnement est généralement inspiré de celui des syndicats de communes.

Le syndicat mixte est administré par un conseil d'administration composé de représentants des collectivités et établissements membres, désignés selon les règles propres à chaque syndicat.

L'objet du syndicat mixte est fixé par la décision institutive ; il s'agit généralement d'un objet précis.

Il est dissous à l'expiration de la mission pour laquelle il a été créé. Il peut également être dissous par délibérations concordantes des conseils régionaux ou par décret.

On distingue, dans les modes de fonctionnement, deux types de syndicats mixtes :

— ceux qui ne regroupent que les collectivités locales et leurs groupements. Leur mode de fonctionnement est assez proche de celui des syndicats de communes ;

— ceux qui regroupent des collectivités locales, leurs groupements et d'autres personnes morales de droit public. Ces syndicats ont un mode de fonctionnement plus souple.

Formule souple, adaptée à la nécessaire coopération entre les différents niveaux de collectivités, ou entre collectivités locales et établissements publics, le syndicat mixte est assez utilisé (on en compte près de 1 100 en 1994).

3 | LES RISQUES DE TUTELLE

L'article 2 de la loi du 7 janvier 1983 dispose que l'organisation des transferts de compétences ne peut avoir pour conséquence d'organiser, de quelque façon que ce soit, la tutelle d'une catégorie de collectivité sur une autre. Ce principe a fondé un certain nombre de décisions (notamment pour les transferts de services liés aux transferts de compétences ; c'est ce qui justifie que les subdivisions territoriales et les parcs des directions départementales de l'Équipement soient demeurés services de l'État).

Le thème de la tutelle de l'État sur les collectivités locales et des collectivités locales entre elles avait alimenté de nombreux débats dans les années qui suivirent les lois de décentralisation. Il n'en est plus de même aujourd'hui : le milieu local semble avoir parfaitement intégré une certaine dimension hiérarchique qui ne signifie pas dimension tutélaire, dans les rapports entre les collectivités locales elles-mêmes.

Au plan strictement juridique, il n'existe aujourd'hui aucun mécanisme de tutelle d'une collectivité sur l'autre. Cependant la réalité des rapports introduit des relations de dépendance, qui prennent parfois des aspects proches de la tutelle (notamment si l'on donne à ce terme une signification plus large que la seule tutelle juridique, et si l'on y intègre la tutelle technique et financière).

Les règles de l'interventionnisme local, selon lesquelles certaines aides à des entreprises ne peuvent être accordées par les départements ou par les communes que si la région a décidé de les octroyer, sont illustratives à cet égard (voir Conseil d'État, 6 juin 1986, Département de la Côte-d'Or, *Rec.*, p. 156 ; *AJDA, Rec.*, 1986, p. 653, obs. Jacques Moreau).

De façon générale, tous les mécanismes de subvention émanant des régions et des départements induisent un risque de tutelle, certaines actions des communes n'étant possibles que si elles perçoivent les aides financières correspondantes. C'est le cas en matière d'aménagement rural, beaucoup d'aides étant apportées par les départements. Le raisonnement vaut également pour les rapports entre départements et régions.

La création des agences départementales induit également ce genre de risque. Rappelons que, selon la loi du 2 mars 1982, le département (mais aussi des communes et des établissements publics intercommunaux) peut créer sous forme d'établissement public une agence chargée d'apporter aux collectivités territoriales et aux établissements publics intercommunaux du département qui le demandent une assistance technique, juridique et financière. Ces agences ont été créées aux fins de susciter une concurrence vis-à-vis des services de l'État qui assurent traditionnellement cette mission. En fait, très peu d'agences départementales ont été créées, ce qui semble révéler qu'elles ne correspondent pas à une réelle utilité.

De façon générale, l'inégalité de puissance, de moyens financiers et de compétences humaines entre les différentes collectivités crée des rapports de dépendance. Ceux-ci sont inévitables et, à certains égards, nécessaires au fonctionnement harmonieux des divers niveaux de collectivité.

BIBLIOGRAPHIE

Pierre Albertini, La réforme du statut des agglomérations nouvelles, *AJDA,* 1983.610.

Louis Imbert, *Structures intercommunales,* Jurisclasseur administratif.

Christine Brechon-Moulènes, *Les organisations intercommunales,* Dalloz, « Collectivités locales », 1988.

Georges-Daniel Marilla, La nouvelle section de communes, *RFDA,* 1986.332.

Philippe Petit, *Guide de la coopération intercommunale,* Le Moniteur, 1992.

Marie-Christine Rouault, *Communautés de communes et communautés de villes,* Dalloz, « Collectivités locales ».

Chapitre III

LES COLLECTIVITÉS LOCALES ET LE CITOYEN

On a eu l'occasion d'indiquer (voir deuxième partie, chap. I) le fait que la démocratie locale relève essentiellement du régime représentatif.

En cela, d'ailleurs, elle ne s'éloigne pas du régime politique national. Seulement, on fait fréquemment remarquer que les affaires traitées au niveau local, la proximité qui existe au niveau local entre le pouvoir et les citoyens, rendraient plus aisé qu'au plan national le développement de formes directes d'expression de ces derniers.

En outre, les réformes de décentralisation ont placé des pouvoirs importants entre les mains d'élus qui ne supportent pas tout à fait les mêmes formes de contrôle démocratique que les autorités nationales : par exemple, les exécutifs locaux ne sont pas responsables devant les assemblées.

La loi du 6 février 1992 a considérablement renforcé les droits des citoyens en matière de gestion locale. Ils sont les cibles des moyens d'information et de communication de plus en plus importants dont se dotent les collectivités locales (1), mais, d'ores et déjà, de nombreuses formules de concertation et de participation leur permettent aussi de s'exprimer sur les projets administratifs locaux (2).

Cela étant, il ne faudrait pas oublier que les rapports entre les collectivités locales et citoyens peuvent être des rapports de conflit. Quand aucune solution amiable n'est trouvée, s'alimente le contentieux local (3).

1 / L'information et la communication locales

Un droit de l'information et de la communication administratives est en train de naître et de se développer sous nos yeux, parce que des textes se préoccupent de l'accès aux informations administratives, parce que d'autres régissent les interventions administratives dans les moyens de communication. Les collectivités locales sont directement concernées, et soumises soit aux règles générales, soit parfois à des règles particulières.

1 | LES MOYENS DE LA COMMUNICATION LOCALE

La communication, qui occupe une place croissante dans notre vie sociale, est devenue une préoccupation essentielle des collectivités locales : elles ont compris que leur réussite dépendait tout autant de cela que de la qualité intrinsèque de leur action, et même que la communication était une condition du succès de leurs actions.

Moyennant quoi, elles tendent à utiliser toute la palette des moyens de communication, y compris ceux de la communication audiovisuelle.

A / *Les moyens de diffusion de l'information administrative locale en dehors de la communication audiovisuelle*

1 / Toutes les collectivités locales d'une certaine importance diffusent aujourd'hui des journaux d'information sur leurs actions, leurs projets, sur la société locale... Cela est vrai non seulement pour les communes, mais aussi pour les départements et les régions.

Ces journaux posent certains problèmes juridiques, concernant notamment la situation des journalistes qui les réalisent. Notamment, le Conseil d'État a indiqué qu'ils ne pouvaient bénéficier d'une carte de presse (Cons. d'État, 10 mai 1986, Mme Moglia, *AJDA,* 1986.421, obs. L. Richer).

2 / La diffusion de nombreux messages émanant des collectivités locales se fait par l'*affichage* et par l'utilisation du *mobilier urbain.*

En dehors des affichages officiels, qui se font dans certains emplacements réservés, et qui constituent la publicité de certains actes juridiques, les collectivités locales utilisent les panneaux publicitaires courants, et le mobilier urbain pour informer sur leur action, et vanter sa qualité.

L'implantation et la gestion du mobilier urbain sont fréquemment confiées à des entreprises privées, qui s'engagent à réserver des emplacements à la diffusion de l'information de la collectivité. Les contrats passés par les collectivités avec ces entreprises posent divers problèmes juridiques, qui concernent aussi bien leur qualification – ils sont à la frontière des marchés de prestation de services et des contrats comportant occupation du domaine public – que le respect des clauses réglementaires qu'ils contiennent parfois (Cons. d'État, 23 juill. 1986, Divier c/ Ville de Paris, *AJDA,* 1986.585, concl. J.-C. Bonichot, *Droit et Ville,* n° 25, 1988, p. 227, note J.-P. Maublanc), et la question de leur soumission au Code des marchés publics (admise par un jugement : Trib. adm. Strasbourg, 7 juill. 1987, Mme Bloch, ICI), 1988.11.20979, concl. P. Kintz).

3 / Il arrive maintenant aux collectivités locales de mettre à la disposition des citoyens des banques d'information prenant la forme de *services télématiques*.

Les règles générales concernant les services télématiques leur sont applicables et doivent donc être autorisées par le ministre des Postes et Télécommunications (Code des postes et télécommunications, art. L. 33), et déclarées auprès du Conseil supérieur de l'audiovisuel (L. 30 septembre 1986, art. 43).

B / *L'intervention des collectivités locales dans les activités de communication audiovisuelle*

1 / Les évolutions récentes du droit de la communication audiovisuelle ouvrent la voie à des interventions des collectivités locales dans ce secteur, à commencer par *la communication audiovisuelle par voie hertzienne.*

La principale attribution qui leur ait été ici reconnue consiste dans la possibilité d'un soutien aux radios locales privées. Aux termes de l'article 8 de la loi du 29 juillet 1982, en effet, « les collectivités territoriales et leurs établissements publics peuvent contribuer, directement ou indirectement, aux charges d'équipement et de fonctionnement d'un ou plusieurs services locaux de radiodiffusion sonore assurés par des associations et autorisés... sans que le total de leurs contributions à un même service puisse excéder le quart de ces charges ».

En outre, les collectivités locales peuvent participer au capital, ou contribuer aux charges, des services de télévision diffusés sur leur territoire, même si leur zone de diffusion déborde ce dernier, d'ailleurs.

2 / D'importants pouvoirs ont été consentis aux communes en matière de *réseaux câblés.*

La création d'un réseau câblé relève en effet de la décision de la commune (loi du 30 septembre 1986, art. 34 : « Les communes ou groupements de communes établissent ou autorisent l'établissement sur leur territoire des réseaux distribuant par câble des services de radiodiffusion sonore et de télévision »). Toutefois, l'exploitation du réseau doit être autorisée par le Conseil supérieur de l'audiovisuel, qui peut imposer certaines obligations.

Jusqu'à la loi du 30 septembre 1986, l'exploitation des réseaux câblés devait obligatoirement être confiée à une société d'économie mixte. Depuis ce texte, elle peut être confiée à n'importe quel organisme à forme de société.

2 | LES OBLIGATIONS DES COLLECTIVITÉS LOCALES EN MATIÈRE D'INFORMATION ET DE COMMUNICATION

On peut cerner deux groupes d'obligations concernant l'information et la communication locales : le premier concerne le devoir de communiquer certaines informations, le second concerne l'attitude que les collectivités doivent avoir lorsqu'elles font œuvre volontaire de communication.

La loi du 6 février 1992 a introduit un ensemble d'obligations d'information et de participation des habitants à la vie locale.

Les obligations sont de deux types :

— des obligations d'information des minorités dans les assemblées locales qui imposent aux exécutifs de fournir toutes les informations nécessaires à l'exercice de leur mandat, qu'il s'agisse d'informations sur les dossiers mis à l'ordre du jour des assemblées délibérantes ou d'informations de caractère général, et ce, en respectant des délais suffisants pour l'exercice de leurs tâches. On notera dans ce registre

l'insertion des comptes des associations subventionnées et des organismes délégataires de service public dans les comptes administratifs des collectivités, l'obligation de communiquer aux assemblées les informations devenues définitives des chambres régionales des comptes, etc.
— des obligations d'information de la population. Obligations qui s'exercent à travers les minorités au sein des assemblées mais également de manière directe.

L'ensemble de ces obligations se situe dans le même esprit que les dispositions générales prévues par les différents textes et la jurisprudence relative à la participation du citoyen à la vie locale. Mais elles créent pour les collectivités locales un corps de règles plus exigeant que pour l'État.

A / *L'obligation de communiquer certaines informations*

1 / Certains textes reconnaissent depuis longtemps le droit pour les administrés de se faire communiquer certains documents concernant l'administration locale. C'est ainsi qu'une disposition du CGCT prévoit que : « Toute personne physique ou morale a le droit de demander communication sur place et de prendre copie totale ou partielle des procès-verbaux du conseil municipal des budgets et des comptes de la commune et des arrêtés municipaux » (art. L. 2121-26).

2 / Mais le droit d'accéder aux documents administratifs locaux a été fortement élargi par l'effet de la loi du 17 juillet 1978 relative à *l'accès aux documents administratifs.*

De ce texte, il résulte qu'en principe tout administré peut demander communication de tous les documents administratifs locaux.

Le principe est assorti de quelques tempéraments et exceptions, qui ont été pour l'essentiel présentés dans le 3e rapport de la Commission d'accès aux documents administratifs (1984).

Les documents à caractère nominatif (par ex., feuilles de paie du personnel communal) ne peuvent être communiqués qu'aux intéressés, et encore ne peuvent-ils l'être que par l'intermédiaire d'un médecin lorsqu'ils contiennent des informations médicales.

Le droit à communication ne s'applique qu'à des documents achevés, et non aux états partiels ou provisoires d'un document tant qu'il est en cours d'élaboration. C'est ce qu'a indiqué un arrêt à propos des documents d'urbanisme (Cons. d'État, sect. 11 févr. 1983,

Ministre de l'Urbanisme et du Logement c/ Association « Atelier libre d'urbanisme de la région lyonnaise », *Lebon,* p. 56) : mais la solution vaut aussi, par exemple pour le dossier d'instruction d'un permis de construire jusqu'à la décision, pour les avis d'évaluation des services des domaines jusqu'à l'achèvement d'une procédure d'acquisition.

Enfin, les collectivités locales peuvent refuser la communication des documents dont la diffusion porterait atteinte à certains secrets, notamment : le secret de la vie privée (cela concernera un registre des concessions funéraires), le secret des affaires (cela concernera les éléments servant de base au calcul de la taxe professionnelle, ou les comptes d'exploitation d'une société concessionnaire).

3 / Les dispositions de la loi du 6 janvier 1978 relative à l'informatique, aux fichiers et aux libertés font également obligation aux collectivités locales de communiquer aux personnes concernées les informations contenues dans leurs *fichiers nominatifs, informatisés ou manuels.*

Comme on le sait, la loi du 6 janvier 1978 réglemente d'abord la création des fichiers, pour laquelle elle impose des formalités diverses, et un contrôle de la Commission nationale de l'informatique et des libertés. Cette dernière a d'ailleurs eu fréquemment à se pencher sur des fichiers d'administration locale (notamment les fichiers sociaux : voir par ex. son 8e rapport d'activité, *Doc. fr.,* 1988, p. 147).

Mais en outre la loi du 6 janvier 1978 reconnaît à toute personne figurant sur un fichier local le droit d'exiger de la collectivité la communication des données le concernant. Les seules limites à ce droit d'accès concernent, d'une part, les fichiers intéressant la sécurité publique, pour lesquels existe seulement le droit de faire faire certaines vérifications par la Commission nationale informatique et libertés, et les informations à caractère médical, qui ne sont communicables que par l'intermédiaire d'un médecin.

4 / L'accès des citoyens aux *archives* des collectivités locales est régi par les disposions de la loi du 3 janvier 1979.

Les documents qui, avant d'être versés aux archives, étaient communicables, par exemple en vertu de la loi du 17 juillet 1978 sur l'accès aux documents administratifs, restent communicables.

Les autres sont accessibles à l'expiration d'un délai qui est normalement de trente ans ; mais il existe quelques délais spéciaux, par exemple pour les documents comportant des informations non nominatives à caractère médical, ou pour les dossiers de personnel (150 ans à compter de la date de naissance).

5 / La loi du 6 février 1992 a complété les dispositions de l'article L. 2121.6 en permettant aux personnes physiques et morales de recevoir copie, à leurs frais, des budgets et comptes de la collectivité. Les documents relatifs à l'exploitation des services publics délégués sont mis à la disposition du public (art. 1411.13 du CGCT).

6 / Ces dispositions sont renforcées par de nouveaux droits reconnus aux élus, en particulier par la loi du 6 février 1992 :

— les convocations au conseil municipal doivent comporter l'ordre du jour (art. L. 2121.10 du CGCT) ;
— dans les communes de plus de 3 500 habitants, une note de synthèse sur les affaires mises à l'ordre du jour doit être jointe ;
— dans ces mêmes communes, il doit y avoir deux mois avant le vote du budget, un débat sur les orientations budgétaires (art. L. 2312.1 du CGCT. L'absence de débat préalable rend illégal le vote du budget (TA Versailles, 28 déc. 1993, Monnocq, *JCP,* 1994, éd. G IV, n° 2267) ;
— les conseillers municipaux peuvent poser des questions orales (art. L. 2121.8 du CGCT).

Des dispositions comparables bénéficient aux élus départementaux et régionaux.

B / *Le respect d'un minimum d'égalité et de neutralité*

1 / On peut attendre des collectivités locales qu'elles respectent une certaine égalité dans la diffusion de leurs informations. C'est ainsi qu'une commune ne peut pas exclure un journal de la liste des destinataires de l'information municipale pour des raisons étrangères à l'intérêt communal (Trib. adm. Amiens, 31 oct. 1978, Hosten, *AJDA,* 1979.32, note L. Richer).

2 / Les messages diffusés par les collectivités locales ne peuvent pas tous être parfaitement neutres. Il est naturel qu'ils soient assortis de notations laudatives sur la qualité de la gestion de l'équipe en place. Cependant, certaines limites sont posées en période électorale, car l'information de la collectivité ne doit pas se muer en pure polémique (Cons. d'État, 26 mai 1978, Élections municipales de Metz, *Lebon,* p. 128 ; 21 déc. 1983, Élections municipales de Paris, *Lebon,* p. 737).

2 / La concertation et la participation

Avec le temps, le caractère représentatif de la démocratie locale s'est accommodé, on peut dire s'est enrichi, de formes diverses de prise en compte directe des souhaits des citoyens, en dehors des campagnes électorales. Les textes n'en rendent qu'un compte incomplet, d'ailleurs, car de nombreuses pratiques informelles se sont ajoutées à ce qu'ils prévoient.

1 | LES MÉCANISMES PRÉVUS PAR LES TEXTES

1 / Comme on l'a signalé par ailleurs, le droit local fait une petite place au *référendum, en matière de fusion de communes.* Comme le précise l'article L. 2113.2 du CGCT, issu de la loi du 16 juillet 1971, les fusions de communes ne peuvent être décidées qu'après une consultation des citoyens lorsque la demande est faite par la moitié des conseils municipaux intéressés s'ils comptent les deux tiers de la population totale, ou par les deux tiers des conseils municipaux s'ils comptent la moitié de la population totale, ou encore si le préfet décide une telle consultation.

Le Code général des collectivités territoriales précise les seuils de majorité au-delà desquels la fusion est réputée approuvée par l'ensemble de la population consultée (majorité absolue, et au moins un quart des électeurs inscrits), et au-delà desquels la population d'une des communes est réputée s'opposer à la fusion de celle-ci (deux tiers des suffrages exprimés, au moins la moitié des électeurs inscrits).

2 / Il faut signaler en second lieu que de nombreuses décisions locales doivent être précédées d'une *enquête publique.* Il en va ainsi naturellement de toutes les expropriations, mais aussi d'un grand nombre de décisions importantes en matière d'aménagement : notamment, une enquête publique est nécessairement organisée dans le cadre de l'élaboration du plan d'occupation des sols d'une commune.

Ces enquêtes sont l'occasion pour les citoyens d'exprimer leur sentiment sur les projets des autorités locales. C'est en tous les cas ce qu'a cherché à encourager, en en modifiant le régime, la loi du 12 juillet 1983 relative à la démocratisation des enquêtes publiques. Il faut bien dire, cependant, que leur efficacité concrète est variable, et en moyenne assez faible.

3 / Prolongeant le mécanisme de l'enquête publique, la loi du 18 juillet 1985 a décidé d'imposer aux collectivités locales une véritable obligation de *concertation* avec les habitants préalablement à certaines décisions en matière d'aménagement.

Cette concertation, qui doit avoir lieu pendant toute la durée de l'élaboration du projet, doit être organisée, en vertu de l'article L. 300-2 du Code de l'urbanisme, « avant *a)* Toute modification ou révision du plan d'occupation des sols qui ouvre à l'urbanisation tout ou partie d'une zone d'urbanisation future ; *b)* Toute création d'une zone d'aménagement concerté ; *c)* Toute opération d'aménagement... lorsque, par son importance ou par sa nature, cette opération modifie de manière substantielle le cadre de vie ou l'activité économique de la commune... ».

Les modalités de cette concertation ne sont pas précisées par les textes, et chaque collectivité choisit les procédés qu'elle juge les meilleurs : expositions, réunions publiques...

4 / Comme on l'a indiqué (v. p. 67), la loi du 6 février 1992 a autorisé l'organisation de référendums communaux consultatifs, auxquels la loi du 4 février 1995 a ajouté des référendums d'initiative populaire en matière d'aménagement.

5 / Il faut signaler également que la loi reconnaît quelques prérogatives particulières à *certaines associations* de défense du cadre de vie.

Les associations de ce type, lorsqu'elles ont reçu un agrément administratif, ont notamment le droit d'être consultées dans le cadre de l'élaboration des plans d'occupation des sols des communes.

6 / La loi du 6 février 1992 a prévu la création de commissions consultatives des usagers des services publics locaux. Cette commission doit être créée tant pour les services gérés en régie que pour les services délégués.

2 | LES PRATIQUES INFORMELLES

1 / Étant donné la faiblesse des exigences légales en matière d'expression directe des citoyens en dehors de la représentation politique locale, il n'est pas surprenant que certaines collectivités aient décidé d'aller au-delà, en développant diverses pratiques informelles, notamment l'institution. de structures spécialisées, organisées avec les

représentants des citoyens, ou d'une partie d'entre eux, souvent par le canal d'associations, pour traiter un problème particulier ou suivre un aspect spécifique de la politique de la collectivité. Ces formules prennent parfois la forme de commissions extra-municipales, qui permettent une concertation entre les élus et des catégories de citoyens spécialement concernés par une série de questions donnée. Mais il y a aussi des initiatives plus spectaculaires, comme l'institution de conseils municipaux d'enfants ou représentatifs de la population immigrée. Les nouvelles générations d'élus font preuve d'une grande imagination en la matière : la consultation par voie de référendum local, ou tout simplement de sondage ou d'enquête organisée volontairement par la collectivité. Le référendum local n'est pas très fréquemment utilisé en raison de sa lourdeur d'organisation et de son coût. En revanche, les techniques modernes d'enquêtes mises en œuvre par des cabinets spécialisés sont de plus en plus usitées.

Ces différentes pratiques demeurent légales aussi longtemps que les autorités locales ne se déchargent pas sur la population des décisions qu'elles sont habilitées à prendre. En d'autres termes, ces formules ne peuvent être, dans l'état actuel du droit, que consultatives.

Au demeurant, comme on a eu l'occasion de le signaler (deuxième partie, chap. I), dès lors que la Constitution confère à la démocratie locale un caractère essentiellement représentatif, le législateur ne pourrait pas développer la démocratie directe locale (par ex., le référendum local) au-delà de certaines limites.

2 / Il faut bien signaler aussi que la vie politique et administrative locale est faite d'un contact quotidien entre les élus et les administrés, du moins en ce qui concerne les élus communaux. Ce contact s'organise au gré des traditions et des volontés locales. Il forme aujourd'hui une exigence de plus en plus forte. Naturellement, il se développe plus facilement dans les communes petites et moyennes que dans les autres collectivités. De ce point de vue, d'ailleurs, il reste la principale justification de l'éparpillement communal en France, et, peut-on dire, la richesse majeure des institutions locales françaises.

3 / Le contentieux local

1 / Dans l'ensemble, les mécanismes de contrôle juridictionnel des collectivités sont ceux du contentieux administratif général.

Les seules particularités notables concernent les prolongements au sein du contentieux du contrôle (administratif) de légalité exercé par les préfets, et en particulier le régime du déféré préfectoral, qui a été évoqué (voir chap. I).

2 / On notera cependant que le contrôle juridictionnel, cette fois-ci de la légalité des décisions des collectivités locales, se fait au regard d'un « bloc de la légalité » qui est en partie différent de celui dont le respect est imposé aux autorités de l'État. En effet, si les collectivités locales sont soumises à d'innombrables règles communes avec l'État, elles sont aussi soumises à de nombreuses règles spécifiques, que d'ailleurs les réformes de décentralisation ont développées, et que ce livre a eu pour objet de présenter. Pour ne prendre qu'un exemple, si le juge a à s'interroger sur la légalité d'une délégation consentie par un maire, ou un président de conseil général ou régional, il pourra être conduit à se référer et aux principes généraux habituellement admis par la jurisprudence administrative en matière de délégation de compétence ou de signature, et aux règles particulières que contiennent les textes relatifs à l'administration locale en matière de délégations des exécutifs locaux.

3 / Il y a un domaine du contentieux local qui s'est trouvé affecté par les réformes de décentralisation : il s'agit du contentieux de la responsabilité.

En effet, les transferts de compétences décidés dans le cadre des réformes de décentralisation provoquent des transferts de responsabilités corrélatifs. Les collectivités locales assument aujourd'hui les conséquences dommageables de l'exercice des pouvoirs nouveaux qui leur ont été confiés.

Le développement de la responsabilité des collectivités locales est d'ores et déjà sensible dans certains domaines comme celui de l'urbanisme. Les communes sont d'ailleurs conduites à souscrire des assurances pour couvrir leur responsabilité d'urbanisme, notamment en matière d'octroi des permis de construire. Les charges correspondantes font, il est vrai, l'objet d'une compensation financière, qui prend la forme d'une attribution particulière au sein de la dotation générale de décentralisation.

Un développement des responsabilités locales est également à attendre dans d'autres domaines, comme en matière d'enseignement ou en matière d'intervention économique.

Le développement de la responsabilité personnelle des élus des fonctionnaires territoriaux est un autre élément caractéristique de l'évolution récente du droit des collectivités locales. Si le champ de la responsabilité civile personnelle demeure limité, le principe étant que cette responsabilité ne peut être engagée que s'il y a faute personnelle détachable de l'exécution du service, ce qui ne se produit finalement qu'assez rarement, la novation vient du développement d'une responsabilité pénale qui peut se manifester non seulement à l'occasion d'actes considérés comme délictueux parce que mus par un intérêt personnel (la corruption, la concussion, la prise illégale d'intérêt), mais à l'occasion de fautes de gestion dans le cadre, en particulier, des périphériques locaux, ou de simples délits de manque de précautions.

C'est cette évolution qui a d'ailleurs conduit le Parlement à adopter, en 1996, une disposition spéciale permettant de limiter les risques de mise en cause pour délit d'imprudence des élus et fonctionnaires aux seuls cas où ils n'auraient pas exercé les diligences nécessaires dans la limite des moyens dont ils disposaient. Cette adaptation législative devrait permettre de limiter les cas de mise en cause personnelle pour accident de toute nature dans les domaines gérés par les collectivités locales, mais elle n'en supprime pas le risque (art. 121.3 du Code pénal).

Par ailleurs, de nouvelles incriminations sont apparues (le délit de favoritisme dans les marchés publics et les délégations de service public : art. 432.14 du Code pénal). De manière générale, on assiste à une pénalisation croissante de la vie locale, qui suscite bien des inquiétudes chez les élus.

BIBLIOGRAPHIE

IFSA, Administration : droits et attentes des citoyens, *Doc. fr.*, 1998.

Jean-Marie Becat, *Les droits des habitants des collectivités locales*, Dalloz, Collectivités locales.

Alain Levy, Stéphane Bloch et Jean-Dominique Bloch, *La responsabilité pénale des collectivités territoriales, de leurs élus, de leurs agents*, Litec, 1995.

Index alphabétique

THÉMIS

Collection fondée et dirigée par Maurice Duverger

DROIT PUBLIC

Direction :

Didier Truchet

AUBY Jean-Bernard et Jean-François *Droit des collectivités locales.* 1998, 2e éd.
BELTRAME Pierre et MEHL Lucien *Techniques, politiques et institutions fiscales comparées.* 1997, 2e éd. refondue
BOURDON Jacques, PONTIER Jean-Marie et RICCI Jean-Claude *Droit des collectivités territoriales.* 1998, 2e éd. mise à jour
BURDEAU François *Histoire du droit administratif.* 1995, 1re éd.
CHARLES Hubert *Droit de l'urbanisme.* 1997, 1re éd.
DEBBASCH Charles *Institutions et droit administratifs*
T. 1 : *Les Structures administratives.* 1991, 4e éd. mise à jour
T. 2 : *L'Action et le contrôle de l'administration.* 1998, 4e éd. refondue
DEBBASCH Charles, BOURDON Jacques, PONTIER Jean-Marie et RICCI Jean-Claude *Droit administratif des biens.* 1994, 2e éd.
DRAGO Guillaume *Contentieux constitutionnel français.* 1998, 1re éd.
DUVERGER Maurice *Éléments de droit public.* 1995, 13e éd. mise à jour
GLEIZAL Jean-Jacques, GATTI-DOMENACH Jacqueline et JOURNÈS Claude *La Police. Le cas des démocraties occidentales.* 1993, 1re éd.
RIVERO Jean *Les Libertés publiques*
T. 1 : *Les Droits de l'homme.* 1995, 7e éd. mise à jour
T. 2 : *Le Régime des principales libertés.* 1996, 5e éd. mise à jour
SUEUR Philippe *Histoire du droit public français*
T. 1 : *Constitution monarchique.* 1993, 2e éd.
T. 2 : *Affirmation et crise de l'État.* 1994, 2e éd.
TOUSCOZ Jean *Droit international.* 1993, 1re éd.
VEDEL Georges et DELVOLVÉ Pierre *Droit administratif*
T. I. 1992, 12e éd.
T. II. 1992, 12e éd.

Ouvrages en préparation

BURDEAU Geneviève *Droit des organisations internationales*
DOUAT Étienne *Finances publiques.* 1998, 1re éd.
DUTHEIL DE LA ROCHÈRE Jacqueline *Droit communautaire et politiques communes*
LABORDE Jean-Pierre *Sécurité sociale*

MAILLARD Dominique *Droit des relations de l'administration avec ses usagers*
MOLINIER Joël et TOURNIÉ Gérard *Procédure fiscale.* 2e éd. refondue
PICARD Étienne *Droits fondamentaux. Théorie générale*
RAINAUD Jean-Marie *Les grandes conclusions des commissaires du gouvernement*
VAN LANG Agathe *Droit de l'environnement*

Imprimé en France
Imprimerie des Presses Universitaires de France
73, avenue Ronsard, 41100 Vendôme
Octobre 1998 - N° 45 406